大学体育

主　编　崔　萃
副主编　张　龙　候　昆　李官官
参　编　轩大领　梁卫军　付思雨　史　伟
　　　　王翠娟　来庆庆　王　科

北京理工大学出版社
BEIJING INSTITUTE OF TECHNOLOGY PRESS

内 容 简 介

本书共十四章，前五章为理论部分，介绍体育相关的概念，以及卫生保健等方面的科学知识；后九章为实践部分，分别介绍了田径、篮球、排球、足球、乒乓球、羽毛球、网球、武术、太极拳等运动项目的技术、方法、要领及规则。

本书可作为高等院校体育课程的教材，也可作为体育爱好者与体育工作者的参考用书。

版权专有　侵权必究

图书在版编目（CIP）数据

大学体育／崔萃主编.—北京：北京理工大学出版社，2018.8（2019.8重印）
ISBN 978-7-5682-6270-5

Ⅰ.①大… Ⅱ.①崔… Ⅲ.①体育-高等学校-教材 Ⅳ.①G807.4

中国版本图书馆CIP数据核字（2018）第202645号

出版发行 /	北京理工大学出版社有限责任公司
社　　址 /	北京市海淀区中关村南大街5号
邮　　编 /	100081
电　　话 /	（010）68914775（总编室）
	（010）82562903（教材售后服务热线）
	（010）68948351（其他图书服务热线）
网　　址 /	http：//www.bitpress.com.cn
经　　销 /	全国各地新华书店
印　　刷 /	唐山富达印务有限公司
开　　本 /	787毫米×1092毫米　1/16
印　　张 /	16.25
字　　数 /	370千字
版　　次 /	2018年8月第1版　2019年8月第3次印刷
定　　价 /	45.00元

责任编辑／江　立
文案编辑／赵　轩
责任校对／周瑞红
责任印制／李志强

图书出现印装质量问题，请拨打售后服务热线，本社负责调换

前　言

体育课能促进青少年身心和谐发展，是将思想道德教育、文化科学教育、生活和体育技能教育与身体活动有机结合的教育过程，是实施青少年素质教育和培养全面发展人才的重要途径。

本教材以育人为宗旨，以增强体育意识，锻炼活动能力，培养锻炼习惯为主线；树立"健康第一"的思想，体现人本主义特征，将体育、娱乐、健康有机融为一体；引导青年学生主动接受体育教育，在欢愉中享受体育的乐趣，最终达到"重新学会生存""提高生活质量"以及身心健康发展的目的。

本教材将理论与实践结合，内容翔实，图文并茂，集实用性和趣味性于一体，突出了教材的针对性、指导性和可操作性，以求能真正发挥体育课在促进大学生健康体魄的形成和全面发展大学生素质方面的作用。

本书由崔萃担任主编，张龙、候昆、李官官担任副主编，轩大领、梁卫军、付思雨、史伟、王翠娟、来庆庆、王科参编。

由于编者水平所限，本书难免有不妥之处，恳请广大读者批评指正。

编　者
2018 年 5 月

目录

理论篇

第一章　体育概述 2

　　第一节　体育的概念 2
　　第二节　体育与人的发展 6
　　第三节　学校体育 7

第二章　大学生体育锻炼与体质评价 10

　　第一节　体育锻炼的作用和特点 10
　　第二节　体育锻炼的科学安排 13
　　第三节　提高身体运动素质的方法 17
　　第四节　体育锻炼常识 23
　　第五节　体育锻炼与营养 29
　　第六节　体质及影响体质的因素 32
　　第七节　体质测定与评价 33

第三章　体育运动损伤及其预防 36

　　第一节　运动损伤概述 36
　　第二节　常见的运动损伤与处理 37
　　第三节　常见运动性疾病的预防 44

第四章　国际体育与运动竞赛 50

　　第一节　国际体育概述 50
　　第二节　奥林匹克运动与国际体育组织 53
　　第三节　运动竞赛的组织与编排 63

第五章　大学生医务监督与体育疗法 …… 74

第一节　自我医务监督的内容和方法 …… 74
第二节　运动损伤及其急救和处理方法 …… 76
第三节　医疗体育 …… 80

实践篇

第六章　田径健身运动 …… 88

第一节　田径健身运动的概念 …… 88
第二节　田径健身运动的分类与内容 …… 91
第三节　田径健身运动与学校体育 …… 93
第四节　田径健身运动的健身原理 …… 94
第五节　田径健身运动对人体的作用 …… 95

第七章　篮球运动 …… 98

第一节　认知篮球运动 …… 98
第二节　篮球基本技术 …… 109
第三节　篮球竞赛规则简介 …… 114

第八章　排球运动 …… 118

第一节　认知排球运动 …… 118
第二节　排球基本技战术 …… 119
第三节　排球运动评价与竞赛规则 …… 127
第四节　沙滩排球简介 …… 129

第九章　足球运动 …… 131

第一节　认知足球运动 …… 131
第二节　足球基本技术 …… 134
第三节　足球基本战术 …… 144
第四节　足球比赛规则简介 …… 146

第十章　乒乓球运动 …… 148

第一节　认知乒乓球运动 …… 148
第二节　乒乓球基本技术 …… 158
第三节　快攻型打法的基本战术 …… 166

第四节　乒乓球竞赛规则简介 ………………………………………… 167

第十一章　羽毛球运动 ………………………………………………………… 170

　　第一节　认知羽毛球运动 ……………………………………………… 170
　　第二节　羽毛球运动基本技术 ………………………………………… 173
　　第三节　羽毛球战术与打法类型 ……………………………………… 179
　　第四节　羽毛球比赛规则 ……………………………………………… 186

第十二章　网球运动 ……………………………………………………………… 191

　　第一节　认知网球运动 ………………………………………………… 191
　　第二节　网球的基本技术 ……………………………………………… 198
　　第三节　网球基本战术 ………………………………………………… 203
　　第四节　网球比赛的方法及规则简介 ………………………………… 205

第十三章　武术运动 ……………………………………………………………… 207

　　第一节　认知武术运动 ………………………………………………… 207
　　第二节　武术基本技术 ………………………………………………… 212
　　第三节　一段长拳 ……………………………………………………… 219
　　第四节　三段剑术 ……………………………………………………… 227
　　第五节　二段长拳 ……………………………………………………… 233
　　第六节　三段刀术 ……………………………………………………… 240

第十四章　二十四式太极拳 …………………………………………………… 244

　　第一节　认知太极拳 …………………………………………………… 244
　　第二节　二十四个姿势动作 …………………………………………… 244

参考文献 ……………………………………………………………………………… 251

理论篇

第一章 体育概述

第一节 体育的概念

一、体育的由来

"体育"一词的英文是 Physical Education，指的是以身体活动为手段的教育，直译为身体的教育，简称为体育。

1762 年，卢梭出版了《爱弥儿》一书，该书主张"教育要遵循自然规律，要发展儿童的天性"，是西方教育史上最有影响力的教育著作之一。卢梭在书中首次使用"体育"一词描述对爱弥儿进行身体的养护、培养和训练等身体教育过程。此书激烈地批判了当时的教会教育，在世界上引起了很大反响，而"体育"一词也同时在世界各国流传开来。从这里我们可以清楚地看到，"体育"一词源于"教育"一词，它最早的含意是指教育体系中的一个专门领域。到 19 世纪，教育发达国家普遍使用了"体育"一词。

我国体育历史悠久，最早创办的体育团体是 1906 年在上海成立的"沪西士商体育会"。1907 年，我国著名女革命家秋瑾在绍兴创办了体育会。同年，清朝学部的奏折中也出现"体育"一词。辛亥革命以后，"体育"一词运用逐渐广泛。随着西方文化不断涌入我国，学校体育的内容也从单一的体操向多元化发展，课堂上出现了篮球、田径、足球等体育运动。

二、体育的内涵

近年来，体育的概念有如下五种解释。

（1）体育是以身体活动为媒介，以谋求个体身心健康、全面发展为直接目的，并以培养完善的社会公民为终极目标的一种社会文化现象或教育过程。

（2）体育是根据人类社会生活的需要，依据人体生长发育、动作技能形成和机体机能提高的规律，以身体练习为基本手段，达到增强体质、提高运动水平，丰富社会文化生活的一种有意识、有目的、有组织的社会活动。

（3）体育是在人类社会发展中，人们根据生产和生活的需要，遵循身心的发展规律，以身体练习为基本手段，达到增强体质、提高运动水平、进行思想品德教育、丰富社会文化生活而进行的一种有目的、有意识、有组织的社会活动，是伴随人类社会的发展而逐步建立和发展起来的一个专门的学科领域。

（4）体育是教育的一个组成部分，它要求按一定的规律，以系统的方式，借助身体运动和自然力的影响作用于人体，完成发展身体的任务。因此，可以认为体育是教育的一个组成部分，它的本质是以身体练习为手段，增强体质，促进人的全面发展，为社会发展服务。体育在社会发展过程中，受一定的政治、经济制约，并为一定的政治、经济服务。体育具有自然和社会两重属性，自然属性包括体育的方法、手段等，社会属性包括体育的思想、制度等。

（5）《中国大百科全书·体育卷》把体育概念分为广义的体育和狭义的体育。广义的体育是根据人类生存和社会生活需要，依据人体的生长发育、动作形成和机体机能提高规律，以各项运动为基本手段，达到发展身体、增强体质、提高运动技术水平，丰富社会文化生活，为发展经济和政治服务为目的的身体运动，通常称为体育运动。狭义的体育是教育的组成部分，是全面发展身体、增强体质，传授体育知识、技术、技能，培养道德品质的有目的、有计划、有组织的教育过程，通常称为体育教育。

体育的概念并非一成不变，随着社会的发展和进步，人们对体育的认识也将有所发展。

三、体育的组成

我国现代体育基本上由大众体育、竞技体育和学校体育三方面组成。

大众体育亦称社会体育或群众体育，是为了娱乐身心、增强体质、防治疾病和培养体育后备人才，在社会上广泛开展的健身、健美、医疗、娱乐体育、保健体育、康复体育等内容丰富、形式多样的体育活动的总称，包括职工体育、农民体育、社区体育、老年人体育、妇女体育、伤残人体育等，主要形式有锻炼小组、运动队、辅导站、体育之家、体育活动中心、体育俱乐部，以及个人自由体育锻炼等。社会体育是人们文化生活的重要组成部分。

竞技体育指为了战胜对手，取得优异的运动成绩，最大限度地发挥个人、集体在体格、体能、心理及运动能力等方面的潜力所进行的科学的、系统的训练和竞赛。

学校体育是学校教育的重要组成部分，是指以学生为对象，有计划、有组织地对受教育者的身体产生一定的影响，为培养合格人才服务的一种教育过程，包括各类学校的体育教学和课外体育活动等。

四、体育的功能

体育的功能产生于体育的本质和社会的需要，并在促进社会物质文明和精神文明发展中表现出来。

1. 健身功能

人的身体素质是思想道德素质和科学文化素质的物质基础，也是一个国家和民族强盛的基础。体育是以身体的直接参与来表现的，这是体育的本质，也是体育能在人类社会中长盛不衰和持续存在的原因。能够增强体质，促进人自由、全面发展，是体育的独特之处，也是体育区别于其他社会活动和事物的根本点。

体育的健身功能主要表现在：
（1）体育运动可以促进人体骨骼和肌肉的生长；
（2）体育运动可以促进血液循环，提高心脏功能；
（3）体育运动可以提高神经系统的功能；
（4）体育运动可以改善呼吸系统的功能。

2. 娱乐功能

体育运动能得到广大社会成员喜爱的一个重要原因是体育活动具有较强的娱乐功能。它既可以改善和发展身体，又可以陶冶情操，愉悦身心，增进感情，使人们在繁忙的工作和学习后，获得足够的休息。通过参加和欣赏体育运动，人们不仅能增强体质，还能愉悦身心，丰富文化生活。体育运动的观赏性，特别是竞技体育的高水平展现，使身体运动达到健与美、力量与速度的完美统一，让观众得到美的享受。世界上还没有其他任何一种活动能像体育竞赛一样有规律地举行，而以奥运会为最高层次的国际体育竞赛已经成为现代人们关注的焦点和欣赏的热点。

各种不同形式和类型的体育竞赛，以其独有方式为人类社会生产出丰富多彩的文化精神食粮，提高了人类的生存和生活质量。人们通过参加体育活动，在与同伴的默契配合、与对手的斗智斗勇以及征服自然的过程中获得不同的情感体验，达到了娱乐身心的目的。

群众体育的趣味性和娱乐性是体育给大众带来的特殊享受，它改变并改善着当今人们的生存和生活方式。

3. 促进个体社会化

体育运动是一种社会的行为，人们在活动和比赛中互相交往、相互交流，人际关系不断改善，社交能力逐渐提高。体育运动能够教人学会基本的生活技能，从初生婴儿的被动体操，到儿童游戏的跑、跳、攀、爬，再到成人不断适应社会生活，都与体育活动分不开。人们要遵循运动的规则，在教师、教练、裁判的教育或监督下有组织地进行体育运动，这就逐渐培养了人们遵守社会规则意识。人类社会要健康发展，就要使青少年在生长发育过程中、中年人在健康保健过程中、老年人在延年益寿过程中，获取身体健康和体育运动方面的知识，通过这些知识，指导自己进行健康的体育活动，培养良好的生活习惯。同时，人类社会充满激烈竞争，需要团结和协作精神。竞赛是体育最鲜明的特点，通过竞赛，优胜劣汰，决出名次，可以激发荣誉感，鼓舞上进心，有效地培养人们的竞争意识和团结协作精神。

4. 社会情感

体育的社会情感主要是指由于体育竞赛的对抗性和竞赛结果的不确定性，引起社会的极大关注，从而使人们产生各种情绪。例如，历届的奥运会、中国女排的五连冠、北京两次申办奥运会以及中国男子足球队向世界杯发起的冲击等，都能使人们体验各种情感波动，使人们的情绪得到宣泄。体育所表现出的正面的、积极的社会情感可以激励和鼓舞社会向前发展。体育运动的群众性、竞技性、观赏性使得其他社会活动都无法产生像体育运动那样复杂的社会情感。

5. 教育功能

体育是教育的一部分，教育是体育的基本功能。人们参与体育活动的过程，就是一个受教育的过程，从学校、俱乐部、健身中心到训练场和各种活动场所，我们在锻炼中都要接受教师、教练和同伴的传授与指导。体育是学校教育的重要组成部分，几乎所有国家都把体育作为教育的内容之一。由于学生正处于生长发育和世界观形成的阶段，体育不仅可以指导学生进行身体锻炼，而且可以对受教育者进行思想政治、意志品质和道德规范的教育。

体育是传播价值观的理想载体，这是由它的技艺性、群体性、国际性、礼仪性、竞技性等特点所决定的。体育在培养人们健康、合理的生活方式，集体主义精神，爱国主义精神，刻苦耐劳、顽强拼搏的精神等方面有着重要作用。

6. 政治功能

体育能够加强人与人之间的交流和交往，是促进友谊和加强团结的重要手段。体育活动能够促进人们的情感交流，增进人与人之间的相互了解，改善人际关系，共同创造出和谐文明的社会环境。客观上讲，体育和政治是相互联系、不可分割的，在任何国家，体育都要服从政治的需要，为政治服务。

体育活动主要通过两个方面起着重要的作用：国际比赛和国际交流、群众体育。国家之间的体育交往能够促进国家之间、民族之间的相互了解和相互信任，有利于人类社会的和平与发展。国际比赛是反映一个国家国体强弱的窗口，国家的政治、经济、文化、科技往往决定了竞技体育的水平。我们现在往往将体育竞赛比作和平时期的战争，赢得比赛就像赢得战争一样能够振奋民族精神，提高国家威望。体育是一种文化交流的工具，它为本国的外交政策服务，通过国际比赛可以增强国与国之间的沟通，促进国家间的友好往来。

7. 经济功能

体育是人的活动，它总是在一定的物质消费的基础上进行的，所以开展体育活动必然要消耗一定的人力、物力和财力。体育的发展依赖于经济的发展，受经济发展水平的制约，一个国家的体育运动，尤其是竞技体育运动开展得好坏，反映了这个国家经济水平的高低。体育运动又反作用于经济，体育作为第三产业，越来越多地发挥着对国民经济的促进作用，且和商品经济的关系日益密切。因此，与体育活动相关的服装、器材、装备和体育场地设施等随之产生，体育服务等社会行业陆续出现。

实现体育运动的经济收益有两个途径：一是大型运动会，通过出售电视转播权、门票、广告、发售纪念币、邮票、体育彩票等来获得；二是日常体育活动，通过体育设施的利用，热门项目的组织和比赛，娱乐体育活动的开展，体育服装、设施、器械的交易，体育知识的咨询和体育旅游来获得。

体育的功能和作用随着社会的发展和体育本身的发展而不断地变化和发展，正确认识和深入研究体育的功能和作用，有助于了解体育在人类社会中的作用，充分发挥体育的功能，使体育更好地为人类社会的进步和发展服务。

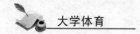

第二节 体育与人的发展

一、人的属性

人的属性包括自然属性、精神属性和社会属性，人的全面发展应是这三个方面的属性都得到充分发展。体育是人全面发展的基础，体育对促进人的自然属性、人的精神属性和人的社会属性发展具有重要作用。

1. 人的自然属性

人的自然属性指人作为一个生命有机体的存在，具有生物特征，它是人和社会存在的自然基础和前提。人的自然属性是人类得以生存和延续的前提条件，表现在三个方面：第一，人是自然界的一部分，人的生存离不开自然界；第二，人要在自然界生存和发展，总是受到自然规律的制约；第三，人与其他动物一样，也有食欲、性欲、求生欲等自然欲求。

2. 人的精神属性

人的精神属性是指人作为有意识的存在物所具有的各种属性。人的对象意识、自我意识、思维特性、自觉能动性、主体性、知情意、理性和非理性等，都属于人的精神属性范畴。

3. 人的社会属性

人的社会属性是指人对社会关系的依赖性。社会性是人最主要、最根本的属性，是人区别于其他动物的特殊本质。人作为社会性动物，在进行自然性活动的过程中，渗透着社会性，受社会性的制约，具有鲜明的社会色彩。

二、人的属性与体育的关系

1. 人的自然属性与体育

人的自然属性主要表现在人的生存、繁衍、摄食和各种复杂的生理方面的特征与需要。人类从直立行走开始，就为体育的发展埋下了种子。在人类直立行走后，体育对促进人体形态结构的改变起了重要作用。人类直立行走后，身体所发生的一系列形态结构的改变，能够他们更好地适应广阔的平原和陆地生活，保持身体在直立状态下的平衡性和灵活性，并做出跑、跳、投等与体育有关的基础的身体活动。

人们普遍认为，随着现代社会的发展，在生活节奏逐渐加快、生活压力逐渐加大的时期，体育能够锻炼人的身体，提高人的生活质量，改善人的生活方式，是促进人身心健康发展的一种有效的手段。

2. 人的精神属性与体育

体育能够促进人的心理健康，即在精神属性方面促进人的发展。心理专家认为，适度负荷的体育锻炼能够促进人体释放一种肽物质——内啡肽，内啡肽能够使人获得愉快的、兴奋的情绪体验。因此，参加体育锻炼，尤其是参加自己喜爱的体育锻炼，可以使人从中感到乐趣，振奋精神，从而进入良好的情绪状态。

3. 人的社会属性与体育

体育锻炼以其自身的特点对提高人的社会适应性产生积极影响，即可以提高人体的社会适应能力。主要原因在于：第一，长期进行体育锻炼能够增强体质，身体的各个组织系统在中枢神经系统的支配下，承受外界刺激和协调各组织系统的能力得到增强；第二，体育锻炼往往是在受外界干扰的环境和条件下进行的，这就使机体得到了锻炼，提高了适应能力。

第三节　学校体育

一、学校体育的地位和功能

学校体育是国民体育的基础，也是学校教育的重要内容和重要手段，是全面发展教育的重要组成部分。在大学教育中，德育是方向，智育是主体，体育是其他教育因素的基础，学校体育是丰富学生课余文化生活，建设校园社会主义精神文明的需要。

学校体育在全面发展教育中的地位，是由学校体育的功能与社会发展对学校体育的要求所决定的。学校体育还具有身体教育、道德教育、爱国主义教育、心理品质教育和智力教育等功能。

1. 身体教育功能

学校体育能够全面锻炼学生的身体，促进生理机能和心理健康的发展，提高身体素质和人体基本活动能力，以及对自然环境的适应能力，使学生掌握体育的基本知识、技术和技能，学会科学锻炼身体的方法，养成锻炼身体的习惯，提高自我锻炼的能力，终身受益。

2. 道德教育功能

学校体育是培养集体感和以大局为重的优良品德的教育过程。例如，在竞技体育中，对方撞人犯规时，是毫不计较，还是"以牙还牙"；集体配合不够默契出现失误而最终比赛失利时，是相互鼓励，还是相互抱怨；对裁判员的误判是大方宽容，还是"斤斤计较"；比赛胜利时，是自高自大，还是认真总结经验、戒骄戒躁等。

3. 爱国主义教育功能

学校体育教学通过让学生欣赏大型体育比赛，观看我国运动员为国拼搏、为国争光，在赛场上升国旗、奏国歌等动人场面，讲述优秀运动员刻苦训练、顽强拼搏的感人事迹，激发学生的爱国热情，增强其民族自尊心和民族自豪感。这是很好的爱国主义教育。

4. 心理品质教育功能

学校体育运动可使学生进入一种超凡脱俗的境界，可以陶冶人的情操，培养勇敢、果断、坚毅、坚韧不拔的意志品质，以及自信心、自制力和进取心。紧张而激烈的竞赛既可以考验人的心理品质，也可以锻炼人的心理素质。

5. 智力教育功能

学校体育是促进智力发展的积极因素和手段，通过体育教学和身体锻炼，学生可以学习和掌握一定的体育知识、技能和技术，并使思维力、记忆力、观察力、想象力、创造力等构成智力的各种能力得到发展。因此，作为一种教育方式的体育运动，在传授知识，培养技能和技巧，增强体质的过程中，还可以培养、开发和提高人的智力。

二、学校体育的目的和任务

根据我国现代化建设事业对当代大学生身心发展的需求和大学生生理、心理特征，考虑到体育的功能及我国国情，学校发展体育的目的是：培养学生的体育意识，提高体育能力，养成自觉锻炼的习惯，增强体质，培养良好的道德品质，为终身体育和毕生事业建立良好的基础，使之成为合格的现代化事业建设者和接班人。

学校体育的任务是：全面锻炼学生的身体，使之增强体质，增进健康，提高抵抗疾病与适应环境变化的能力；激发学生参加体育锻炼的兴趣，养成自觉锻炼身体的习惯，提高体育文化素养，为终身体育奠定基础；通过体育对学生进行思想道德教育，培养其良好的思想品质和道德风尚；发展学生的体育才能，提高运动技术水平，促进体育普及。

三、体育与德育、智育的关系

毛泽东在《体育之研究》一文中指出，"体育一道，配德育与智育，而德智皆寄于体。无体是无德智也"，还指出，"体者，载知识之车而寓道德之舍也"。可见，体育是教育的组成部分，体育与德育、智育相互促进，相互制约。

体育教学过程包含了德育的任务。体育是培养学生道德品质、树立人生观的重要手段。体育活动的丰富多彩吸引了青少年参加到不同的体育运动项目之中，而不同的运动项目培养了学生勇敢、沉着、果断、坚定的意志品质。青少年大多乐于参加集体体育活动，在体育活动中通过对组织纪律和规则的遵守，对体育器械设施的爱护，对同伴的帮助，培养了组织纪律性和集体主义精神。

体育竞赛的竞争、评比、奖励，能够培养学生的竞争意识，激励学生奋发向上、努力拼搏。通过比赛的胜与败，不断地磨炼学生在胜利面前戒骄戒躁、在失败面前不气馁的思想品质。通过观看体育比赛的颁奖仪式，特别是国际大型比赛的颁奖仪式，学生能够在精神上得到满足，在不知不觉中建立为集体、为国家争得荣誉的责任感。

体育活动是一种积极向上、丰富课余生活的手段，学生通过积极参与体育活动，可以纠正不良行为，从而达到精神文明教育的目的。因此体育与德育存在有机的联系，并相互促进。

体育与智育之间相互关联、辩证统一，体育对学生的智力发展有着积极的促进作用。

体育锻炼能够增加大脑的重量和皮质厚度。运动技能的学习可以刺激大脑皮层，使其处于积极的活动状态，促进大脑神经中枢的发育，使学生思维敏捷，判断迅速、准确。体育活动可以提高血液的携氧能力，改善大脑供氧情况，提高大脑的工作能力，使学生具有丰富的想象力、良好的记忆力和集中思考的能力。

四、学校体育的组织形式

学校体育的组织形式主要有体育课、课外体育活动、课余体育训练和体育竞赛。

体育课按不同的教学任务可分为体育必修课、体育选修课、体育俱乐部课、体育理论课和体育保健课等。

课外体育活动主要有早间操活动、学生体育俱乐部活动、单项体育协会活动和课余体育锻炼。

课余体育训练是指利用课余时间，对部分身体素质好，并有体育专长的学生进行系统训练的专门教育过程。

体育竞赛有校内竞赛和校外竞赛两种。

第二章
大学生体育锻炼与体质评价

第一节 体育锻炼的作用和特点

一、体育锻炼的作用

人们需要体育是因为体育活动能增强体质、改善生活，有利于身心的健康发展。但由于人的身心在乳儿、婴儿、幼儿、儿童、少年、青年、中年和老年的各个时期有不同的特点，因此体育活动对人体不同时期的身心发展也起着不同的作用。青少年期（12～25岁）是人体身心发展的主要时期，对终身健康起着决定性作用。因此，让青少年了解体育活动对他们身心发展的影响，从而自觉地、科学地从事体育锻炼，对促进他们的身心健康发展是必要的。

1. 大学生的生理特征与体育锻炼

人体自幼年至成人的生长发育是一个连续的、渐进的、缓慢的过程，但这个过程并不是匀速变化的，人体各个部位和器官的生长发育也不是同步的。神经系统的生长发育在10岁左右已接近成人水平，身高、体重、肌肉和内脏器官的生长发育在青春期较快，生殖系统水平在12岁前只有成人的10%，12岁以后才直线发展至成熟。

由此可见，青少年时期是身体形态和机能生长发育的重要时期。青少年身体的生长既受先天遗传因素的影响，也受后天环境因素的影响。因此，大学生的生理特点是：生长发育过程并未完全停止，身体形态机能日趋成熟，但仍需不断完善和提高。

体育锻炼能促进青少年身体形态和机能的发展，对处于长身体时期的青少年来说有着特殊的意义。参加体育锻炼应注意：锻炼内容宜全面，重视增强心肺功能的锻炼，保证锻炼时间。

2. 大学生的心理特征与体育锻炼

大学生的心理虽逐渐成熟，但仍处于心理未成熟、不稳定、不平衡阶段，认知、感悟、意志和个性等主要心理过程和心理特征处于一个动态调节状态，其心理特征主要通过学习的动机和兴趣、情感、意志、个性与性格表现出来。

从某种程度上讲，运动有利于培养青少年的独立性和社会性，持续的运动锻炼可以使青少年克服来自主观和客观的各种困难,从而磨炼意志,增强自信心和自制力,培养自强、自信、自尊、自重的品格,以及勇敢、顽强和拼搏的精神,提高社会适应能力。

体育运动对青少年的情绪和情感也有较大的影响。运动能起到调节情绪的作用,消除紧张的、单调的、不安的、焦躁的不良情绪,代之以愉快的、轻松的和奔放的良好情绪,从而为学习创造良好的、适宜的和稳定的轻松气氛。所以,体育运动正成为青少年追求和充实精神生活的重要内容。学校进行体育教学及体育活动时要注意大学生对运动的需要及兴趣的形成,要有助于培养健康的情感和坚强的意志。

3. 体育锻炼对运动系统的作用

人体运动系统由骨骼、关节、肌肉三部分组成。骨骼是人体的基本支架,人体有206块骨骼。关节是连接骨骼的枢纽。人体有600余块肌肉,肌肉附着在骨骼上,在神经系统的支配下,通过交替收缩、放松,使关节屈伸、旋转,从而使人体完成各种动作。骨骼、关节、肌肉构成了人体的基本支架和基本形状,在成年人中约为人体重量的70%。

(1) 体育运动对骨骼的影响。

经常参加体育锻炼能够促进血液循环,加强新陈代谢,使骨密质增厚、骨骼变粗、骨小梁排列更加规则,从而增强骨骼的坚固性。由于经常锻炼,韧带在骨骼上的附着部位,像粗隆等变得更加粗糙,有利于肌肉、韧带更坚固地附着在上面。所有这些变化都有利于骨骼承受更大的外力作用,提高了骨骼的抗弯、抗断和耐压的性能。另外,经常锻炼还能促进骨骼的生长。经常锻炼的青少年比同龄人的身高平均高出约4~7厘米。此外,坚持锻炼还能保持骨骼的弹性。

(2) 体育运动对肌肉的影响。

经常锻炼可以使肌肉工作加强、新陈代谢旺盛、血流量增大、肌肉血液供应充足、各种营养物质的吸收与储备能力增强,使肌纤维增粗、体积增大、肌肉健壮。由于肌肉结构的变化及神经机能的提高,肌肉表现出收缩力量大、速度快、弹性好、耐力强、肌红蛋白增多等特征,使肌肉有更多的物质储备。

(3) 体育运动对关节的影响。

在体育运动过程中,各种复杂多变的动作需要关节具有很大的活动幅度。经常参加体育锻炼,可以加强关节周围肌肉的力量,提高关节周围韧带、肌肉的伸展性能,从而扩大了关节的活动幅度,提高了关节的灵活性,也增强了关节的坚固性和稳定性。

4. 体育运动对心肺功能的影响

(1) 体育运动对心脏和血管的影响。

经常参加体育锻炼能使心脏的重量增加,容积增大,心肌增厚,心脏更有力,使心搏徐缓,心缩有力,每搏心血输出量增加,血管弹性增加,血流量加大。经常锻炼还可预防高血压、高血脂、动脉硬化和冠心病等疾病。经常锻炼的人与普通人的心脏对比数据见表2-1。

表2-1 经常锻炼的人与普通人的心脏对比

对比内容	经常锻炼者	普通人
心脏重量/g	400~500	300
心脏容量/ml	1 015~1 027	765~785
心脏横切面长度/cm	13~15	11~12
脉搏（安静）/(次·min^{-1})	50~60	70~80
每搏心输出量（安静）/ml	80~100	50~70
每搏输出量运动时最多可增到/ml	150~200	100
脉搏最多达到（运动时）/(次·min^{-1})	约180	180~200
血压（安静）/mmHg[①]	85~105/40~60	100~120/60~80

注：①1mmHg=133.322Pa

（2）体育运动对呼吸系统的影响。

人体的一切活动都需要消耗一定的能量，这些能量来自各种营养物质，而这些物质要转化成供机体活动的能量，就必须经过氧化，并产生二氧化碳。人体不断从外界摄取氧气，又不断从体内排出二氧化碳，这一过程为呼吸。在进行体育运动时，机体的紧张工作需要消耗更多的能量，需氧量增加，二氧化碳增多，这就需要加强呼吸运动，从而促进呼吸系统机能的不断提高。经常锻炼的人与普通人的呼吸机能对比见表2-2。

表2-2 经常锻炼的人与普通人的呼吸机能对比

对比内容	经常锻炼者	普通人
呼吸系统	呼吸肌发达有力、胸廓范围大、呼吸机能好	呼吸肌不发达、胸廓范围小、呼吸机能一般
呼吸频率（安静）/(次·min^{-1})	8~12，呼吸深而慢	12~18，呼吸浅而快
肺活量/ml	男子4 000~5 000，女子3 500~4 000	男子3 500~4 000，女子2 500~3 000
摄氧量/(L·min^{-1})	4.5~5.5（比安静时大20倍）	2.5~3.0（比安静时大10倍）
肺通气量/(L·min^{-1})	80~150	50~90
呼吸差/cm	7~11	5~7

二、体育锻炼的特点

体育锻炼是科学地利用体育手段，并结合自然因素和卫生环境因素，以发展身体、增进健康、陶冶情操、丰富文化生活为目的的身体活动过程。体育锻炼以各式各样的身体练习为基本手段，要求承受一定的运动负荷量，以促进身体的新陈代谢，提高人体的生理功能，增强人的体质。

体育锻炼的特点如下：

（1）以增强体质为目的，重实效而不追求运动的形式；

（2）有广泛的群众性；
（3）内容和方法灵活多样，可因地制宜，因人而异；
（4）组织方式灵活机动。

第二节 体育锻炼的科学安排

一、体育锻炼的一般原则

体育锻炼方法虽然简单易学，但要想科学地进行体育锻炼，提高锻炼效果，避免伤病事故，就必须遵循体育锻炼的基本原则。

1. 循序渐进原则

在学习体育技能和安排运动量时，要由小到大、由易到难、由简到繁，逐渐进行。不少体育爱好者在开始进行体育锻炼时，兴趣很高，活动量也很大，但坚持不了几天，就失去了锻炼热情。产生这种现象的原因主要是：开始时活动量太大，机体无法很快适应，身体疲劳反应也大，甚至造成运动损伤，锻炼者受不了"苦"而放弃锻炼；对体育锻炼的期望值过高，认为只要进行体育锻炼就会立竿见影，结果锻炼几天后，未见身体机能发生明显变化，因而对体育锻炼大失所望，放弃锻炼。

体育锻炼必须遵循人体生理机能的活动规律，因为人的体质增强是一个不断积累并逐步提高的过程，体育锻炼带给人的好处不能长期储存或保留，必须通过不间断的锻炼才能促进人体发展，所以在安排运动量时，对负荷、时间、难度、内容和方法等要有计划，有步骤地逐步进行，运动量要由小到大，锻炼内容要由易到难逐步增加。

要想取得良好的体育锻炼效果，必须有一定的运动负荷量，负荷量过小，则不能对机体产生积极的影响，机体能力提高不大。负荷量过大，超过了机体的负荷极限，又有损于身体。只有负荷量适度地超过机体原先已经适应的水平，才能取得良好的效果。适宜的负荷量一般采用心率法（有氧锻炼以本人最高心率的70%~80%强度为标准）进行衡量。

2. 全面发展原则

大多数体育锻炼者进行体育锻炼并不是单纯发展某一运动能力或身体某一器官的生理机能，而是通过体育锻炼使整体机能全面、协调发展，所以在进行体育锻炼时，锻炼项目要丰富多样，避免单一的体育锻炼造成身体的畸形发展，因为不同项目对身体机能的影响不同。如果由于体育锻炼兴趣和条件的限制，不可能选择较多的运动项目，那么，在确定体育活动内容时，就应选择一种能使较多器官或部位得到锻炼的运动形式，以保证对身体的整体机能产生全面影响。

体育锻炼的主要目的之一是促进人体的身体形态、机能、各器官系统机得到全面发展，同时使各种身体素质及基本活动能力得到全面提升。如果锻炼时不注意对身体各部位、各系统的全面发展，就会导致身体发展的不平衡和不协调。因此，进行体育锻炼要注意内容和手段的多样化。全面发展身体不等于没有重点地发展，而是要根据自身的需要与要求，在全面的基础上重点发展。

3. 区别对待原则

进行体育锻炼时，要根据每个锻炼者的年龄、性别、爱好、身体条件、职业特点、锻炼基础等不同情况区别对待，使体育锻炼更具有针对性。

4. 经常性原则

体质的增强是一个长期积累的过程，没有自觉性难以坚持。要提高自觉性和积极性，首先要明确目的和动机，并以此激发积极性。锻炼的目的是增强体质，不同人有不同的要求，但体育锻炼的作用和科学锻炼的必要知识有利于调动积极性并培养兴趣，从而提高体育锻炼的兴趣及积极性。

经常参加体育活动，锻炼的效果才明显、持久，所以，体育锻炼要经常化。虽然短时间的锻炼也能对身体机能产生一定的影响，但一旦停止锻炼，这种良好的影响会很快消失。所以，要想保持旺盛的精力和良好的体力，就必须坚持参加体育锻炼。以提高人体免疫力和减肥为目的的体育锻炼，更应经常进行。

5. 安全性原则

从事任何形式的体育活动都要注意安全，如果体育锻炼安排得不合理，违背科学规律，就会出现事故。所以，在锻炼前要做好充分的准备活动；锻炼过程中要全身心地投入；进行跑步锻炼时，最好不在沥青马路和水泥地面上进行，以防出现各种劳损症状；特殊人群参加体育锻炼更应注意运动量和强度的合理安排及医务监督，以免出现意外事故。

体育锻炼的一个重要目的是使人体适应外界环境。但是，应该认识到恶劣的气候变化和环境因素会对人体健康产生的不良影响，及时调整锻炼时间、项目、负荷量，以免损伤机体或引起疾病。

二、体育锻炼的内容和方法

体育锻炼的内容一般可分为全面发展身体素质和提高身体基本活动能力的锻炼，健身健美和矫正形体的锻炼，娱乐性体育锻炼，医疗康复性体育锻炼，利用自然条件的体育锻炼等。体育锻炼的一个基本内容是提高身体素质。身体素质是指人体在运动、生产劳动和日常生活中表现出来的力量、耐力、速度、灵敏及柔韧等活动能力。身体素质，特别是力量和耐力是衡量体质和体育活动能力的重要标志之一。

（1）提高力量素质。

力量素质是指肌肉克服工作阻力的能力。力量按肌肉收缩的特点可分为静力性力量和动力性力量，按肌肉力量的大小可分为绝对力量和相对力量，按其表现形式可分为最大力量、速度力量和力量耐力。

① 静力性力量的练习方法：推蹬固定物体、支撑、平衡、悬垂、负重深蹲慢起等。

② 动力性力量的练习方法：推、拉、蹬伸、摆动、跑、跳、投掷等。

另外，发展最大力量的方法主要是采用克服阻力大、重复次数少的练习；速度力量的锻炼是适当减少阻力，用最快的速度完成动作；发展力量耐力既要克服一定的阻力，又要坚持较长的练习时间。

③ 进行力量练习应注意以下几个问题：

a. 力量练习前要充分做好准备活动；

b. 力量练习以隔天练习一次为宜，锻炼过程要在适应原负荷的基础上逐渐增加；

c. 完成力量练习要注意呼吸；

d. 力量练习要先练大肌群，后练小肌群。

（2）发展耐力素质。

耐力是指人体长时间进行肌肉活动和抵抗疲劳的能力，耐力素质可分为有氧耐力和无氧耐力。

① 有氧耐力锻炼。发展有氧耐力主要是要提高心肺功能水平，有氧耐力的主要指标是最大摄氧量，练习方法有慢速跑步、越野跑、骑自行车、游泳、划船等周期性运动项目。

② 无氧耐力锻炼。无氧耐力锻炼主要采用尽可能快的动作或用平均速度以间歇练习法来完成。运动员常用缺氧训练或高原训练等方法进行无氧耐力锻炼。

（3）发展速度素质。

速度素质是指人体快速反应的能力，通常可分为反应速度、动作速度和位移速度。反应速度常用各种声、光等突发信号的方法来训练；动作速度的练习方法有减少练习难度、助力法、限时法等；位移速度通常用快速跑、加速动作频率的练习、发展下肢的爆发力等方法。

（4）发展灵敏和柔韧素质。

灵敏素质是指迅速改变体位、转换动作和随机应变能力，可采用体操、球类、武术对练等对抗性强、快速移位多的项目进行锻炼。

柔韧素质是指人体各关节的活动幅度，以及肌肉和韧带的伸展程度，发展柔韧素质常用静力性和动力性拉长肌肉、肌腱和韧带的方法。

三、长期体育锻炼的科学安排

体育锻炼只有持之以恒，才能取得理想的健身效果。因此，锻炼者在体育锻炼前应根据自身的条件、健身目的，制定一个长期稳定而又切合实际的锻炼计划。在制定长期锻炼计划时，至少应考虑锻炼者的健身目的、年龄和季节等多方面的因素。

1. 根据健身目的科学地安排体育锻炼

在进行体育锻炼前，每个人都要有较明确的健身目的，这是科学安排体育锻炼的重要依据。如果是为了增强体质，提高健康水平，那么安排体育锻炼的内容和时间应比较灵活；如果是为了提高肌肉力量，发展肌肉，就应以力量练习为主；如果为了减肥，就应以有氧运动为主，运动时间相应要长。

2. 根据季节科学地安排体育锻炼

不同季节的气候条件对体育锻炼也有影响，要根据季节气候的变化规律安排体育锻炼，并注意季节交替时体育锻炼的内容衔接。

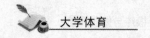

（1）春季锻炼。

在春季进行体育锻炼时，要做好准备活动，充分伸展僵硬的韧带，以减少运动损伤。同时，要注意增减衣服，防止感冒。

（2）夏季锻炼。

夏季天气炎热，最好在清晨或傍晚进行锻炼，锻炼后要注意水分的补充，以防身体脱水或中暑。夏季最理想的运动是游泳，但并不是所有的人都有条件或适合进行游泳运动，那么，可供选择的其他项目还有慢跑、散步、太极拳、羽毛球等。

（3）秋季锻炼。

秋季天气变化无常，早晚气温较低，要注意增减衣服。另外，秋季天气干燥，锻炼前后要注意补充水分，以保持黏膜腺体的正常分泌和呼吸道的湿润。

（4）冬季锻炼。

冬季参加体育锻炼，不仅可以提高身体的健康水平，还可以提高身体的抗寒能力，预防各种疾病的发生。冬季锻炼时身体生理机能惰性较大，肌肉组织易受伤，所以要做好准备活动。运动最好采用口鼻呼吸方式，吸气时口不要张得太大，防止冷空气刺激口腔黏膜。

3. 根据年龄科学地安排运动量

体育锻炼时，运动量是影响锻炼效果的重要因素。运动量过小，则锻炼效果不明显；运动量过大，则会对机体产生不利的影响。并且，不同年龄的人身体状况不同，体育锻炼的运动量也不同。

四、体育锻炼的科学安排

体育锻炼参加者应学会科学地安排每次锻炼，以获得理想的健身效果。

1. 充分的准备活动

准备活动不仅可以提高锻炼效果，还可以减少损伤。准备活动不仅要使身体机能进入最佳状态，而且要使心理活动达到最佳水平。准备活动结束时，应保证全身心地投入体育锻炼。

2. 运动强度逐渐增加

在锻炼时，不要一开始就进行高强度运动，这样会使身体出现一系列不适反应。因为人体的各器官都有一定的惰性，通过准备活动肌肉已经能够进行大强度的活动，但内脏器官的活动并不能立即进入最佳状态，从而造成内脏器官与运动器官的不协调，出现各种不适症状。因此，活动开始后，运动强度要逐渐增加。

3. 足够的锻炼时间

以健身为目的的体育锻炼应以有氧锻炼为主，因此，运动强度不要过大，但要保证足够的锻炼时间。为了保证锻炼效果，每天的锻炼时间至少要在半小时以上。在运动强度与时间发生矛盾时，应首先考虑保证运动时间，如果每天锻炼不能保证半小时的话，即使增加强度，健身效果也不明显。锻炼时间可以采取化整为零的办法，尤其是对于那些刚开始锻炼而不能坚持到半小时或工作、学习繁忙的人。当然，并不是锻炼时间越长越好，每天锻炼一个小时效果最好，身体机能好的人锻炼时间可以长一些，但即使是散步这种强度小的锻炼，时间也不要超过两个小时。

4. 身体疲劳与恢复

锻炼一段时间后，身体必然会产生疲劳感。疲劳是一种生理现象，人体只有通过体育锻炼产生疲劳，才会出现身体机能的超量恢复。但是，疲劳的不断积累也可能造成身体的疲劳过度，从而对机体产生不利影响。了解锻炼时疲劳产生的原因，掌握诊断和消除疲劳的方法，对提高锻炼效果具有重要的意义。

（1）疲劳产生的原因。

运动性疲劳是一个复杂的问题，由于体育锻炼的形式不同，产生疲劳的原因也不同。疲劳产生的原因主要有以下几种。

①能量的大量消耗：能量的大量消耗使体内能源物质供应不足，从而造成身体机能下降。

②代谢产物堆积：在体育锻炼过程中，随着能量的大量消耗，体内代谢产物急剧增加，代谢产物的堆积会造成体内代谢紊乱。在所有代谢产物中，乳酸是造成身体疲劳的主要物质，它是糖原在缺氧状态下的分解产物，它的堆积可以使肌肉的pH值下降，引起大脑和肌肉工作能力下降。此外，脂肪代谢产生的酮、蛋白质代谢产生的氨类物质在体内的堆积都会导致身体疲劳。

③水盐代谢紊乱：大量排汗，不注意补水或者补水不科学，都可能造成体内水盐代谢紊乱，使渗透压改变，引起细胞内外水平衡失调，造成身体机能下降。

（2）疲劳的判断。

及时判断疲劳的出现是防止过度疲劳、提高锻炼效果的重要保障，下面介绍两种判断疲劳的方法。

①简易的生理指标测定法：肌力是常用的生理指标之一，体育锻炼后肌肉力量不增加，反而下降，说明机体产生了疲劳。心率是判断疲劳的最简单的生理指标，体育锻炼后心率恢复时间延长，或第二天清晨安静心率比以前明显增加，表示机体产生了疲劳。

②主观感觉：如果锻炼后感到头晕、恶心、胸闷、食欲减退，身体明显疲劳，甚至厌恶体育锻炼，说明身体疲劳程度较重，应及时调整活动量。

第三节 提高身体运动素质的方法

一、身体运动素质的概念

身体运动素质指人的运动能力，是人体在运动中所表现出来的力量、速度、耐力、灵敏及柔韧性等机能，也是衡量一个人体质水平的重要标志之一。对于大学生来说，身体运动素质主要表现为竞技运动能力，包括力量素质、速度素质、耐力素质、灵敏素质和柔韧素质等。

学生在大学时代重视身体运动素质锻炼,将对其一生的行动能力产生决定性的作用。在人与人之间的身体运动素质水平存在很大差别。即使同一个人,在不同的年龄阶段和不同的条件下身体运动素质也会发生变化。人体身体运动素质变化的形式主要有自然增长、自然减退和训练增长。儿童、少年正处在生长发育的旺盛时期,随着生长发育,各个器官系统的结构与机能日趋完善与成熟,各项身体运动素质也相应得到增长。这种随年龄而增长的现象称为身体素质的自然增长。相反,当身体生长发育完全成熟之后,随着年龄的增长,人体各个器官的机能逐渐降低,从而引起各项身体运动素质的减退。然而,通过对各种肌肉群进行不同形式的练习,能有效地提高身体运动素质或在一定程度上延缓身体运动素质自然减退的速度。例如,根据儿童、少年时期的身体素质增长规律及特点进行合理有效的身体训练,能使身体运动素质得到快速的发展;根据成年人生理、心理特点及个体差异进行科学的身体训练,则能保持良好的身体运动素质并延缓其减退的速度。

二、提高力量素质的练习方法

1. 力量素质的概念

人体的活动离不开肌肉收缩力量,它维持着人体的基本生活能力。人体从事体育运动时,则需要特殊的肌肉力量,它是掌握运动技能和技巧,提高运动成绩的基础。

力量素质是机体或机体的某一部分肌肉工作(收缩和舒张)时克服内外阻力的能力。外部阻力指物体的重量、支撑反作用力、摩擦力,以及空气或水的阻力等。外部阻力往往是发展力量素质的手段。

2. 力量练习的方法

(1)增加上肢力量的练习方法。

①肘部弯举:手持杠铃或哑铃屈伸肘关节,以练习上臂和屈肌为主要目的,练习时应注意勿使两肘的位置移动。

②仰卧推举:仰卧于凳子上,将杠铃持于胸部并上举,此练习可以增强上臂伸肌力量。

③颈后向上推举。

④仰卧直臂拉起。

⑤俯卧撑,引体向上,爬绳。

(2)增强肩部、胸部力量的练习方法。

①提铃和推举:将置于地上的杠铃用两手迅速提举至锁骨高度的动作叫提铃;从锁骨位置进一步将杠铃缓慢地向头上推起的动作叫推举;两者连续起来做称为提铃和推举。练习时要求边提铃边吸气,提起以后呼气,然后边推举边吸气。此练习是使用全身力量的运动,特别能使肩部肌肉发达。

②两手持哑铃交替上举:两手各持一只哑铃保持于肩上,两臂反复交替向上推。此练习可以使肩部肌肉发达。

③仰卧臂拉起:仰卧位,将置于头部后方地面上的杠铃,边呼气边拉到胸部上方,然后边吸气边还原。由于能够在运动的同时进行深呼吸,因而可以安排在深蹲动作之后进行。深蹲等动作强度大,会使呼吸失调,接着做仰卧臂拉起练习,能使呼吸得到调整,但

是不可以用太重的杠铃。此练习可以使肩部和胸部肌肉发达。

④ 直立提铃：手持杠铃于身体前方，并将其垂直提拉到肩部高度，此练习可以使肩部肌肉发达。

⑤ 侧举哑铃：两手各持一个哑铃，身体采取立位或前倾位，从侧面划半圆，同时举到肩部高度，此练习可以使肩部肌肉发达。另处，也可以采取仰卧位，由侧方向上方同时举起哑铃，使胸大肌得到锻炼。

⑥ 直臂前平举：立位或前倾位，从前方划半圆将哑铃或杠铃缓慢向上方举起。

⑦ 引体向上：正握或反握单杠，握距与肩同宽，两臂发力将身体向上拉到头过杠面，然后身体慢慢垂下成原来的姿势。多次重复该动作能增强胸大肌、背阔肌及肘关节屈肌群力量。

（3）增强背肌和腹肌力量的练习方法。

① 仰卧起坐：仰卧，使身体处于水平位置，腿伸直，两手抱头，然后腹部发力向上抬，使上体移动至垂直部位，再慢慢后倒成原来的姿势，多次重复该动作，能增强腹肌、腰肌的力量。

② 收腹举腿：仰卧，身体伸直处于水平位置上，两臂伸直，自然置于体侧，然后收腹向上举起双腿至垂直位置，再慢慢放下成原来姿势，多次重复可以有效地增强腹肌和髋关节屈肌群力量。

③ 硬拉：两腿直立，上体前屈，手握杠铃。原地缓慢伸上体成直立姿势，然后身体前屈。反复练习，但不要使杠铃接触地面。也可以负杠铃于肩上，两足开立，先使上体前倾，然后伸上体。

④ 体后屈伸：俯卧在垫子上，用髋部支撑，双脚固定，两臂前举连续做体后屈伸动作。此练习可以增强伸髋肌和脊柱伸肌的力量。

（4）发展下肢力量的练习方法。

① 负重深蹲：如图 2-1 所示，肩负杠铃或哑铃进行屈、伸膝运动，可以增加下肢特别是大腿伸肌的力量。踝关节柔韧性差的人，深蹲时伴有提踵动作，可在脚后跟下放置约 3 厘米厚的木板。另外，还可以减轻负荷做屈膝向上方跳起的运动。

图 2-1　负重深蹲

② 小腿后屈：小腿负重向后屈，可以锻炼大腿屈膝肌群。

③ 负重提踵：如图 2-2 所示，肩负杠铃进行提踵练习，可以增强小腿伸（使足底屈曲）肌群力量。

④ 持壶铃蹲跳：如图 2-3 所示。

图 2-2　负重提踵　　　　　图 2-3　持壶铃蹲跳

3. 力量练习时的注意事项

（1）注意力量练习的负荷与速度：只有超负荷训练时，力量才能逐渐增大。

（2）全面、协调地增强身体各肌肉群的力量：上下肢、腰腹肌、踝膝关节、大腿前后部位力量要均衡发展，大肌群与小肌群、屈肌和伸肌要全面发展，尤其不要忽视踝关节小肌群和躯干肌群等薄弱部位力量的发展。

（3）放松活动：力量练习后，要特别注意做些伸展性练习和放松活动，这样既可促进恢复过程，又可保持肌肉的弹性。

（4）力量练习要经常保持：力量练习可使肌肉克服阻力的能力得到较快增长，然而一旦停止练习，消退也较快。所以力量练习要经常进行，并使其慢慢地稳步增长，这样既可防止伤害事故的发生，又可减慢力量消退的速度。一般每周3次为宜，即隔日一次。经学者研究，隔日一次练习比每天练习的最大力量增长的效果更好。

（5）要逐渐增加负荷量。

（6）掌握正确的呼吸方式：尽量少憋气。

三、提高速度素质的练习方法

1. 速度素质的概念

速度素质是人体或人体某部位快速运动的能力，也是人体或人体某一部位快速做出反应、快速完成动作、快速移动的能力。它不仅在田径运动的短跑和跳跃等项目中对运动成绩起决定性作用，而且也是短时间耐力项目和大多数球类运动项目的主要素质。

2. 速度素质的种类

（1）反应速度。个体对声、光、触等外界刺激快速应变的能力。

（2）动作速度。个体快速完成某一动作的能力，如铁饼、链球投掷的旋转动作时间。

（3）动作频率。在单位时间内，个体完成同一动作的次数。

通常所说的移动速度是指在单位时间内个体通过一定距离的能力，它是上述三种速度素质综合表现出的一种快速运动的能力。

3. 提高速度素质的主要练习方法

提高速度素质的方法多种多样，以下根据教学训练的体会，提供一些提高速度素质的方法，供教学训练时参考。

（1）反应速度。

练习方法主要以听到信号后的迅速反应练习为主，例如，在原地或行进间听到信号后起跑、变速跑、加速跑、转身跑等，反复练习。

（2）动作速度。

① 臂的动作：听口令、击掌或节拍进行摆臂，根据口令或击掌的节奏，做快速摆臂动作，练习20秒左右，节奏由慢至快，快慢结合，重复2~3组，组间休息3~5分钟。

② 腿的动作：原地高抬腿或支撑高抬腿、站立或前倾支撑肋木或墙壁等，听到信号后做高抬腿 10~30 次，重复 4~6 组，组间休息 3~5 分钟；快速后蹬跑，完成距离 30~50 米；快速单足跳，左右脚互相换，完成距离 20~30 米。

（3）位移速度。

① 小步跑转加速跑：行进间快频率小步跑，听到信号后转加速跑 20~30 米，每组 2~3 次，重复 2~3 组，组间休息 3~5 分钟。

② 高抬腿跑转加速跑：行进间快频率高抬腿跑，听到信号后转加速跑，频率逐渐加快，加速跑时频率不变，每组 2~3 次，重复 2~3 组，组间休息 3~5 分钟。

③ 快速后蹬跑：慢跑 5~7 步后，做行进间快速后蹬跑 20~30 米，每组 3~4 次，重复 2~3 组，组间休息 3~5 分钟。

④ 后蹬跑变加速跑：行进间后蹬跑 20 米，听到信号后变加速跑 20~30 米，加速跑速度越快越好，每组 2~3 次，重复 2~3 组，组间休息 3~5 分钟。

⑤ 站立式起跑、蹲踞式起跑：跑 20 米、30 米、50 米、60 米，起跑及加速速度要快，直到最快速度，每组 2~3 次，重复 2~3 组，组间休息 3~5 分钟。

四、提高耐力素质的练习方法

1. 耐力素质的概念

耐力素质是指人体在长时间进行工作或运动中克服疲劳的能力。

2. 提高耐力素质的练习方法

耐力素质的练习方法比较多，各种方法都有各自的特点，常用的耐力素质练习的方法如图 2-4 所示。

常用的提高耐力素质的具体方法如下。

（1）立卧撑。由直立姿势开始，下蹲，两手撑地，伸直腿成俯卧撑，然后收腿成蹲撑，再还原成直立。每次做 1 分钟，4~6 组，组间休息 5 分钟，强度为 50%~55%。

（2）跑台阶。在高 20 厘米的楼梯或高 50 厘米的台阶上，连续跑 30~50 步，如跑 20 厘米高的楼梯，每步跑 2 级，重复 2~3 次，每次间歇 5 分钟，强度为 55%~60%。

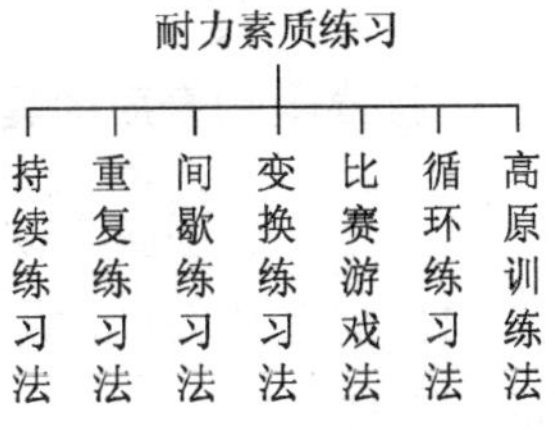

图 2-4 耐力素质练习方法

（3）高抬腿跑。原地或前支撑做高抬腿跑练习，每组 80~100 次，重复 2~3 组，组间休息 2~4 分钟，强度为 55%~60%，动作要不间断地完成。

（4）多级跳。在跑道上做多级跳，每组跳 40~50 米，重复 3~5 组，组间休息 3~5 分钟，强度为 50%~60%。

（5）换腿跳平台。平台高度为 30~45 厘米，单脚放在平台上，另一脚在地上支撑，两脚交替跳上平台各 30~50 次，重复 3~5 组，组间休息 3 分钟，强度为 55%~65%。

五、提高柔韧素质的练习方法

1. 柔韧素质的概念

柔韧素质是指人体关节活动幅度的大小和跨过关节的韧带、肌腱、肌肉、皮肤及其他组织的弹性和伸展能力。

2. 柔韧素质的练习方法

柔韧素质的练习方法主要有两种，即主动性练习和被动性练习。

主动性练习是通过与某关节有关联的肌肉的收缩增加关节灵活性的方法，被动性练习是依靠外力的作用增加关节灵活性的方法，这两种柔韧性练习方法主要采用加大动作幅度，即拉长肌肉、韧带的练习。

（1）主动性动力性练习。这种练习根据完成动作的特点可分为单一的和多次的、摆动的和固定的、负重的和不负重的等练习形式。

（2）主动性静力性练习。在最大幅度动作的情况下依靠自身肌肉力量保持静止姿势。

（3）被动性动力性练习。依靠同伴的帮助来拉长肌肉和韧带。

（4）被动性静力性练习。由外力保持固定的姿势。

被动性练习对于发展柔韧性来说，其效果比主动性练习小一些，但它可以达到更大的被动柔韧性指标，而被动柔韧性的最大指标又决定了主动柔韧性的指标，因此在训练过程中两者必须兼而有之。

3. 柔韧素质练习的基本要求

柔韧素质练习要控制好柔韧性的发展水平，兼顾各个相互联系的部位，持之以恒。注意练习时的外界温度。随着柔韧性水平的提高，练习应逐步加大幅度，但不能急于求成。

4. 提高柔韧素质的具体方法

（1）手指、手腕柔韧性练习。握拳、伸展反复练习；手腕屈伸、绕环；靠墙倒立。

（2）肩关节柔韧性练习。压肩；手扶一定高度，体前屈压肩；双人手扶对方肩，体前屈，直臂，压肩。

（3）腰腹部柔韧性练习。弓箭步，转腰，压腿；分腿体前屈，双手从腿中向后伸；向后甩腰练习；后桥练习。

（4）胸部柔韧性练习。俯卧，背屈伸；虎伸腰。

（5）下肢柔韧性练习。前后劈腿，左右劈腿；踢腿、摆腿；弓箭步压腿。

（6）踝关节和足部柔韧性练习。手扶肋木，用前脚掌站在下边的木杠上，利用体重上下压动，然后在踝关节弯曲角度最大时，停留片刻以拉长肌肉和韧带；做前脚掌着地的各种跳绳练习。

第四节 体育锻炼常识

"生命在于运动",而运动必须有一定的规律性,人们在运动前遇到的问题是不知道该怎样进行锻炼。对于一般人来说,在开始锻炼前,除进行必要的体检和咨询外,还要做一些准备,了解一些常识。

一、培养锻炼兴趣

对体育锻炼感兴趣,是长期参加体育锻炼的前提。培养锻炼兴趣的方式很多,如观看体育比赛,与亲朋好友一起参加体育活动等。有了浓厚的兴趣,就能自觉地投入到体育锻炼中,从而取得理想的锻炼效果。

二、选择活动项目

锻炼者除根据自己的兴趣外,还要考虑自身的条件。青少年活泼好动,可以选择一些强度大、带有游戏性的活动项目。中老年人,要根据自身特点选择项目。另外,还要根据季节和气候来确定体育项目。运动项目可多样化,但所选择的运动项目要对整体机能产生良好的影响。

三、确定运动强度

为增强体质而进行的体育锻炼主要是为了提高人体的健康水平,而不是为了创造成绩,所以强度不宜过大,特别是中老年人,更应如此。控制体育锻炼强度最简单的办法是测定锻炼时的脉搏,对于一般人来说,脉搏控制在140次/分钟左右较为合适。

四、锻炼前要做好准备活动

准备活动的主要作用是提高肌肉温度和内脏器官的机能水平,调节心理状态,预防受伤。准备活动可分为一般准备活动和专项准备活动,时间和量的控制要根据季节、气候和自身的感觉来调节。

五、选择体育锻炼的时间

锻炼时间的选择主要根据个人习惯、工作性质而定。多数安排在清晨、下午或傍晚,不同的时间有不同的特点,练习者可根据自己的实际情况进行选择。

1. 清晨锻炼

许多人喜欢清晨锻炼,首先是因为清晨空气新鲜,有利于二氧化碳的排出,促进新陈代谢;其次是可以提高大脑皮层的兴奋性,有利于一天的工作;再次,凉爽的空气可刺激呼吸黏膜,增强机体的抵抗力,不易患上感冒等疾病。由于清晨锻炼多在空腹情况下进行,所以运动量不要太大,时间也不宜太长。

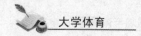

2. 下午锻炼

下午锻炼的主要人群是下午有时间的人,特别适合学生。经过一天的紧张学习和工作,在下午进行一定强度的锻炼,不仅可以增强体质,还可以使身心得到调整。心血管发病率在上午 6~12 时最高,所以心血管病患者锻炼的时间宜选择下午。

3. 傍晚锻炼

对于白天太忙的人来说,傍晚进行锻炼既可以健身强体,又可以帮助消化,但强度不宜过大,时间也不宜过长,并注意与睡觉的时间间隔在 1 小时以上。

六、体育锻炼时要注意正确的呼吸方法

掌握正确的呼吸方法,可以提高锻炼效果。对于体育爱好者来说,掌握正确的呼吸方法要注意以下几点。

1. 采用口鼻呼吸法,减少呼吸道阻力

人体在进行锻炼时,氧气的需求量明显增加,仅靠鼻子呼吸是不能满足机体需要的,所以,要用口鼻同时呼吸,以减少肺通气阻力,增加通气量。研究证实,采用口鼻同时呼吸比单纯用鼻子呼吸的肺通气量增加一倍。在严冬,利用口腔呼吸时,开口不要过大,以免冷空气直接刺激口腔黏膜和呼吸道而患上各种疾病。

2. 加大呼吸深度,提高换气率

体育锻炼时要有意识地控制呼吸频率,最好不要超过 25~30 次/分,加大呼吸深度,使进入肺内进行有效气体交换的空气量增加。

3. 呼吸方式与运动形式相结合

不同的体育锻炼方式对人体的呼吸形式有不同的要求,不同项目的呼吸方法也不一样,应根据自己所练习的项目,选择合适的呼吸方法。

七、体育锻炼时出现不舒服的感觉怎么办

在平时参加体育锻炼时,有时会出现呼吸困难、胸闷、腹痛、肌肉酸痛、抽筋甚至拉伤等现象,出现这些情况时的具体应对方法请参看第五章"大学生医务监督与体育疗法"的第二节"运动损伤及其急救和处理方法"。

八、锻炼后要注意放松

每次锻炼结束时,要使运动的速度逐步降下来,不要突然停止。运动消耗的能量需要及时补充,新陈代谢所产生的废物——乳酸需要从肌肉中排出;锻炼后心脏适当的输出是必要的,而这需要通过肌肉的收缩和放松产生的一种按摩作用来完成,假如突然中止剧烈

运动,特别是采取站立姿势的时候,就会有大量血液涌到下肢静脉中,从而减少血液向心脏和大脑的回流,出现头晕现象。因此在全部动作做完后,可保持慢跑和深呼吸(最好三步一呼),伸展四肢;在单杠上做悬垂动作,使脊柱尽量伸展,使脊椎间盘前突得到还原和按摩,使肌肉特别是大脑神经得到放松,从而使体力更快恢复。

九、女子大学生的体育锻炼

女子一生分为六个时期:新生儿期、幼女期、青春期、生育期、更年期及老年期。

大学生时期是女子一生中的青春发育和性成熟期,此阶段卵巢发育明显,生殖器官发育较快,性腺及性器官发育成熟,卵巢进行周期性排卵,产生雌性激素。乳房和生殖器官也都有了周期性变化。在身体形态结构与生理机能方面表现出不同特点。

1. 生理特点

(1) 身体发育的特点。

在 10 岁以前,男女儿童的身体情况和运动能力基本相同。在进入青春发育期后,由于内分泌和生殖系统的迅速发育,女孩身体各方面都出现了急剧的变化,男孩和女孩在身体形态上、生理功能和心理特征方面都出现较大差异。

女孩青春发育期的生长加速要早于男孩,这时期从生长发育水平看,男孩的身高平均增长 35.5 厘米,占成人的 20%;女孩的身高平均增长 23.8 厘米,占成人身高的 14.9%;男孩的体重增加 31.2 千克,占成人的 52.7%;女孩的体重增加 24.1 千克,占成人的 46.4%。

(2) 运动器官的特点。

① 骨骼:女子骨骼较轻,抗变能力差,但韧性大。脊柱的椎间软骨较厚,韧性弹性好,因此做桥和劈叉比男子容易。

② 体形:女子脊椎骨较长,四肢骨较短细,尤其是小腿较短,形成上身长、下身短的特点。青春期后,女子肩窄、骨盆宽大,下肢围度增长较快,出现大腿和腰粗等体型特征。女子这时期的体型特征和特点,导致身体重心低、稳定性高,有利于完成平衡动作,但不利于跳高和跳远,下肢短的特点也会影响跑动中的步幅和速度,同时由于骨骼轻,因而负重能力差。

③ 肌肉:女子肌肉占体重的 32%~35%,仅占男子肌肉重量的 80%~89%,因此,女子肌肉重量轻,肌力也相对比男子要弱,且容易疲劳。女子肩带和前臂肌肉力量较差,加上肩部较窄,所以做悬垂、支撑、负重等动作较为困难。

④ 身体脂肪:女子体脂占体重的 28%~30%,大量的脂肪沉积在皮下,尤其是胸部和腿部,由于脂肪层厚,因而有很好的保温作用,不仅在参加游泳、冰雪运动时有利于保温,还有助于保护骨骼、肌肉少受损伤,并储备能量,以供人体需要时使用。

(3) 运动能力的特点。

① 力量:女子的肌肉力量仅为男子的 2/3 左右。据统计,女子在 18~25 岁间背力为 73.9 千克,握力为 23.4 千克,屈臂悬垂为 18.8 秒,仰卧起坐为每分钟 26.1 次,立定跳远为 160.5 厘米,动力性力量为 18.5 千克,静力性力量为 16 千克。尽管女子肌力,特别

是上肢肌力比男子差，但通过稳定训练，其肌力增长情况与男子相似，女子进行适当负重训练，也可以提高成绩。

② 速度：60米跑女子为11.3秒，为男子的79.65%；400米跑为114.8秒。

③ 耐力：虽然女子力量和爆发力较差，但在耐力、利用氧的能力、抗热的应激功能、利用体内储存的脂肪转化为能量的功能，以及身体的可训练性等方面较强。

④ 柔韧性：优势较明显，女子的关节韧带、肌肉弹性好，动作幅度大而稳定，优美性强，适合参与体操、艺术体操等运动项目。从医学角度来看，男女之间的差异是客观存在的，但要充分估计女子"可训练性"的潜力。无论采用什么样的训练方法和手段，重要的原则是因人而异、因材施教、个别对待，科学安排运动量和节奏。

（4）血液循环的特点。

在心血管系统方面，女子心脏体积较男子小18%左右，心缩力较好，心脏重量较男子轻10%~15%；心脏容积为455~500毫升，男子为600~700毫升，因此每搏输出量较男子少10%左右，为30~50毫升；血量占体重的7%；红细胞及血红蛋白的含量分别为420万/升和130克/升左右。因此，女子血液运输氧和二氧化碳的能力都不及男子。

（5）呼吸机能的特点。

女子的胸廓和肺脏的容积较小，通常男子肺总容量为3.61~9.41升，而女子仅为2.81~6.81升，同时女子呼吸肌力量较小，胸围及呼吸差也较小，且多为胸式呼吸。安静时，女子呼吸频率较快，每分钟较男子快4~6次，肺活量为男子的70%。四项肺活量指数（肺活量/身高指数、肺活量/体重指数、肺活量/胸围指数、肺活量/体表面积指数）随年龄的增长差异逐渐增大，特别是肺活量/体重指数差非常显著，女子约比男子差20%。女子最大吸氧量较男子小500~1000毫升。肌肉活动时，肺通常也比男子小，加上心脏功能比男子差，限制了女子在运动中供血供氧的能力，从而使她们的运动能力和耐力不及男子。

（6）生殖系统的特点。

女子子宫位于骨盆正中，呈前倾位，其正常位置的维持依靠子宫韧带及腹壁、盆底肌肉张力的协同作用。通常这种维持肌力相对较弱，通过体育锻炼可使女子腹肌与盆底肌变得有力，可以维持和承受足够的腹压，这对维持子宫及其他生殖器官的正常位置是很重要的。腹肌与盆底肌力量简单而有效的锻炼方法有仰卧举腿、仰卧起坐、直立前踢腿、摆腿及大腿绕环等。

2. 经期体育锻炼与卫生

月经周期是成年女子的正常生理现象，是生殖器官的周期性变化，是在内分泌腺作用下子宫周期性出血的现象。月经期是在这种正常生理现象中的一种特殊反应，有轻度不舒服的感觉。下腹部发胀、腰酸、乳房发胀，均属正常反应。有人会出现全身性反应，如食欲不好、疲倦、嗜睡、情绪激动或头痛，也有人容易感冒，面部长痤疮，出现腹泻症状，这些反应也都属于正常现象。

在正常情况下，月经期适当参加体育锻炼是有益无害的，参加体育锻炼能改善人体的机能状态，以及盆腔的血液循环和盆腔内生殖器官的血液供应，减轻盆腔的充血现象，运动时腹肌与骨盆盆底肌肉的收缩与放松活动对子宫有柔和的按摩作用，有助于经血的排出，丰富多彩的体育活动还可以调节大脑皮层的兴奋与抑制过程，从而减轻全身的不适反应，对身体产生良好作用。调查表明，女子从事一些体操运动，对月经失调能起到一定的治疗作用。有人曾对我国业余体校的99名女运动员进行调查，结果表明，有66%的人月经期运动对运动成绩无影响，有22%的人比平时成绩有所提高，只有9%的人运动成绩下降。因此，女大学生循序渐进地养成在月经期参加运动的习惯是非常有益的。

女子在大学阶段的月经周期还未完全稳定，容易受干扰，所以月经来潮时，应适当减少体育锻炼的时间，合理安排活动内容，不可过于激烈。一般在月经期运动时运动量和运动强度不宜过大，要循序渐进，逐渐提高强度。经期不宜安排剧烈活动，如跳跃、速度跑和腹压力加大的练习，因生殖器充血绵软，韧带松弛，易使子宫位置改变和经血增多。调查表明，有的人在月经期运动时的经血量与月经期不运动时的经血量变化不大，多数人经期运动时经血量增多，少数人经血量减少，也有个别人在经期训练时出现月经失调、经血量过多、痛经、闭经、月经周期紊乱等现象。对于经血量过多、过少、周期紊乱及痛经的女生，可根据不同体质和不同人的特点酌情参加适量的体育锻炼。

从事专业运动的女子较为多见痛经、闭经或月经失调，痛经常伴有易激动、腰痛、下腹痉挛、头痛、恶心、呕吐等症状。只有专业运动员和平时月经期训练有素的人才可以在月经期参加比赛或大强度的训练，不提倡一般大学生在月经期参加比赛或大强度的训练，如果有严重的痛经、经血量过多、子宫功能性出血、生殖器官炎症等，则不宜参加体育锻炼。

月经是女性正常的生理现象，身体健康、月经正常者，一般不会出现明显的生理机能变化，在月经期可适量参加体育活动，这不仅可以改善盆腔血液循环，减少盆腔充血，而且由于运动可以调整大脑皮质的兴奋和抑制过程，有利于人体机能的正常运行。在月经期运动时应注意以下几点。

（1）运动量要适当减少。

活动时间不宜过长，一般不要参加比赛，因为比赛时运动强度大，精神十分紧张，容易对体力和神经系统造成负担，造成经血量过多和月经紊乱。

（2）避免做剧烈运动。

避免大强度或震动大的跑跳动作，如疾跑、跨跳、腾跃等，以及推铅球、后倒成桥、收腹、倒立、俯卧撑等动作。

（3）不要游泳。

由于出血、子宫内膜脱落后，子宫内形成较大的创面，子宫颈口肿大，宫腔与阴道口位置对直，此时，身体对病菌侵袭的抵抗力下降，容易引起炎症。

（4）区别对待。

对月经紊乱，经血量过多、过少或经期不准以及痛经和患有内生殖器炎症的女生，月经期应暂停体育锻炼。

（5）注意习惯。

身体健康、月经正常并且有一定训练水平的学生，可根据个人习惯进行活动。如经期第1~2天可进行轻微的体育活动,如广播操、垫排球等;第3~4天可逐渐加大运动量,如慢跑和球类活动;第5~6天便可正常参加锻炼。

为了及时了解和掌握女性月经情况,可建立"月经卡"制度,以便合理安排运动量。"月经卡"见表2-3。

表2-3 月经登记卡(月经卡)

行经日期	年 月 日至 年 月 日 (共 天)						
月经日程	第一天	第二天	第三天	第四天	第五天	第六天	第七天
经期活动情况							
经血量							
经期活动中情况反应							
备注							

注:1. 经期活动情况——全休、减量活动、见习、轻微活动。
   2. 经血量——量少填"+",量中等填"++",量多填"+++"。
   3. 经期活动中情况反应——差、一般、良好。

3. 女大学生体育锻炼中的注意事项

(1) 要循序渐进。

根据机体对外界环境刺激的适应规律及运动条件反射的建立和巩固规律,锻炼要由慢到快,运动技术要由易到难,运动量要由小到大。

(2) 要有系统性。

体育锻炼要保持经常性和规律性,合理安排锻炼、学习和休息时间,不要"三天打鱼,两天晒网",要持之以恒,并有计划安排,确定是晨练还是睡前活动。

(3) 要有全面性。

体育锻炼应使身体形态、各器官系统的功能得到良好发展,不仅要提高身体对外界环境变化的适应能力、对疾病的抵抗力,还要提高身体运动素质,如速度、力量、耐力、灵活性、柔韧等方面,并且培养良好的意志力。

(4) 要区别对待。

每人都有自己的特点,要根据具体情况,如健康状况、身体条件、爱好等采取不同的体育锻炼方式,选择不同的运动项目。

(5) 要考虑青春发育期女子的心理特点。

在体育锻炼开始时要选择一些感兴趣的项目,逐步养成自觉参加体育锻炼的习惯。

(6) 饮食要合理。

经常参加体育活动,可以保持健美身材,对健康也有极大好处。在营养方面,根据女子生理特点,在一些物质要求上有其特殊性。运动量越大,身体需要补给的能量越多。研究表明，一般成年女子每日能量消耗为9 200千焦耳（2 200千卡）左右，目前国内外专家又提出，这一推荐值过高，女子锻炼运动量较大时，每日对蛋白质的需求量平均为94克，约占总耗能量的35%；对糖的需求量平均为300克，约占总耗能量的49.4%。女性在参加体育锻炼时，除了要注意能量摄入的合理性之外，还应注意铁、钙、维生素等营养素的补充。女子青春期对铁的需求量比男子多，主要是月经期失血造成。经常参加体育锻炼的女子每日铁的需求量为10~20.8毫克，平均为14.5毫克，含铁丰富的食物主要是豆类，包括豌豆、蚕豆、大豆、扁豆等，新鲜的水果、谷类、家畜的血和肝等动物类食品含有的铁，人体较易吸收，吸收率可达25%，而且不受其他食物干扰。植物性食品中所含铁不易被人吸收利用，吸收率仅为3%，而且容易受食物中其他成分的影响，但是如果同时吃富含维生素C的食物，将有助于机体对铁的吸引，如饭后吃一些含丰富维生素C的水果，铁的吸收即可提高3~5倍。

经常参加体育锻炼的女子还应注意补钙，同时注意补镁。镁是细胞中重要的阳离子，它可激活多种酶系，参加体内蛋白质的合成和肌肉的收缩，直接影响运动能力，因此，应多吃些奶制品、虾米、虾皮、鱼贝类水产品、豆类、粗粮、水果等含钙和镁丰富的食品。国外专家证明，女子运动后应该补充维生素B_2，它在人体的蛋白质、脂肪和糖的代谢中起着重要作用，女子在锻炼中想消耗多余脂肪和练就强壮肌肉，就需要补充额外的维生素B_2，每天的补充量为5~50毫克，应多吃动物的肝、肾、蛋黄、黄鳝和干豆类等食品。同时注意补充维生素B复合物、维生素C及维生素E，锻炼后要注意放松运动。

（7）要保持运动服装清洁。

体育锻炼时穿的运动服装要适合天气变化，符合运动项目的特点与要求。

第五节　体育锻炼与营养

一、营养与健康

1. 营养的含义

生命的存在、机体的生长发育、各种生命活动及体育活动的进行，都依赖于体内的物质代谢过程，机体必须不断地从外界摄取新的构成细胞的物质、能源和其他活性物质，食物是主要的来源，这一获得与利用食物的过程，称为营养。营养是保证机体生命存在和延续的重要条件。

2. 营养膳食的合理性

营养膳食的合理性原则要求膳食中必须含有机体所需的一切营养素，而且含量适当，种类互补，全面满足身体的一般需求和特殊需求，此外，营养的合理性还要求食物容易消化吸收，不含对机体有害的成分。膳食的合理性应注意以下两个问题：

（1）食物营养成分互补。

任何一种食物的营养成分都不全面，在富含一种或数种营养成分的同时，也可能缺少另一种成分。例如，粮食主要提供糖类，肉禽蛋主要提供蛋白质和脂肪，蔬菜和水果是维生素、无机盐的主要来源。只有各种食物合理搭配，才能实现营养的互补，满足机体的需要。

（2）根据年龄选择营养成分。

人类各个时期对营养的需求，无论从种类上还是数量上，都有明显的不同。儿童和青少年处于生长发育的高峰期，对营养物质的摄取，在种类和数量上要有充分的保障，做到高蛋白、高热量、高维生素、适量脂肪、全面均衡。中老年人所需营养则具有不同的特点。

二、营养素与健康

营养素是能在体内消化吸收、供给热能、构成机体组成部分、调节生理机能、为机体进行正常物质代谢所需的物质，包括蛋白质、脂肪、糖类、维生素、矿物质和水六大类。营养素与健康有着密切的联系。

1. 蛋白质

蛋白质是生命活动的第一重要物质，它的主要生理功能是：构成机体组织、促进生长发育；构成酶和激素，调节酸碱平衡；增强机体免疫力；产生热量。机体一旦缺乏蛋白质，会影响生长发育，导致肌肉萎缩甚至贫血，并出现抗病能力下降、内分泌紊乱、易疲劳、伤口难以愈合等现象。

日常膳食中的肉、蛋、奶是动物蛋白，而豆类是植物蛋白。米、面、谷物蛋白含量较低，只有10%左右。一般认为动物蛋白和植物蛋白在食物中应各占50%。我国成人蛋白质摄入量为每日每千克体重1.0~1.9克，青少年可达3.0克，参加体育锻炼的人应适当增加。

2. 脂肪

脂肪构成细胞膜和一些重要组织，参与代谢，产生热量，保护内脏，保持体温，促进脂溶性维生素吸收。

动物性脂肪来源于肉、蛋黄、奶等，植物性脂肪来源于植物油和各种植物性食物。从我国目前生活水平来看，普通膳食即可满足每天脂肪的需求量。食物中的粮类在体内很容易转变成脂肪，供机体利用或贮存起来。

3. 糖类

糖类的首要作用是供热，人体所需热量的60%是由糖类供应的。其次，糖类还构成组织并参与物质代谢，对中枢神经系统有特殊的营养作用。另外，糖类还有解毒作用，能够保护肝脏。

机体缺糖会使血糖下降，影响中枢神经系统的机能，兴奋性下降，反应迟钝，四肢无力，动作协调性下降甚至晕厥，使运动不能继续。

糖的来源较广泛，食物中的米、面、谷物约80%属于糖类。可直接摄取糖果和含糖饮料，提高肝糖元、肌糖元含量储备。日常膳食即可满足机体对糖类的需要，不必大量补充。

4. 维生素

维生素是维持人体生命和调节正常机能不可缺少的一类营养素。它们在体内的贮存量很少，必须从食物中获得。维生素的种类很多，按性质分为脂溶性和水溶性两大类。前者有维生素 A、维生素 D、维生素 E、维生素 K 四种，后者包括维生素 B_1、维生素 B_2、维生素 C 等。维生素在体内不构成组织原料，也不提供能量，主要用于调节物质能量代谢，保证生理机能。

维生素 A 的主要功能是维持正常视力，主要来源于动物的肝脏和鱼卵、乳品、蛋黄、胡萝卜及菠菜等黄绿色蔬菜。

维生素 D 对机体的钙、磷代谢和骨骼生长发育极为重要，能促进钙的吸收，主要来源于鱼肝油、蛋黄、奶制品。

维生素 E 可增强机体对缺氧的耐受力，扩张血管，改善循环，增加肌肉力量和耐力。如与维生素 C 结合使用，能缓解和预防动脉硬化，主要来源于动物性食品、玉米和绿叶菜。

维生素 C 能加强体内氧化还原过程，从而提高耐力，减缓疲劳，促进体力恢复，促进造血机能，参与解毒过程，增强抗病能力，主要来源于蔬菜和水果。

5. 矿物质

人体内矿物质元素种类很多，约占体重的5%，是构成机体组织成分、调节生理机能的重要物质。人体内含量较多的矿物质元素有钙、镁、钾、磷等，其他的如铁、锌等称微量元素。人体代谢过程中有一定量的矿物质排出，因此必须从食物中得到补充。正常膳食一般能满足机体需要，最易缺乏的矿物质元素是钙和铁。

6. 水

水是构成机体的主要成分，它参与所有物质代谢，完成机体的物质运输，调节体温，保证腺体正常分泌。

人体内水分必须保持恒定，大量出汗后要合理地补充水分（加适量的盐，以补充电解质），以保证正常的生理机能。

三、体育锻炼与合理营养

合理的营养与体育锻炼是维持和促进健康的两个重要条件，以科学合理的营养为基础，以体育锻炼为手段，用锻炼消耗过程换取锻炼后的超量恢复过程，使体内积聚更多的能源物质，提高各器官系统机能。此时获得的健康，较之单纯以营养获取的健康上升了一个高度。不同的运动项目和不同的年龄阶段有不同的营养特点。

第六节 体质及影响体质的因素

一、体质的概念和基本要素

体质即人体的质量，是在先天遗传和后天获得的基础上，表现出来的人体形态结构、生理机能和心理因素综合的，相对稳定的特征。

体质是人的生命活动、劳动（工作）能力、运动能力的物质基础。构成体质的基本要素见表2-4。

表2-4 体质的基本要素

序号	基本要素	内容
1	形态结构	体格、体形、姿势、营养状况、身体成分
2	生理功能	机体代谢水平、各器官系统的效能
3	身体素质和运动能力	速度、力量、耐力、灵敏性、协调性、柔韧性和走、跑、跳、投等身体活动能力
4	心理发育（或精神因素）	智力、情感、行为、知觉、个性、意志等
5	适应能力	对各种环境的适应能力和对疾病的抵抗力

二、影响体质的基本因素

一个人体质的发育和发展受制于先天条件，但不可忽视环境、体育锻炼等后天因素所起的作用。

1. 遗传对体质的影响

（1）遗传对身体形态的影响。

身体形态反映了人的体形，遗传对体形有决定性的影响。据有关资料显示，身高的遗传力，男子为79%，女子为92%；腿长的遗传力，男子为77%，女子为92%。肥胖也有一定的遗传力，但可通过后天因素加以控制。

（2）遗传对身体素质的影响。

遗传因素对速度、力量、耐力等身体素质都有不同程度的影响。据有关专家研究表明：反应速度的遗传力为75%，动作速度的遗传力为50%；肌肉绝对力量的遗传力为35%、相对力量为64.3%；最大吸氧量的遗传力为70%~75%，而无氧耐力的遗传力为70%~99%。

（3）遗传对性格的影响。

遗传对性格的影响也很大，如害羞、胆小以及温和、忠实、不合群等。性格虽然通过后天的锻炼能够改变，但遗传的作用可能影响一生。

（4）遗传对健康和寿命的影响。

遗传对健康的影响主要指一些疾病的遗传，其对寿命的影响已得到公认，除去非正常死亡因素，一般人都能活到父母所活年龄的平均值。

2. 后天环境对体质的影响

遗传对体质的影响难以忽视，但体质强弱的形成主要依赖于后天环境。

（1）生态环境因素对体质的影响。

生态环境因素是指人类生态系统中的自然因素，如空气、水、气候以及自然界的生态平衡等。随着工业化水平的提高，生态环境的矛盾越来越突出。在寒冷地带生活的人的寿命比在热带生活的人长，就充分说明了这一点。

（2）社会因素对体质的影响。

社会因素包括医疗水平、物质条件、社会文明程度等。适当参加一些体力劳动和文娱活动，可以调节生活，减少精神压力，提高对社会的适应能力。

（3）体育锻炼对体质的影响。

体育锻炼可以提高人体各器官系统的功能，愉悦身心，消除精神疲劳，从而提高人的体质。

第七节　体质测定与评价

一、体质测定

（1）身体形态指标的测定。

反映身体形态发育的指标有身高、体重、胸围、肩宽、骨盆等。

① 身高是指人体站立时从头顶到站立面的垂直长度，是反映人体纵向发育水平和体型特征的重要指标。

测试要求：使用身高计，受试者赤脚用立正姿势站在身高计底板上，双足跟、骶骨部及两肩胛骨与立柱相接触，躯干自然挺直，头部正直不靠立柱，两眼平视前方。

② 体重反映人体横向发育水平，以及人体骨骼、肌肉、脂肪等器官系统的充实程度。

测试要求：使用杠杆或体重秤，标准误差应小于0.1千克，受试者男生只穿短裤，女生穿短裤、背心，站立于秤台中央。

③ 胸围是人体宽度和厚度的测量指标，反映了胸廓的大小及胸部、背部肌肉的发育情况，以及肺活量的大小和呼吸肌的力量。

测试要求：使用衬有尼龙丝的塑料带尺，被测者自然站立，两脚分开与肩同宽，两臂放松，自然下垂，将带尺上缘经背部肩胛骨下角下缘至胸前围绕一圈。男生和未发育的女生，带尺下缘在胸前沿乳头上缘；已发育的女生，带尺置于乳头上方与第四肋骨平行。平静呼吸时，在呼气末而未开始吸气时所测定的胸围称平静呼吸时的胸围，被测者在做深吸气和深呼气所测得的胸围之差数称胸围呼吸差。

（2）生理机能的测定。

生理机能是指人体各器官系统的功能状况，主要通过脉搏、血压、肺活量等指标反映心血管系统和呼吸系统的功能状况。

① 脉搏是心脏节律性收缩和舒张射血而引起动脉管壁相应的扩张和收缩搏动。在单位时间内搏动的次数称脉搏频率或心率。

测试要求：被测者静坐10分钟后进行安静状态脉搏的测定，以食指、中指、无名指的指端压在被测者手腕桡动脉处，先连续测3次脉搏，其中两次相同，并与另一次相差不超过1次，然后测量30秒的次数，再乘以2即为1分钟脉搏次数。

② 血压是血液在血管内流动时对血管壁的侧压力。

测试要求：一般用水银血压计，测量时将袖带围于被测者左上臂，摸准桡动脉的位置并将听头置于其上，然后充分加压直到听不到搏动声时缓慢放气，当第一次听到清晰的脉搏声时，水银柱对应的刻度为收缩压；继续放气减压至完全听不到脉声时，水银柱对应的刻度为舒张压。

③ 肺活量是做最大量吸气后，再做最大呼气的气体量。我国大学生的肺活量男生平均为4 220毫升，女生平均为2 946毫升。

测试要求：可用筒式或回转式肺活量计。被测者尽力深吸气并憋住气后向肺活量计的口嘴内全部呼出，直到不能再呼为止，肺活量计所记录的刻度就是被测者的肺活量。

二、身体运动素质的测定

大学生的身体运动素质测定是依据《国家学生体质健康标准》进行的，项目如下：
（1）50米跑；
（2）800米（女）、1 000米（男）跑；
（3）坐位体前屈；
（4）仰卧起坐（女）、引体向上（男）；
（5）立定跳远。

三、体质评价

体质评价包括对身体形态发育水平、生理机能水平和身体运动素质发展水平的评价。体质评价的方法很多，按其性质大致可分为定量评价和定性评价；按其评价的测量体质可分为单项评价和综合评价。我国大学生体质常用指数法和标准对照法来评价。

（1）指数法。

《大学生体育合格标准》中规定的部分评价指标如下：

①身体形态用维克维尔指数评定，即（体重＋胸围）/身高×100。我国19～22岁汉族大学生，男生平均为84.7，女生平均为82.3；

②身体机能用肺活量指数评定，即肺活量÷体重（千克）。我国18～22岁汉族大学生，男生平均为73.4，女生平均为58.1。

（2）标准对照法。

标准对照法根据测量的平均数、标准差或中位数、百分数等统计资料划分等级，定出评价标准进行对照评价。

第三章
体育运动损伤及其预防

第一节 运动损伤概述

一、运动损伤的概念

运动损伤是指在体育运动过程中，产生的人体组织或器官在解剖上的破坏或生理上的紊乱。与日常生活所发生的损伤不同的是，运动损伤与运动项目、训练安排、运动环境、运动者的自身条件及技术动作有密切的关系，其损伤部位与运动项目及专项技术特点有关。如体操运动员受伤部位多是腕、肩及腰部，与体操动作中的支撑、转肩、跳跃、翻腾等技术有关；网球肘多发生于网球运动员与标枪运动员中。

运动损伤是人们在参加体育活动中经常遇到的问题，由于运动项目很多，损伤种类也很多。运动损伤的特点和防治重点因运动项目和部位的不同而不同。

运动损伤的主要原因是：训练水平不够，身体素质差，动作不正确，缺乏自我保护能力；运动前不做准备活动或准备活动不充分，身体状态不佳；缺乏适应环境的训练，以及教学、竞赛工作组织不当。但总的来说运动损伤中的小损伤多、慢性伤多，严重及急性伤少。这些慢性小损伤，有的是一次急性损伤后处理不当，训练过早而变成慢性的伤，但更多的是由于运动量安排不当或由许多细微损伤逐渐积累而成。

运动损伤常用的治疗方法有按摩、针灸、理疗、针对性的功能锻炼、保护支持带、使用中药等。对细微损伤应重视治疗，避免反复损伤，使受伤的组织有一个安静的修复过程和条件。

二、运动损伤的分类

运动损伤可能由单纯的暴力产生，如投掷实心球时用力过猛，上臂有附加扭转动作而造成肱骨骨折，小翻卷曲造成腕部舟状骨骨折等；也可能由劳损加爆发力所致，如在跳跃时由于动作不正确，两脚掌不是同时落地，使地面的反作用力不是均匀地承担在两个跟腱上，久而久之就会造成单侧跟腱劳损变性，当突然承受较大的爆发力时，跟腱就会损伤。

运动损伤的分类方法有很多，可按损伤的性质、损伤的程度或损伤的组织等进行分类。

（1）按运动损伤的性质分为慢性损伤和急性损伤；

(2) 按运动损伤的表现形式分为开放性损伤和闭合性损伤；

(3) 按运动损伤的程度分为轻度损伤、中度损伤和重度损伤；

(4) 按运动损伤的组织结构分为皮肤、肌肉、肌腱韧带损伤，关节损伤，骨组织损伤，骨髓损伤，神经和血管损伤，关节滑囊和滑膜损伤等；

(5) 按运动损伤的时间分为新伤和旧伤。

第二节 常见的运动损伤与处理

一、运动中常见的运动损伤

（一）软组织损伤

软组织损伤可分为开放性损伤和闭合性损伤两类。前者有擦伤、刺伤和切伤等，后者有挫伤、肌肉拉伤和肌腱腱鞘炎等。

1. 闭合性软组织损伤

受损伤的局部无创口者，称为闭合性损伤，主要包括关节扭伤、肌肉及韧带拉伤及局部组织的挫伤等。关节扭伤是由于外力作用使关节活动超出正常生理范围，造成关节周围的韧带拉伤、部分断裂或完全断裂。

(1) 闭合性软组织损伤早期处理的方法主要有冷敷、加压包扎、限制活动和抬高患肢。

① 冷敷在应急处理过程中效果最为显著，它具有止痛、止血和减轻局部肿胀的作用。受伤后可尽快用自来水冲淋受伤部位，也可用冷水或冰袋、酒精或白酒冷敷。有条件时可用氯乙烷、冷镇痛气雾剂喷射受伤部位，喷射距离约为10厘米，喷射时间为3~5秒，重复使用时至少间隔半分钟（不宜用于面部和创口）。冷敷时须防止冻伤，尤其是在寒冷季节。如受伤部位已出现肿胀，不要揉搓、推拿和热敷。急性软组织损伤1~2天内，原则上不做热敷。

② 加压包扎是处理急性软组织损伤的关键，包扎得当可达到止血、防肿和缩短伤后康复时间的目的，受伤局部刚出现肿胀或肿胀虽不明显（如臀部、大腿部），但疼痛剧烈、活动障碍明显的，应经短时冷敷尽快加压包扎。包扎时注意松紧适度，包扎太松达不到加压的目的，太紧会引起局部血液循环障碍。包扎后要注意观察肢体循环状况，一旦出现青紫、发凉或麻木感，应及时松解重新包扎。加压包扎一般约需24小时。

③ 限制活动和抬高患肢。当肢体受伤较重时，为防止伤处继续出血，减轻肿胀和疼痛，一定要限制活动和抬高患肢数日，以促进血液、淋巴液的回流，加快消肿。

(2) 闭合性软组织损伤分急性损伤和慢性损伤。下面介绍几种常见闭合性软组织急性损伤的原因、症状和处理方法。

① 肌肉拉伤。

a. 原因与症状：肌肉拉伤是体育运动中最常见的一种肌肉损伤，通常指在外力直接或间接作用下，使肌肉过度主动收缩或被动拉长所致的损伤。这种损伤在准备活动不充分或运动过度，动作不协调及肌肉弹性、伸展性、肌力差者中更容易出现。肌肉拉伤后，受伤处肿胀、压痛，肌肉紧张或痉挛，触之发硬，并出现功能障碍。严重的肌肉拉伤会导致肌肉撕裂。

b. 处理：肌肉拉伤可根据疼痛程度判断其受伤的轻重，一旦出现痛感应立即停止运动，受伤轻者可即刻冷敷，使小血管收缩，减少局部充血、水肿，并局部加压包扎，抬高患肢。切忌搓揉及热敷，24小时后方可施行按摩或理疗。如果肌肉已大部分或完全断裂者，在加压包扎后，应立即送医院进行手术治疗。

② 肌肉挫伤。

a. 原因与症状：肌肉挫伤是运动中身体某个部位受到钝性外力直接作用所引起的闭合损伤。运动时身体相互冲撞，或身体某部碰在器械上，都可能发生局部挫伤。单纯挫伤在损伤处会出现红肿，皮下出血，并有疼痛及功能障碍等。严重挫伤且有并发症时，还可能出现全身症状或特殊症状。若头部挫伤并发脑震荡或胸腹挫伤并发内脏器官损伤时，则出现头晕、脸色苍白、心慌气短、出虚汗、四肢发凉、烦躁不安，甚至休克症状。

b. 处理：在24小时内可冷敷或加压包扎，抬高患肢或外敷中药。24小时后方可施行按摩或理疗。进入恢复期后可进行一些功能性锻炼。如果怀疑有其他组织器官损伤并出现休克症状，应立即进行抗休克处理，并送医院急救。肌肉断裂者应及早进行手术治疗。

③ 肩关节扭伤。

a. 原因与症状：一般因肩关节准备活动不充分、训练过度、用力过猛及反复劳损所致，也有因技术错误、违反解剖学原理而造成的损伤，肩关节扭伤多发生在排球、棒球和田径的投掷等运动项目中。其症状有压痛、疼痛，急性期有肿胀，慢性期三角肌可能出现萎缩，肩关节活动受到限制。

b. 处理：单纯韧带扭伤可采用冷敷，加压包扎，24小时后可用理疗、按摩和针灸等方法治疗。出现韧带断裂时，应立即送医院进行缝合和固定处理，当肩关节肿胀和疼痛减轻后，可适当进行功能性锻炼，但不宜过早活动，以防转入慢性病症。

④ 踝关节扭伤。

a. 原因与症状：踝关节扭伤是在运动中因跳起落地时身体失去平衡，使踝关节过度内翻或外翻所造成的损伤。多发生在赛跑、篮球、足球、跳高、跳远、滑冰、滑雪、跳伞、摔跤等运动中。在准备活动不充分、场地不平坦或动作不协调等情况下，更容易造成此类损伤。踝关节扭伤后，伤处肿胀、疼痛，韧带损伤处有明显压痛，皮下淤血。如果疼痛剧烈，不能站立、行走，可能是发生了骨折。

b. 处理：踝关节受伤后，应立即进行冷敷，用绷带固定包扎，并抬高患肢。24小时后可根据伤情综合治疗，外敷伤药、理疗、按摩等，必要时做封闭治疗，待病情好转后进行功能性练习。严重者可用石膏固定。

⑤ 急性腰扭伤。

a. 原因与症状：急性腰扭伤是体育运动中最常见的一种急性损伤，尤其在举重、跳水、跨栏、投掷、跳高、体操、篮球、排球等运动中，更容易发生。运动时腰部受力过重，肌肉收缩不协调，或脊椎运动超过正常生理范围都可能引起腰扭伤。发生损伤后，腰部疼痛，有时咯咯作响，有时出现腰部肌肉痉挛和运动受到限制的情况。

b. 处理：腰部急性扭伤后，若轻度损伤，可轻轻按揉；若受伤较为严重，应立即让患者平卧，并用担架护送医院治疗，一般不应随意扶动。处理后，应睡硬板床或腰后垫一个枕头，使肌肉韧带处于放松状态，先冷敷后热敷，24小时后可进行按摩；也可用针灸、外敷药予以治疗。

⑥ 肌肉痉挛。

a. 原因与症状：肌肉痉挛俗称"抽筋"，是肌肉不自主地强直收缩，使肌肉变得坚硬，失去活动能力。游泳运动容易发生肌肉痉挛，最容易发生痉挛的肌肉是小腿后面的腓肠肌，其次是足屈拇肌和屈趾肌。引起肌肉痉挛的原因是多方面的，如在寒冷的环境中锻炼时，准备活动做得不充分，肌肉受到寒冷刺激后，兴奋性增高，容易引起肌肉痉挛；如果剧烈运动时间较长，身体大量排汗使体内盐分丧失过多，破坏了电解的平衡，导致体内盐分含量过低，兴奋性增高而使肌肉发生痉挛；在锻炼中肌肉快速连续收缩，放松时间过短，以致收缩与放松不能协调地交替，也会引起肌肉痉挛。在肌肉痉挛时，局部肌肉坚硬或隆起，剧烈疼痛，且一时不易缓解；有的缓解后，仍有不适感并易再次发生痉挛。

b. 处理：发生肌肉痉挛时，一般可通过慢慢加力、持续牵拉肌肉的方式使之得到缓解并消除疼痛。如小腿抽筋时，可伸直膝关节，用力将足尖勾起，用异侧手牵拉前脚掌或用类似方法处理。牵拉时用力适宜，不可突然用力。此外，采用重力按压、推、揉、捏小腿肌肉及点压委中穴、承山穴、涌泉穴等手法，也可缓解痉挛。游泳时发生腓肠肌痉挛，不要惊慌，应尽量漂浮在水面，用异侧手握住前脚掌向身体方向牵拉，即可缓解肌肉痉挛。

2. 开放性软组织损伤

受损伤的局部有创口者，称为开放性损伤。开放性软组织损伤首先要止血。一般毛细血管出血，几分钟内会自行止血；创口出血较多时，可立即用干净的手帕覆盖伤口，再直接压迫或加压包扎止血；手指出血，则可用力压住指根两侧或扎紧指根部止血。其次应减少创口污染，保持创口清洁，减少不洁物品接触创口。再次，创口小、边缘对合良好的，可在消毒后直接用胶带牵拉固定一周。创口大或位于面部的创口要缝合，一周后拆线（面部五天即可）。最后，必要时口服消炎药物，以防感染。

对于较深的污染伤口，应在清洁伤口后注射破伤风抗毒素。下面介绍几种常见开放性软组织损伤的原因、症状和处理方法。

（1）擦伤。

① 原因与症状：擦伤是皮肤表面受到摩擦后的损伤。在运动中擦伤最为常见，多发生在摔倒时，擦伤后皮肤有出血或组织液渗出。

② 处理：如擦伤部位较浅，只需涂红药水即可；如擦伤创面较脏或有渗血时，应用生理盐水清创后再涂上红药水或紫药水，再用消毒布覆盖，最后用纱布包扎。面部轻微的擦伤可用生理盐水或凉开水清洗创伤面，在创口周围用76%酒精消毒，创伤面涂消炎软膏，无需包扎，面部创口不要擦有色药水。关节附近擦伤用消炎软膏包扎较好，可以防止关节活动时创伤面干裂而影响愈合。

（2）撕裂伤。

① 原因与症状：在剧烈运动时，突然受到强烈的撞击，可能造成肌肉撕裂。常见的撕裂伤有眉际撕裂和跟腱撕裂等。开放性撕裂伤有出血、周围肿胀等现象，有疼痛感。

② 处理：轻度开放性撕裂伤用红药水涂抹伤口即可；裂口大时，则需要止血和缝合伤口，必要时需注射破伤风抗毒素，以防破伤风症。

（二）骨折

1. 原因与症状

常见骨折分为两种，一种是皮肤不破，没有伤口，断骨不与外界相通，称为闭合性骨折；另一种是骨头的尖端穿过皮肤，有伤口与外界相通，称为开放性骨折。前者皮肤完整，较易治疗；后者皮肤破裂，骨折端与外界相通，容易发生感染，较难治疗。运动中发生的骨折多为闭合性骨折。

发生骨折后，肢体形态常发生改变，患处立即出现肿胀，皮下淤血，肌肉会产生痉挛，有剧烈疼痛，移动时可听到骨的摩擦声，肢体失去正常功能。严重骨折时，伴有出血和神经损伤、发烧、口渴，甚至出现休克等全身性症状。

2. 处理

发生骨折后，如有休克症状者，应先让其躺下，将下肢抬高，头部略放低，同时注意保暖，保持呼吸道畅通，并使用止痛药，防止休克。若受伤者昏迷不醒，可用手指掐人中穴、合谷穴使其苏醒。如果发生开放性骨折大出血，应迅速止血，并用消毒纱布等对伤口作初步包扎，以免引起骨髓炎。骨折后暂勿移动患肢，否则伤者会产生剧烈疼痛或加重损伤，可用木板、塑料板等固定伤肢。

若上肢骨折，可弯曲肘关节固定于躯干上；若下肢骨折，可伸直腿固定于健肢上；若疑似脊柱骨折，应平卧并固定躯体，不能抬伤者头部，否则会引起伤者脊髓损伤或发生截瘫；若疑似颈椎骨折，需固定头颈以避免晃动。对于骨折患者不要盲目处理，最好是打急救电话请急救车送往医院治疗。伤者经过处理后，应选择适当的搬运方法尽快送医院治疗。

（三）髌骨劳损

1. 原因与症状

髌骨劳损是膝关节长期局部负担过重或反复损伤累积而成的，也可能是一次直接外力撞击致伤而未及时治疗所致，大多发生在足球、体操、篮球和排球等运动中。髌骨具有保护股骨关节面、维护关节外形、传递股四头肌力量的作用，是维护膝关节正常功能的主要结构。髌骨劳损常有关节疼痛、肿胀等症状，特别是在上下楼梯、跑跳用力和半蹲位起跳时疼痛明显，还常常伴随有膝关节发软无力，重者在步行及静止时也会感觉疼痛。

2. 处理

髌骨损伤后，可采用中药外敷、针灸和按摩等方法加以治疗。平时也可加强膝关节肌群力量的练习，如采用高位静力半蹲，每次保持3~5分钟。病情好转时，可逐渐增加练习时间，每日练习1~2次。

（四）关节脱位

1. 原因与症状

关节脱位即脱臼，是因受直接或间接的外力作用，使关节面脱离了正常的解剖位置所致。关节脱位可分完全关节脱位和半关节脱位（或称错位）两种。在发生关节脱位的同时，由于暴力的作用，常常伴有关节囊、周围韧带及软组织损伤，甚至可能伤及神经、血管等。在运动中发生的关节脱位，大都是间接外力撞击所致，如摔倒时用手撑地，引起肘关节或肩关节脱位。

关节脱位常出现畸形，与健肢对比不对称，因软组织损伤而出现炎症反应、局部疼痛、压痛和关节肿胀等症状，并失去正常活动功能，甚至发生肌肉痉挛等现象。

2. 处理

一旦发生关节脱位，应叮嘱病人保持安静，不要乱动，更不可揉搓关节脱位部位，妥善固定处理后送医院治疗。如用长度和宽度相称的夹板固定伤肢，或者将伤肢固定在自己的躯干、健肢上；也可以先冷敷，扎上绷带，保持关节固定不动。如果是肩关节脱位，可把患者肘部弯成直角，用三角巾等宽带物把前臂和肘部托起，挂在颈上。如果是髋关节脱位，则应立即让病人平卧，并送往医院。必须指出，如果没有把握做整复处理，切不可随意做整复手术，以免加重伤情。

（五）脑震荡

1. 原因与症状

脑震荡是指头部受到外力打击或碰撞到坚硬物体后，使脑神经细胞和神经纤维受到过度震动所引起的意识和功能的一时性障碍。脑振荡根据受伤的程度可分为轻度、中度和重度脑震荡，一般可恢复，多无明显的解剖病理改变。在体育运动中，头部受到重物打击或撞击器械、地面、硬物时，都可能造成脑震荡。

脑震荡后，由于大脑管理平衡的膜半规管、椭圆囊、球囊等感受器功能失调，伤者会出现神志不清、脉搏徐缓、肌肉松弛、瞳孔稍大但能保持对称、神经反射减弱或消失等症状。清醒后，患者常会头痛、头晕、恶心、有呕吐感。头痛、头晕的症状在伤后数日内较明显，以后逐渐减轻，恶心、呕吐等现象在伤后数天内多可消失。此外，脑震荡还可能出现情绪烦躁、注意力不易集中、耳鸣、心悸、多汗、失眠、记忆力减退等一系列植物性神经功能紊乱症状。

2. 处理

脑震荡伤者应平卧，保持安静，不可坐起或站立，冷敷头部，注意保暖。若出现昏迷，可指压人中穴、内关穴、合谷穴；若发生呼吸障碍，应立即进行人工呼吸。上述处理后，还会反复昏迷或昏迷时间超过几分钟，两侧瞳孔不对称或耳、鼻、口内出血及眼球青紫，或者清醒后有剧烈头痛、呕吐并再度昏迷者，表明损伤较为严重，应立即送医院治疗。在送治途中，伤者要平卧，头部要固定，避免颠簸振动。要保持意识不清者呼吸道的畅通，可使伤者侧卧，以防止发生窒息。

轻度脑震荡者，或者无严重征象、短时间意识丧失后很快恢复的伤者，应注意休息，卧床休息到头痛、头晕等症状完全消失。切忌过早地参加体育活动和脑力劳动。在恢复过程中，可定期做脑震荡痊愈平衡试验，以检查病况进展。检查病况进展的方法是闭目、单腿站立、两臂平举，如果能保持平衡，表明脑震荡已基本治愈。此时可适当参加体育锻炼，但要避免翻滚和旋转性动作。

二、在运动损伤中常见的急救技术

急救是指对运动中突然发生的严重损伤进行紧急、初步和临时性处理，以减轻患者痛苦，预防并发症，为转送医院进一步治疗创造条件。运动损伤的急救是一项极其重要的工作。如果处理不当，轻者加重损伤，甚至感染，增加患者痛苦；重者致残，甚至危及生命。因此，应当及时、准确、合理、有效地进行急救。对运动损伤采用的常见的急救技术有止血、包扎和人工呼吸等方法。

（一）止血

人体受伤后，如果大量出血将危及生命，因此应立即进行止血处理。根据出血的性质分为毛细管出血、静脉出血和动脉出血。静脉出血时，血液呈暗红色，危险性较小，一般用加压包扎止血法止血即可；动脉出血时，血液呈鲜红色，危险性较大，常用指压止血法和加垫屈肢止血法止血。

根据出血的部位可分为外出血和内出血两种。在开放性损伤中血管因受伤破裂，而使血液从伤口向体外流出称为外出血。下面介绍外出血的止血法。

1. 加压包扎止血法

加压包扎止血法主要用于小的外伤、毛细血管或小静脉出血，流出的血液易于凝结，在伤口部位盖上消毒敷料，然后用三角巾或绷带等加压包扎即可。

2. 指压止血法

指压止血法用手指压迫创口或压迫身体浅处的动脉，以达到止血的目的，一般用于动脉止血，即用手指将出血动脉的近心脏端用力压向其相对的骨面，以阻断血液来源而达到临时止血的目的。

3. 止血带止血法

四肢大动脉出血不易用加压包扎止血法或指压止血法时，可用止血带（橡皮带或其他代用品）缚扎于出血部的近心脏端。注意止血带不能直接压在皮肤上，而要先在用止血带的部位拿三角巾、毛巾等软物包垫好，将伤肢抬高，再扎上止血带，其松紧度以能压住动脉血流为原则，缚后以肢端蜡色为宜；如果呈紫红色则以能压住动脉血流为原则，如系上肢应每隔20~30分钟放松一次，如系下肢应每隔45~60分钟放松一次，并观察伤肢血液循环情况。凡用止血带的伤者，必须记录用止血带的部位与时间，并迅速送往医院。

4. 加垫屈肢止血法

加垫屈肢止血法主要用于前臂或小腿出血时的止血。在肘窝或膝窝放纱布等物品，屈曲关节，用绷带将屈曲的肢体紧紧缠起来，每隔一小时左右松开绷带一次，观察3~5秒钟，以防止肢体坏死。

（二）包扎

包扎有保护伤口、减少感染机会、压迫止血、固定骨折处和减少伤痛的作用，是损伤急救的主要技术之一。包扎常用的材料有绷带、三角巾等。现场如果没有以上材料，亦可用毛巾、衣物等代替。包扎动作应力求熟练，包扎物应柔软，松紧适宜。下面介绍以绷带为材料或类似绷带材料的包扎法。

1. 环形包扎法

环形包扎法常用于肢体较小部位的包扎，或用于其他包扎法的开始和终结。包扎时打开绷带卷，把绷带斜放在伤口之上，用手压住，将绷带绕肢体包扎一圈后，再将带头和一个小角反折过来，然后继续绕圈包扎，第二圈盖住第一圈，包扎3~4圈即可。

2. 螺旋包扎法

绷带卷斜行缠绕，每卷压着前面的一半或三分之一。此法多用于肢体粗细差别不大的部位。

3. 反折螺旋包扎法

在做螺旋包扎时，用拇指压住绷带上方，将其反折向下，压住前一圈的一半或三分之一，多用于肢体粗细相关较大的部位。

4. "8"字包扎法

"8"字包扎法多用于关节部位的包扎。在关节上方开始做环形包扎数圈，然后将绷带斜行缠绕，一圈在关节下缠绕，两圈在关节凹面交叉，反复进行，每圈压过前一圈的一半或三分之一。

（三）人工呼吸

人工呼吸的方法有举臂压胸法、仰卧压胸法、俯卧压背法、口对口呼吸法等，其中以口对口呼吸法和仰卧压胸法最为有效。

1. 口对口呼吸法

清除患者口中的分泌物或呕吐物，松开衣领、裤带和胸腹部衣服，使患者仰卧，头部后仰，急救者一手托起患者下颌，掌根部轻压环状软骨（即食道管）以防止空气进入胃内,另一只手捏住患者的鼻孔,如图 3-1 所示。深吸一口气,与患者的口紧密接触后,将大口气吹入患者口中,吹气后将捏鼻子的手松开。如此反复进行,吹气频率每分钟约 16~18 次,直至患者恢复自主呼吸为止。

图 3-1　口对口呼吸法

2. 仰卧压胸法

将患者仰卧在木板或平地上,急救者两手上下重叠,用掌根置于患者胸骨下半部,肘关节伸直,如图 3-2 所示。急救者借助于自身体重和肩臂部力量,均匀而有节律地向下施加压力,将胸壁下压 3~4 厘米,随即松手,胸壁将自然回弹。如此反复进行,每分钟 60~80 次,直至患者恢复自主心脏跳动为止。

图 3-2　仰卧压胸法

必要时口对口呼吸法和仰卧压胸法同时进行,两者以 1:4 频率进行。

第三节　常见运动性疾病的预防

一、预防运动损伤的注意事项

大学生大都喜爱运动,并积极参与各项体育活动,但常常因缺乏一定的运动训练知识而受伤,受伤后往往造成不必要的痛苦,严重者甚至导致终生遗憾。为了减少运动损伤,避免伤害事故,保证体育教学、训练和比赛正常进行,首要任务是做好预防工作。其实,只要我们了解运动损伤产生的原因,掌握基本的运动保健知识,是可以预防和避免伤害的。为此提出以下预防运动损伤的几点注意事项。

(一) 学习预防知识,加强安全意识

学习运动损伤的技术和理论,是防止发生运动损伤的基础。加强安全意识,克服麻痹大意的思想是防止运动损伤发生的一个重要手段。认真进行体育道德教育,提倡文明、健康的体育比赛,也有助于预防运动损伤。

(二) 做好准备活动和整理活动

准备活动可以提高中枢神经系统的兴奋性,克服机体机能活动的生理惰性,为正式练习做好准备。准备活动可以增加肌肉中毛细血管开放的数量,提高肌肉的力量、弹性和灵活性,还可以提高关节韧带的机能,增强韧带的弹性,使关节腔内的滑液增多,防止肌肉和韧带的损伤。在运动前要认真做好准备活动,除了做一般性、专门性的活动之外,还要有针对性地对易受伤部位的关节、韧带和肌肉等做好准备活动。在进行准备活动时,既要将躯干、肢体的大肌肉群和关节充分活动开,也要注意各个小关节的活动。在运动、训练或比赛结束后要充分做好整理活动。

（三）合理安排运动负荷，遵循运动规律

要掌握正确的训练方法和运动技术，科学地增加运动量，避免单调、片面的训练方法，防止局部负荷过重。对于不同性别、年龄、水平及健康状况的人，在运动量的安排上要因人而异、循序渐进、遵循运动规律、全面锻炼身体。身体的全面发展对掌握动作、提高技术和战术，尤其对预防运动损伤具有积极的、重要的作用。

（四）注意运动间歇的放松

在运动时，为了更快地消除肌肉疲劳，防止由于局部负担过重而出现的运动损伤，每次练习间隙应采取积极放松的方法。许多锻炼群体对这一问题很不重视，往往采取消极性的休息方式，这样做并不能加快疲劳的消除，继续练习时还易出现损伤。另外，放松应根据项目特点来进行。如侧重于上肢练习的项目，在间隙期可做些下肢练习，反之，则做些上肢练习。这样可以改善血液供给，使肢体中已疲劳的神经细胞得到休息，对于消除疲劳及防止运动损伤有着积极意义。

（五）防止局部负担过重

锻炼时负荷过于集中，会造成机体局部负担过重而引起运动损伤，如膝关节半蹲起跳动作过多易引起骨损伤，过多地练习鸭步可引起膝内侧副韧带及半月板的损伤。因此，在锻炼中应避免单调的锻炼方法，防止局部负担过重。

（六）认真检查场地、器材，提高自我保护能力

在运动前要熟悉运动环境，重视运动器材、场地的安全和卫生，掌握运动器材的正确使用方法，加强对场地器材的维护和检查。在运动中，要掌握运动要领，加强自我保护意识。如摔倒时，应立即屈肘低头、团身，以肩背着地，顺势滚动，而不能直臂或肘部撑地；由高处跳下时，要用前脚掌着地，注意屈膝、弯腰，两臂自然张开，以便缓冲和保持身体平衡。另外，不要穿戴不适合运动的鞋子、服装和饰品参加运动。

（七）加强易伤部位的练习

运动中肌肉、关节囊、韧带等软组织的损伤较为多见。增强股四头肌的力量可以防止膝关节损伤，防止肩关节损伤应加强三角肌、肩胛肌、胸大肌和肱二头肌的锻炼。因此，有意识地加强易伤部位的锻炼对预防损伤也具有重要作用。

（八）加强医务监督

要加强医务监督，提高自我保健意识，并善于把握自己在运动前后的生理变化，定期进行身体检查，了解身体生长发育和健康状况，结合实际，科学地安排锻炼计划，或者在医生和体育老师的指导下进行体育锻炼。

二、常见的生理反应的原因、症状及处理

在实际的运动中，人体生理活动过程的有序性受到暂时性的破坏，因而常常出现某种生理反应。

（一）肌肉酸痛

1. 原因

刚开始或间隔较长时间后再锻炼的运动量较大，容易引起局部肌纤维及结缔组织的细微损伤，以及部分肌纤维的痉挛。

2. 症状

局部肌肉疼痛、发胀、发硬。

3. 处理

对酸痛的肌肉进行热敷，或者进行肌肉按摩。

（二）肌肉痉挛

1. 原因

在体育锻炼时，肌肉受到寒冷的刺激；准备活动不够充分，肌肉猛力收缩；局部肌肉疲劳，大量出汗；疲劳过度，体内缺少氢化物。

2. 症状

肌肉突然变得坚硬和隆起，疼痛难忍，且不易缓解。

3. 处理

对痉挛部分进行牵引，还可配合揉捏、扣打等，症状即可缓解和消失。

（三）运动中腹痛

1. 原因

准备活动不充分，运动过于激烈，内脏器官的功能不能满足运动器官的需要，造成脏腑功能失调，引起腹痛。

2. 症状

两肋处有胀痛感或腹部疼痛。

3. 处理

减慢运动速度,加深呼吸,疼痛可减轻或停止。若无效,则停止运动,口服十滴水或揉按内关、足三里、大肠俞等穴位;若仍无效,则应送医院治疗。

(四)运动性昏厥(休克)

1. 原因

由于剧烈运动或长时间运动,大量血液聚在下肢,回心血量减少,脑供血不足导致昏厥。空腹运动,血糖含量较低,也会造成能量供应不足而引起头昏。

2. 症状

全身无力,头昏耳鸣,眼前发黑,脸色苍白,失去知觉,突然昏倒,手足发凉,脉搏缓慢而微弱,血压降低,呼吸缓慢。

3. 处理

立即使患者平卧,足略高于头,并由小腿向大腿、心脏方向进行按摩,同时用手指掐人中、百会、合谷等穴位。

(五)中暑

1. 原因

在高温环境中(温度高、通气差、头部缺少保护)被烈日直接照射,因体温调节功能障碍而发生中暑。

2. 症状

轻度中暑时会出现面部潮红、头晕、头痛、胸闷、皮肤灼热、体温升高等反应;严重时则会出现恶心、呕吐、脉搏快而细弱、精神失常、虚脱抽搐、血压下降甚至昏迷等反应。

3. 处理

将患者迅速移至通风、阴凉处,冷敷额头,温水抹身,并喝含盐饮料或十滴水,数小时后即可恢复。

(六)极点和第二次呼吸

1. 原因

由于内脏器官的活动跟不上运动器官的需要,能量消耗大,氧供应不足,下肢回流血量减少，血乳酸大量堆积，引起呼吸循环系统活动失调，而导致动力定型的暂时混乱，从而使动作缓慢而无力，也不协调。

2. 症状

呼吸困难，胸闷难忍，下肢沉重，动作不协调，甚至有恶心现象，不愿意继续运动。

3. 处理

适当减慢速度，加深呼吸，坚持运动。消除疑虑和恐惧，这是一种正常的生理现象，随着训练水平的提高，这种生理反应将逐步推迟和减轻。

（七）运动性哮喘

1. 原因

可能与体质过敏、冷空气对呼吸道的刺激等因素有关。

2. 症状

一般在剧烈运动后 5～10 分钟发生，表现为面唇发绀、呼吸困难等。

3. 处理

多数患者在 1 小时内可自行缓解。

（八）运动性血尿

1. 原因

剧烈运动时肾脏血管收缩，肾血流量减少，氧气暂时供应不足，导致肾小管通透性增强而引起运动性血尿。

2. 症状

常在剧烈运动后出现，健康人在运动后出现的一次性血尿，详细检查并不能找到其他原因。

3. 处理

出现血尿时需要立即休息，一般休息一周后可以完全消除。预防的办法是运动量逐渐增大，循序渐进，切忌过量运动。

（九）运动性贫血

1. 原因

一是运动量过大，当乳酸浓度增大时，血液 pH 值下降，红细胞被破坏，血红蛋白被分解；二是因剧烈运动出汗过量，使造血原料铁元素大量流失，又不能得到及时补充，引起缺铁性贫血。

2. 症状

剧烈运动之后，出现面色苍白，头晕目眩，心慌气促，四肢无力，精神萎靡等症状，即运动性贫血。

3. 处理

根据自身的体质选择合适的锻炼项目，饮食要保证足够的蛋白质和铁的供给。

第四章
国际体育与运动竞赛

第一节 国际体育概述

当今国际体育发展到了一个新高度，到达了一个新水平，完全迈进了现代化的门槛。体育在全世界获得的地位无可动摇，其国际化、科学化、娱乐化、大众化的程度，比任何时期都突出。国际体育已经成为现代体育十分重要的组成部分。

一、国际体育的意义

从宗教力量影响下自然形成的区域性古代奥林匹克运动会这种国际体育交往形式，发展到今天几乎泛及世界每一个角落，拥有完整的组织体系、制度体系和内容体系的国际体育活动，充分说明了国际体育运动具有重要的意义和价值。

1. 国际体育促进了各国家、各民族间的相互了解

国际体育活动不受种族、肤色、宗教信仰、地域环境、政治制度、民族语言的限制，形成了全人类相互了解的最适宜场合和最佳气氛。

2. 国际体育促进了文化、科技和经济的繁荣

对于参与国际体育活动的任何一个国家来说，其直接目的在于了解对方、学习对方和超越对方。这种了解、学习和超越，不仅限于体育本身，而且扩大到与体育有紧密联系的文化教育、科学技术、经济生产、环境保护、城市规划、交通运输等领域，最终促进了文化、科技和经济的发展与繁荣。

3. 国际体育为各国、各民族间的竞争和发展提供了舞台

竞争与发展是人类社会进步的两个方面，没有竞争就没有发展，新的发展必然带来新的竞争。国际运动竞赛是民族间体质、气质、运动技术和战术的较量，也是科学技术、经济基础和国家体育制度的较量。在统一的规则、公正平等的条件下，各国家、各民族都在国际体育舞台上表现自己。无论是胜利的自豪，还是失利的悲愤，都会进一步激起民族奋起的精神，激发人们参加下一次竞争的信心。

4. 国际体育加速了各项竞技运动纪录的更新

"高、精、尖、难"是现代竞技运动的显著特征,其具体表现是各项竞技运动纪录和运动成绩的迅速更新。有了频繁的国际体育交流活动,无论是国际的运动竞赛、科学合作和交流,还是国际体育器材博览会,都能刺激竞争欲望和提供更新纪录的可能条件。

5. 国际体育促进了国际文化模式的形成

现在各国的大型体育活动广泛地接受了国际文化模式,如开幕式、闭幕式、入场式、升旗降旗仪式、设吉祥物、火种接力传递和点燃火炬等。不仅如此,这种国际文化模式还被越来越广泛地运用于其他领域,如国际中学生数学、物理竞赛被称为"奥林匹克中学生数学、物理竞赛",并采用奥林匹克运动会的记分法和组织方法。国际统一的文化模式,既是国际体育的产物,也是国际体育进一步发展的条件,在整个人类的共同进步中起到重要的作用。

6. 国际体育对维持世界和平具有积极意义

古代奥林匹克运动会是和平的象征,现代国际体育仍有极大的和平意义。国际体育活动能形成一种强大的反对战争、维护和平的国际舆论,对维护和平具有积极意义。

二、国际体育的发展趋势

1. 体育运动国际化、科学化

由于航空、电子、电视、广播和通信卫星事业的发展,许多体育项目冲破了国家的界限,在全世界范围引起了人们广泛的兴趣。以美国洛杉矶第 23 届奥运会为例,当时各国不惜高价购买电视实况转播权,这是奥运史上首次大规模向人类展示高科技成就的奥运会,充分显示了现代科技的威力。

2. 体育运动日益商业化

随着体育运动日益商业化,许多国家都像经营商品一样经营着体育运动。体育运动也促进了其他事业的发展,体育场馆建设、设备的生产制造成为某些国家重要的经济支柱。重要的国际比赛对一些国家的旅游业、餐饮业、交通运输业产生了巨大的影响。

3. 群众体育成为一项主要目标

进入 20 世纪 70 年代,发达国家的体育运动发生了深刻的变化。在竞技运动水平高度发展的同时,被称为"第二奥林匹克运动"的群众体育成为普通大众生活中不可缺少的组成部分。许多国家为了达到"体育属于大众"的目的,依照本国实际情况,或制定措施,或组织群众性的体育组织,开展群众性体育活动。群众体育的发展对社会产生深远影响,有助于提高生产力,增强国民体质,降低医疗费,延长寿命。

三、体育的未来

根据未来社会的特征,未来体育的发展将出现以下特征。

1. 体育运动将进一步国际化

全球性通信网络的建立使宇宙空间相对缩小,发达的交通使万里之遥能够朝发夕至。在物质极大丰富的条件下,人们更加热衷于文化的竞争和交流,使体育运动的国际性得以更好地发挥。越来越多的运动项目被纳入国际运动竞赛,由于广泛的国际比赛需要,世界各国正明显地朝着制定共同的体育规划的方向努力,四年一度的奥运会,其竞赛规则影响着世界各国运动员多年训练计划的制定。运动健儿不分性别、种族和宗教信仰,不分社会制度、经济水平和地理位置,都可以在国际体坛上一显身手。国际体育组织及其成员国会越来越多,参加国际运动竞赛的国家也将日益增多。

2. 体育运动将进一步社会化、大众化

未来社会人们参加体育活动的条件将会更加优越,物质、时间、精力等各方面都更加具备个性自由发展、全面发展的条件,体育将属于所有人。作为一种被激活了的需要,人们都自觉自愿地参加体育活动,体育将成为人们日常生活不可缺少的一部分,成为人们生命活动的重要组成部分。

3. 未来体育将更加科学化

新的科学技术和理论为体育科学化提供了更大的可能性,计算机将在体育科学研究中扮演主要角色。机器人将走进运动场,成为未来比赛和训练场上的新客,充当教练员、运动员的得力助手,甚至成为赛场上的裁判员。新技术、新材料的发现和应用,将使体育的科研、教学、训练、竞赛组织、场地设施、器材达到意想不到的高质量和高水平。一些科学理论的新发现将使体育功能得到最充分的开发和利用,如人体科学、生物工程、遗传工程、管理决策、心理学等新的研究成果,甚至对人体的结构、功能、质量产生突破性的影响,为体育的科学化提供重要的理论根据。

4. 人们的体育兴趣将更加广泛,活动内容将更加多样

未来社会将为人们提供充分的体育活动场所和足够的、具备专长的活动指导者,加上社会体育组织和团体的普遍性,人们有条件根据自己的爱好选择各种体育活动。

5. 未来体育将终身化

家庭、学校和社会体育各自分离的状况在未来社会将会得到改善,形成家庭体育、学校体育和社会体育相连贯的新体系,在人的一生中连续不断地进行。终身体育的一贯性使家庭体育、学校体育和社会体育在内容上具有连贯性,学校体育与社会体育在场地和设施方面相互提携,融为一体。

6. 学校体育将由强调健身转为全面育人

基于对体育功能的全面认识和开发，学校体育将不仅局限于健身，而更加强调利用体育这种多功能的手段，从培养一代全面发展的新人出发，提高学生的生活质量，建立科学、健康、文明的生活方式，培养现代人的意识和品德，使学校体育的目的与整个学校教育的目的更趋一致。

7. 体育场地和设施充裕，体育组织广泛存在

未来社会中人们对体育的需求日益增加，体育场地和设施将大批兴建——不仅在学校、企业、厂矿、公司，而且在社区和家庭里兴建体育设施，供人们日常锻炼使用。同时，各种体育组织，如体育俱乐部、游乐场、健美中心、运动协会、体育辅导站等将大量涌现，在那里，人们可以找到自己喜爱的、方便自己活动的场所，这些是体育活动社会化、大众化的物质和组织条件。

8. 人体机能水平和运动能力将大大提高，寿命将延长

在未来社会新理论、新技术、新材料、新方法的支持下，人体的机能水平和运动潜力将会得到极大的发挥。专家们预测，到2050年，运动能力的提高将主要依靠生物工程设计和电脑训练，加上运动技术的改进和训练方法的科学化，各项运动的世界纪录将不断被改写。

人的寿命问题是一个有待揭示的奥秘。20世纪60年代，美国科学家通过细胞分裂的科学实验推测人的最高寿命可以达到120岁。随着人类生活水平的普遍提高，社会福利事业和医疗条件的不断改善，人类的平均寿命将不断延长。

第二节　奥林匹克运动与国际体育组织

一、奥林匹克运动

1. 奥林匹克运动的基本概念

奥林匹克运动是在奥林匹克主义的指导下，以体育运动和四年一度的奥林匹克庆典为主要活动内容，促进人的生理、心理和社会道德全面发展，加深各国人民之间的相互了解，在全世界普及奥林匹克主义，维持世界和平的国际社会活动。

奥林匹克运动可以追溯到古希腊的奥林匹克运动会（以下简称奥运会）古代奥运会是一种具有宗教性质的庆典，以竞技的形式表达人们对神灵和英雄的崇拜，它同古希腊文化一起随着奴隶制的崩溃而消亡，但它的竞技传统、理想和精神，在19世纪末资本主义生产、发展的进程中，在文艺复兴、宗教改革、启蒙运动的影响下，通过现代奥林匹克运动的先驱者——法国教育家顾拜旦的不懈努力得以重现。1894

年6月23日在法国巴黎成立了国际奥林匹克委员会,选举了希腊诗人维克拉斯为第一任主席,顾拜旦为秘书长,并于1896年4月在希腊雅典举行了第一届现代奥林匹克运动会。

现代奥运会是声望最高、最庄严、最隆重的国际体育盛会,也是比赛规模最大、水平最高和影响最深远的综合性运动会,其宗旨是"团结、和平、友谊",格言是"更快、更高、更强"。现代奥运会在自1896年至今的100多年历史中,尽管经历了不少坎坷,但仍然发展成全世界人民最热爱与关注的体育文化活动。随着社会的发展与进步,奥林匹克盛会展示在世人面前的将是更加辉煌壮观、更加美好圣洁的景色。

2. 古代奥林匹克运动会

(1) 古代奥林匹克运动会概况。

古代奥林匹克运动会是古希腊人民的伟大创举,从公元前776年开始到公元394年古罗马皇帝狄奥多西一世下令废止,历时1170年,共举行了293届,每四年举行一次。

奥运会最初只有一天,之后延长到五天,第一天进行运动员资格审查、宣誓、赛跑;第二天进行铁饼、标枪、角力、跳远和赛跑的五项全能竞技;第三天进行拳击、格技和角力;第四天进行少年比赛;第五天进行战车、赛马和武装赛跑,晚上在宙斯神庙前宣布比赛成绩,颁发奖品,并举行盛大宴会。

每当举行奥林匹克运动会的春天,三个神的使者会从奥林匹亚出发奔赴古希腊各地,通知运动会日期,各城邦接到通知后立即着手准备,运动会前一周各城邦派出使者和体育代表团参加大会,同时奥林匹亚举行祭祀宙斯神的仪式,政治使者在此结缔条约,艺术家展示作品,政治家发表演说,商人推销商品,希腊处于"神圣休战"状态。古代妇女被禁止参加和观看比赛,违者处极刑。

(2) 古代奥林匹克运动会的衰落。

马其顿入侵古希腊后,古奥运会逐渐衰落,赛场变成了贵族赌博奴隶生命的场所。罗马帝国征服古希腊后,古奥运会变成了地方性竞技。公元394年,古罗马皇帝狄奥多西一世敬奉上帝,立基督教为国教,祭祀宙斯神的古奥运会则成为异教活动,被下令废止,第二年又受到战争的破坏。公元426年,狄奥多西二世以基督教的名义,纵火烧了奥林匹亚残存的庙宇,接着奥林匹亚遭到特大洪水淹没,百年后又遭遇两次强烈地震,奥林匹亚和古代奥林匹克运动会完全被毁灭。

3. 现代奥林匹克运动会

18世纪初,英、德等国的一些学者相继到奥林匹亚考察和挖掘,使古代奥运会旧址重见天日。在法国教育家和诗人顾拜旦的多方奔波和呼吁下,法国巴黎于1894年6月召开了恢复奥运会的代表大会,会议决定成立国际奥林匹克委员会,选举希腊诗人维克拉斯为第一任主席,顾拜旦为秘书长,同时决定1896年4月在希腊雅典举办第一届现代奥林匹克运动会,每四年举行一次。1908年又分支出冬季奥运会。

从1896年到2018年共举行了31届现代奥运会,期间因第一世界大战和第二次世界大战的影响停止了第6届、第12届、第13届夏季奥运会,实际上只举行过28届。历届夏季奥运会概况见表4-1。

表4-1 历届夏季奥运会概况

届次	时间	地点	参赛国家和地区数/个	项目数/个	参赛运动员人数/人
1	1896年4月6日—4月15日	希腊雅典	14	43	241
2	1900年5月20日—10月28日	法国巴黎	24	95	1 225
3	1904年7月1日—11月23日	美国圣路易斯	13	91	689
4	1908年4月27日—10月31日	英国伦敦	22	110	2 035
5	1912年5月5日—7月22日	瑞典斯德哥尔摩	28	102	2 547
6	1916年	德国柏林	因第一次世界大战停办		
7	1920年4月20日—9月12日	比利时安特卫普	29	154	2 669
8	1924年5月4日—7月27日	法国巴黎	44	126	3 092
9	1928年5月17日—8月12日	荷兰阿姆斯特丹	46	109	3 014
10	1932年7月30日—8月14日	美国洛杉矶	37	117	1 408
11	1936年8月1日—8月16日	德国柏林	49	129	4 066
12	1940年	日本东京	因第二次世界大战停办		
13	1944年	英国伦敦	因第二次世界大战停办		
14	1948年7月29日—8月14日	英国伦敦	59	136	4 099
15	1952年7月19日—8月3日	芬兰赫尔辛基	69	149	4 925
16	1956年11月22日—12月8日	澳大利亚墨尔本	67	145	3 184
17	1960年8月25日—9月11日	意大利罗马	83	150	5 348
18	1964年10月10日—10月24日	日本东京	93	163	5 140
19	1968年10月12日—10月27日	墨西哥墨西哥城	112	172	5 530

续表

届次	时间	地点	参赛国家和地区数/个	项目数/个	参赛运动员人数/人
20	1972年8月26日—9月11日	德国慕尼黑	121	195	7 123
21	1976年7月17日—8月1日	加拿大蒙特利尔	92	198	6 028
22	1980年7月19日—8月3日	苏联莫斯科	80	203	5 217
23	1984年7月28日—8月12日	美国洛杉矶	140	221	6 797
24	1988年9月17日—10月2日	韩国汉城（今首尔）	159	237	8 465
25	1992年7月25日—8月9日	西班牙巴塞罗那	169	257	9 367
26	1996年7月19日—8月4日	美国亚特兰大	197	271	10 318
27	2000年9月15日—10月1日	澳大利亚悉尼	199	300	10 651
28	2004年8月13日—8月29日	希腊雅典	202	301	11 099
29	2008年8月8日—8月24日	中国北京	204	302	11 526
30	2012年7月28日—8月12日	英国伦敦	204	302	10 568
31	2016年8月5日—8月21日	巴西里约热内卢	207	306	10 500

1908年举办了冬季奥运会，后因一些国家和地区的反对，中断了近20年。在顾拜旦的努力下，冬季奥运会终于在1924年重新恢复。到2018年为止实际上只举行了23届冬季奥运会。历届冬季奥运会概况见表4-2。

表4-2 历届冬季奥运会概况

届次	时间	地点	参赛国家和地区数/个	项目数/个	参赛运动员人数/人
1	1924年1月25日—2月5日	法国夏蒙尼	16	16	258
2	1928年2月11日—2月19日	瑞士圣莫里茨	25	14	464
3	1932年2月4日—2月13日	美国普莱西德湖	17	14	252
4	1936年2月6日—2月16日	德国加米施－帕滕基兴	28	17	668
5	1948年1月30日—2月8日	瑞士圣莫里茨	28	22	669

续表

届次	时间	地点	参赛国家和地区数/个	项目数/个	参赛运动员人数/人
6	1952年2月14日—2月25日	挪威奥斯陆	30	22	694
7	1956年1月26日—2月5日	意大利科蒂纳丹佩佐	32	34	820
8	1960年2月18日—2月28日	美国斯阔谷	30	27	665
9	1964年1月29日—2月9日	奥地利因斯布鲁克	36	34	1 091
10	1968年2月6日—2月18日	法国格勒诺布尔	37	35	1 158
11	1972年2月3日—2月13日	日本札幌	35	35	1 006
12	1976年2月4日—2月15日	奥地利因斯布鲁克	37	37	1 123
13	1980年2月13日—2月24日	美国普莱西德湖	37	38	1 072
14	1984年2月8日—2月19日	南斯拉夫萨拉热窝	49	39	1 274
15	1988年2月13日—2月28日	加拿大卡尔加里	57	46	1 423
16	1992年2月8日—2月23日	法国阿尔贝维尔	64	57	1 801
17	1994年2月12日—2月27日	挪威利勒哈默尔	67	61	1 739
18	1998年2月7日—2月22日	日本长野	72	68	2 302
19	2002年2月8日—2月24日	美国盐湖城	77	78	2 399
20	2006年2月10日—2月26日	意大利都灵	84	84	2 633
21	2010年2月12日—2月28日	加拿大温哥华	85	86	5 500
22	2014年2月7日—2月23日	俄罗斯索契	88	98	2 873
23	2018年2月7日—2月25日	韩国平昌	92	102	2 922

从1894年至今,国际奥运委员会历史上共有过9位主席,他们在不同的历史时期为奥运会做出了贡献,历届国际奥运委员会主席概况见表4-3。

表4-3 历届国际奥运委员会主席概况

届次	姓名	国家	历任年限
1	德米特留斯·维凯拉斯	希腊	1894—1896年
2	皮埃尔·顾拜旦	法国	1896—1925年
3	亨利·德·巴耶-拉图尔	比利时	1925—1942年

续表

届次	姓名	国家	历任年限
4	西格费里德·埃德斯特伦	瑞典	1942—1952 年
5	艾费里·布伦戴奇	美国	1952—1972 年
6	迈克尔·莫里斯·基拉宁	英国	1972—1980 年
7	胡安·安东尼奥·萨马兰奇	西班牙	1980—2001 年
8	雅克·罗格	比利时	2001—2013 年
9	托马斯·巴赫	德国	2013—2021 年

（1）夏季奥林匹克运动会。

目前国际奥运委员会（以下简称国际奥委会）承认的夏季奥运会运动比赛项目有田径、游泳（含跳水、水球、花样游泳）、体操（含艺术体操、蹦床）、足球、篮球、排球（含沙滩排球）、曲棍球、举重、自行车、柔道、射击、射箭、击剑、皮划艇、赛艇、帆船、跆拳道、铁人三项马术、拳击、手球、现代五项、乒乓球、网球、垒球、棒球和羽毛球等。竞赛时间（包括开幕式、闭幕式在内）不超过 16 天。根据国际奥委会的规定，只有得到国际奥委会承认的各国际单项体育组织及其所管辖的运动项目才能列入奥运会比赛，还规定列入奥运会比赛的男子项目至少在三大洲 40 个国家和地区广泛开展，女子运动项目至少要在两大洲 25 个国家和地区广泛开展。

（2）冬季奥林匹克运动会。

1992 年以前，在举行夏季奥运会的同一年举行冬季奥运会，它开始于 1908 年的第四届奥运会，当时的比赛项目只有花样滑冰和冰球，后来因为一些国家和地区奥委会的反对，冬季奥运会中断了近 20 年，后经顾拜旦多方努力，终于在 1925 年的国际奥委会会议上，奥委会成员开始重新讨论恢复冬季奥运会的问题，会上正式决定，重新举办冬季奥运会，在夏季奥运会的同一年举行，每四年一届，但届数按实际举行的次数计算，并决定把 1924 年在法国夏蒙尼举行的第八届奥林匹亚国际体育周的冰上运动会作为第一届冬季奥运会。

冬季奥运会的主要比赛项目有现代冬季两项（滑雪和射击）、滑雪（高山滑雪、越野滑雪、跳台滑雪和自由式滑雪）、冰球、滑冰（速度滑冰、花样滑冰和短道滑冰）、雪橇（舵雪橇和无舵雪橇）和冰上舞蹈等。比赛（包括开幕式、闭幕式在内）不超过 12 天。根据国际奥委会规定，要列入冬季奥运会的男子项目至少要在两大洲 25 个国家和地区开展，女子项目至少在两大洲 20 个国家和地区开展。

4. 奥林匹克运动与中国体育

1922 年，我国同国际奥委会产生了联系，当时王正廷以个人身份被选为国际奥委会委员；1928 年，宋如海参加了第九届奥运会的开幕式；1932 年，在美国洛杉矶举行的第 10 届奥运会，我国运动员刘长春、教练员宋君复参加了比赛，这是我国首次参加奥运会比赛。1949年前我国仅参加过第10届、第11届、第14届奥运会，除撑杆跳高运动员符保卢通过预赛外，其他皆在预赛中被淘汰。

1952年，在芬兰赫尔辛基召开的国际奥委会会议上通过了邀请中国参加第15届奥运会的决议，中华人民共和国第一次派团参加奥运会。

1984年7月，中国派出350多人的大型体育代表团，第一次全面参加了夏季奥运会（第23届），比赛第一天，中国著名运动员许海峰获得60发自选手枪比赛项目金牌，实现了中国在奥运会上金牌"零"的突破。本届奥运会上中国运动员共获得15枚金牌、8枚银牌、9枚铜牌，取得了历史性的突破。

1992年，在西班牙巴塞罗那举行的第25届夏季奥运会上，中国运动员获得16枚金牌、22枚银牌、16枚铜牌，共获得54枚奖牌，金牌和奖牌总数均居世界第四。同时游泳健儿还打破了两项世界纪录。

2000年，中国派出310名运动员参加第27届悉尼夏季奥运会，其中，女运动员202名。中国体育代表团在此次奥运会上显示了强大的实力，共有3人12次创8项世界纪录，有8人11次创11项奥运会纪录，共获得59枚奖牌，其中28枚金牌、16枚银牌、15枚铜牌，在金牌数和奖牌总数上均居第三位，这是中国首次进入奥运会前三强国家之列，是历史性的突破。

2001年7月13日，国际奥委会在莫斯科召开的第112次全会通过投票表决后宣布，北京成为2008年夏季奥运会举办城市。北京申办奥运会成功，极大地鼓舞了全国人民。

2004年，在第28届雅典奥运会，中国首枚男子田径比赛项目金牌产生。在8月27日的比赛中，中国选手刘翔在参加的男子110米栏项目中，以12秒91的成绩追平世界纪录，打破了12秒95的奥运会纪录。凭借此项目成绩，中国第一次在男子田径比赛中获得奖牌。

2008年8月8日到2008年8月24日，夏季奥运会在中华人民共和国首都北京举办，我国健儿在北京奥运会共创造了43项新世界纪录及132项新奥运会纪录，共有87个国家和地区在赛事中取得奖牌，中国以51枚金牌居金牌榜首位，是奥运会历史上首个登上金牌榜榜首的亚洲国家。北京奥运会提升了中国的国际声望，强化了民族认同感，增强了社会凝集力和整合能力，改善了社会风气，增强了政府的行政能力，加速了社会发展的进程。

2012年，第30届夏季奥林匹克运动会是伦敦第三次主办夏季奥运会，伦敦奥运会的口号为"Inspire a generation"（激励一代人），体现了伦敦申办奥运会时对世界的承诺。在这届奥运会中，中国获得38枚金牌，列本届奥运会金牌榜第二位。易思玲10米气步枪金牌是2012年伦敦奥运会的第一枚金牌。中国体育代表团在本届奥运会上打破6项世界纪录和6项奥运会纪录，并创中国代表团在境外参加奥运会的最好成绩。伦敦奥运会上，中国体育代表团取得了众多突破，8个项目首次获得奥运会金牌，17个项目首次获得奥运会奖牌，这反映出中国竞技体育在项目结构调整、均衡发展上取得了成效。帆船运动员徐莉佳、男子花剑运动员雷声、男子游泳运动员孙杨等，在欧美选手强势项目中脱颖而出，展示了中国体育全方位发展的新方向。

2016年里约热内卢奥运会是第31届夏季奥林匹克运动会。里约热内卢成为奥运史上首个主办奥运会的南美洲城市，同时也是首个主办奥运会的葡萄牙语城市。此次奥运会共设28个大项，306个小项比赛。高尔夫重返奥运会，七人制橄榄球加入奥运会。

5. 国际奥林匹克委员会

国际奥林匹克委员会是奥林匹克运动的最高组织，1894年6月23日在法国巴黎成立，首任主席是希腊人德米特留斯·维凯拉斯，现代奥林匹克运动创始人是顾拜旦，现任主席是托马斯·巴赫。国际奥委会的组织结构包括国际奥委会全体委员会、执行委员会（主席、副主席、执行委员）、专门委员会和国际奥委会总部等机构。

国际奥委会的主要宗旨如下：
（1）鼓励组织和发展体育运动和体育竞赛；
（2）在奥林匹克理想指导下，鼓励和领导体育运动，从而促进和加强各国运动员之间的友谊；
（3）保证按期举办奥林匹克运动会；
（4）使奥林匹克运动无愧于其光荣历史和崇高理想。

二、国际大学生体育联合会

国际大学生体育联合会简称国际大体联，最早创建于1919年，当时称国际大学生联盟。1949年9月，国际大学生体育联合会宣布成立，现有会员协会162个，总部设在布鲁塞尔。1975年，中国大学生体育协会被国际大体联接纳为正式会员。

国际大体联是独立的综合性国际体育组织，同国际奥委会及其他体育组织无从属关系，但在组织各项比赛时需采用各国际单项组织的比赛规则，现任主席是乔治·基里安。

国际大体联的任务是：在大学界和体育界建立自己的声誉，加强各国已有的大学生体育组织的联系；通过研究委员会增强大学、体育运动和学生之间的联系；通过与政界、商界和新闻界接触，为发展各国大学生体育运动提供新的经济资源；通过教育制订体育发展计划，为当代社会体育和教育有关的问题确定道德标准。

三、国际单项体育联合会

国际单项体育联合会（以下简称国际单体联）是世界范围内管理一项或几项运动项目并接纳若干管理这些项目的国家及团体的国际性的非官方组织。

根据公认的国际法，国际组织主要可分为由国家参加的国际性官方组织，以及个人或各国社会团体建立的国际性非官方组织。

国际单体联与国际奥委会、国家奥委会是相互承认的关系，而不是隶属关系。

国际单体联中得到国际奥委会承认的项目见表4-4。

表4-4 国际奥委会承认的国际单体联项目列表

编号	名称	成立时间	会员数/人
1	国际业余田径联合会（LAAF）	1912年	209
2	国际赛艇联合会（FISA）	1892年	103
3	国际羽毛球联合会（IBF）	1934年	130
4	国际棒球联合会（IBA）	1938年	108
5	国际篮球联合会（FIBA）	1932年	208
6	国际业余拳击协会（LABA）	1946年	188
7	国际皮划艇联合会（FIC）	1924年	100
8	国际业余自行车联盟（UCI）	1900年	169
9	国际马术联合会（FEI）	1921年	111
10	国际击剑联合会（FIE）	1913年	99
11	国际足球联合会（FIFA）	1904年	203
12	国际体操联合会（FIG）	1881年	124
13	国际举重联合会（IWF）	1905年	162
14	国际手球联合会（IHF）	1946年	142
15	国际曲棍球联合会（FIH）	1924年	119
16	国际柔道联合会（IJF）	1951年	178
17	国际业余摔跤联合会（FILA）	1912年	136
18	国际业余游泳联合会（FINA）	1908年	155
19	国际现代五项和冬季两项联盟（UIPMB） 国际现代五项联盟（UIPM） 国际冬季两项联盟（IBU）	1948年 1960年 1993年	85 57 142
20	国际垒球联合会（ISF）☆	1952年	101
21	国际跆拳道联合会（WTF）☆	1973年	157
22	国际网球联合会（ITF）	1913年	190
23	国际乒乓球联合会（ITTF）	1926年	177
24	国际射击联盟（UTT）	1907年	149
25	国际射箭联合会（FLA）	1931年	108
26	国际铁人三项联盟（ITU）☆	1989年	120
27	国际帆船联合会（ISF）	1907年	121
28	国际排球联合会（FIVB）	1907年	121
29	国际雪车联合会（FIBT）	1923年	49
30	世界冰球联合会（WCF）	1966年	33

续表

编号	名称	成立时间	会员数/人
31	国际冰球联合会（IIHF）	1908 年	55
32	国际雪橇联合会（FIL）	1957 年	44
33	国际滑冰联合会（ISU）	1892 年	64
34	国际滑雪联合会（FIS）	1924 年	86
35	国际技巧运动联合会（IFSAS）	1973 年	57
36	国际航空运动联合会（FAI）	1905 年	85
37	国际登山联合会（ULAA）	1932 年	80
38	世界台球联盟（WCBS）	1992 年	97
39	世界滚木球联盟（CMSB）	1985 年	71
40	世界业余高尔夫球理事会（WAJC）	1958 年	77
41	国际高尔夫球联合会（IKF）	1933 年	33
42	国际无挡板篮球协会联合会（IFNA）	1960 年	42
43	国际定向越野联合会（IOF）	1961 年	46
44	国际轮滑联合会（FIRS）	1924 年	98
45	国际向力球联合会（FIPV）	1929 年	25
46	国际马球联合会（PFI）	1985 年	48
47	国际保龄球联合会（FIQ）	1952 年	91
48	国际短网拍墙球联合会（IRF）	1968 年	90
49	国际橄榄球理事会（IRFB）	1886 年	83
50	国际救生联合会（ILS）	1993 年	121
51	国际滑水联合会（IWSF）	1946 年	80
52	世界软式墙网球联合会（WSF）	1992 年	111
53	世界潜水运动联合会（CMAS）	1959 年	94
54	国际冲浪协会（ISA）	1964 年	40
55	国际绷床联合会（FTT）	1964 年	46
56	世界空手道联合会（FMK）	1993 年	160
57	国际象棋联合会（FIDE）	1924 年	156
58	世界桥牌联合会（WBF）	1958 年	103
59	国际体育舞蹈联合会（IDSF）	1990 年	64
60	国际汽车联合会（FLA）	1904 年	117
61	国际健美联合会（IFBB）	1946 年	169

续表

编号	名称	成立时间	会员数/人
62	国际摩托车运动联合会（FIM）	1949 年	79
63	国际摩托车艇联盟（IULM）	1922 年	60
64	国际相扑联合会（ISF）	1946 年	75
65	国际武术联合会（IWF）	1990 年	77
66	国际拔河联合会（TWIF）	1960 年	25

第三节 运动竞赛的组织与编排

一、运动竞赛的种类

运动竞赛是竞技运动的重要组成形式。它以争取优胜为直接目的，以运动项目为内容，根据规则的要求，进行个人或集体的体力、技艺、心理和智慧的比赛。运动竞赛的种类很多，按竞赛任务的不同可分为综合性竞赛和单项竞赛两类。

1. 综合性竞赛

综合性竞赛一般称为运动会或综合性运动会，主要有奥林匹克运动会、亚洲运动会、全国运动会和全国大学生运动会等，该类竞赛通常每四年举行一次。

2. 单项竞赛

单项竞赛以一个运动项目的比赛为内容，可分为锦标赛、邀请赛、友谊赛、对抗赛、等级赛、选拔赛、及格赛、表演赛、测验赛等。

二、运动竞赛的组织

运动竞赛的组织程序应包括下述几点。

（1）制订竞赛计划。竞赛计划一般包括所要进行的项目、时间、地点、参加单位、对象和人数、主办单位、竞赛办法等。

（2）制订竞赛规程。竞赛规程是运动竞赛的法规和指导文件，是竞赛中各项工作的依据，一般包括运动会的名称、目的、任务、要求、时间（包括报名、报到时间）、地点、参赛单位、参赛办法（规定各单位参加的人数、每项人数）和报名手续、竞赛办法（包括竞赛项目，运动员资格，采用的比赛方法、竞赛规则、奖励办法）、队旗（单位标志）、特别规定及注意事项等。

（3）裁判员的聘请与培训。

（4）召开领队和教练员会议。

（5）制订竞赛赛程、成绩统计等文件。

三、田径运动会的编排

（一）编排前的准备工作

（1）学习竞赛规程及田径规则，了解下列情况：运动会的期限和天数、每天的作息时间、开幕式和闭幕式（包括表演）的时间等；参赛单位、组别、项目等；比赛办法，每单位每项限报几人，每人限报几项；奖励及计分方法；场地、器材情况，直道弯道数，跳跃和投掷场地的数量，器材、设备质量等；裁判员的人数与裁判水平等。

（2）准备有关的用具和各种比赛表格。

（3）审查报名表。按运动会竞赛规程规定审查报名表，如发现错误应立即与有关单位联系，及时解决。

（4）编排运动员姓名与号码对照表，号码顺序可以按照各队报名先后的顺序排定，也可以按照组委会规定的顺序排定。

（5）进行各项统计工作。统计各单位参加人数、各项目的运动员人数和运动员兼项人数，以便掌握情况，为编排工作做准备。

（6）填写卡片。根据报名名单把参加各竞赛项目的运动员姓名、单位、号码和报名成绩等填写在竞赛成绩记录卡上，选手参加一项竞赛就要填写一张卡片。每队填写一张接力赛成绩记录卡。全能比赛的运动员每人只需填写一张全能成绩记录卡，卡片填写好并经过核对后，按项目归类，以供编排竞赛分组使用。

（二）编排竞赛日程

竞赛日程是组织运动员参加比赛的依据，也是裁判员执行工作的依据。竞赛日程安排得是否合理，与竞赛能否顺利进行和运动员能否取得优异成绩有着直接的关系。

1. 编排方法

（1）填表编排。

在田径竞赛日程安排表上填写每个比赛单元时间（半天为一个单元时间）的比赛项目和赛次，细排每单元各项目的比赛顺序，见表4-5。这样有利于控制全局，方便赛次的调整；容易发现项目之间的问题，避免出错。

表4-5　田径竞赛日程安排表

比赛日期								
比赛单元	上午	下午	上午	下午	上午	下午	上午	下午
100米								
200米								
……								
……								
标枪								
十项全能								
每日决赛项数								
每日比赛项数								

① 根据竞赛规程规定的比赛天数、单元时间、组别等，将比赛项目合理安排到每个比赛单元中。

② 根据运动员报名人数预计各比赛项目的赛次。在编排项目顺序时，先排全能项目，后排单项；单项中先排径赛，后排田赛。然后在统计栏中填上每天的决赛项数和比赛的总项数；详细检查是否有项目及赛次遗漏，常规项与兼项有无冲突。

③ 根据参加比赛的人数和组数编排比赛单元竞赛日程，结合各项比赛的估算时间，计算出各项目所需时间和比赛单元的总时间，仍然是先排全能项目后排单项，排出每单元的竞赛日程，见表4-6。有决赛项目的单元要考虑发奖时间。

表4-6 各项比赛估算时间表

径赛	每组时间/分	田赛	每项时间/分
100、200、400米	4~5	跳远	4×（总人数+8）
800米	6~8	三级跳远	4×（总人数+8）
1 500米	8~10	跳高	10-12×（总人数）
3 000米	15~20	撑竿跳高	13~15×（总人数）
5 000米	20~25	推铅球	4×（总人数+8）
10 000米	40~50	掷铁饼	5×（总人数+8）
100米栏、110米栏	5	掷标枪	5×（总人数+8）
400米栏	5	掷链球	6×（总人数+8）
4×100米接力	8~10		
4×400米接力	10~15		
3 000米竞走	25~30		
5 000米竞走	40~45		
10 000米竞走	70~75		

注：1. 不同项目换项后，同项目换组时间要增加5~10分钟；
　　2. 摆栏架、撤栏架时间要增加5~10分钟。

（2）卡片编排。

① 将全部比赛项目的组别、赛次、人数、组数及每项比赛所需要的时间分别写在不同颜色（分别代表不同组别）的长条硬纸片上。写好后，认真核对，避免遗漏。再将卡片置于较大的平台上，以便进行编排和调整，见表4-7。

表4-7 项目、人数统计表

男子甲组	200米预赛	28人	四组	20分钟
女子乙组	铅球决赛	20人		110分钟

② 根据编排的原则和要求，将不同颜色的纸条合理地安排到各个比赛单元时间内，编排竞赛日程。

③ 先排全能项目，然后排赛次多的项目，再排跨栏和其他径赛项目。

④ 径赛排完再排田赛。注意检查有无兼项冲突和性质相关项目的先后顺序。

⑤ 全部比赛项目都排入比赛的各个单元时间内后，要进行详细检查，对不妥或遗漏之处进行调整。卡片不得随意移动，以免影响编排。

⑥ 可以编排出多个方案，从中选出最佳方案。编排方案一旦确定，要及时抄录下来，并报送竞赛委员会审查。经同意后即可制定竞赛日程。

（三）编排时的注意事项

（1）在同一项目预赛、次赛、复赛、决赛各赛次之间及全能比赛的各项目之间应按规则保证给运动员一定的休息时间，其最短的时间间隔如下：

① 200 米及 200 米以下的径赛（包括 100 米栏、110 米栏、4×100 米接力）中间休息 45 分钟；

② 400 米至 1 000 米的径赛（包括 400 米栏、4×400 米接力）中间休息 90 分钟。

③ 1 000 米以上的径赛（1 500 米、3 000 米、5 000 米、10 000 米、3 000 米障碍）中间休息 3 小时，各项目不在同一天举行；

④ 全能运动员各项目之间休息 30 分钟。

要考虑并延长兼项之间的休息时间。田赛项目最好在及格赛后隔一天再进行正式比赛。

（2）为减少兼项的冲突，可按兼项的一般规律将某些项目分开编排。经常出现的兼项有：100 米和 200 米、100 米和跳远、200 米和 400 米、跳远和三级跳远、400 米和 800 米、400 米和 400 米栏、800 米和 1 500 米、100 米和 4×100 米接力、1 500 米和 3 000 米、400 米和 4×400 米接力、5 000 米和 10 000 米、推铅球和掷铁饼。

（3）某些性质相近的项目编排时，要注意其先后顺序。如先 100 米后 200 米，先 5 000 米后 10 000 米，先推铅球后掷铁饼，先跳远后三级跳远等。

（4）不同组别的同一项目的径赛最好衔接进行。如男子 100 米和女子 100 米等。这样有利于起点、终点裁判的工作和场地器材的布置。200 米以下（包括 100 米栏、110 米栏）的径赛项目最好一天内结束一个项目。

（5）不同组别的同一田赛项目在时间许可的情况下，不要安排在同一个比赛单元。

（6）跨栏项目一般可以安排在每一比赛单元的第一项，也可以安排在长距离跑和竞走比赛后进行，以免摆、撤栏架耽误比赛时间。

（7）接力项目最好安排在比赛单元的最后一项进行，以便兼项运动员参加。

（8）田赛项目应防止场地一端过于集中，一端空场。同一时间不要安排两个田赛长投项目。竞走、长跑时最好不要安排标枪等长投项目。

（9）撑杆跳高的比赛时间估计要充裕一些，最好安排在上午开场时就进行，同时要注意阳光的照射方向。

（10）编排比赛秩序时，先编排全能比赛，接着安排径赛项目，最后编排田赛项目。每单元的比赛应尽可能同时结束径赛和田赛。

（11）在编排比赛秩序时，要注意把决赛项目和比较精彩的项目分开编排在比赛的各个单元，使运动场上始终保持热烈活跃的气氛。

(12) 比赛的最后一个单元结束前，可考虑安排一项长距离项目，使之有充分的时间累计团体总分，以便闭幕式上发奖。

四、竞赛分组

（一）径赛项目的运动员排序、抽签和录取

1. 赛次和分组

（1）参赛运动员人数过多，不能在一个赛次（决赛）进行比赛的径赛项目，应举行若干赛次的比赛。举行决赛前各赛次比赛时，所有运动员都必须参赛，并通过各个赛次取得决赛的资格。

（2）对比赛有管控权的组织可以在本次比赛或在先期的比赛中举行一个或多个项目的附加资格赛，并定出某部分运动员或所有运动员的参赛资格。此类规定或任何其他做法均应在每个比赛的竞赛规程中加以说明，如在特定时间段达到的报名标准、在特定比赛取得的名次、成绩排名、获得参赛资格的途径和比赛项目等。

（3）应由技术代表安排比赛的预、次、复赛。如未任命技术代表，则应由组委会安排。如无特殊情况，可使用表4-8～表4-13确定径赛项目的赛次、各赛次的组数和每一个赛次的录取方法。

表4-8　100米、200米、400米、100米栏、110米栏、400米栏

报名人数	第一轮			第二轮			半决赛		
	组数	按名次	按成绩	组数	按名次	按成绩	组数	按名次	按成绩
9～16	2	3	2						
17～24	3	2	2						
25～32	4	3	4				2	3	2
33～40	5	4	4				3	2	2
41～48	6	3	6				3	2	2
49～56	7	3	3				3	2	2
57～64	8	3	8	4	3	4	2	4	
65～72	9	3	5	4	3	4	2	4	
73～80	10	3	4	4	3	4	2	4	
81～88	11	3	7	5	3	1	2	4	
89～96	12	3	4	5	3	1	2	4	
97～104	13	3	9	6	3	6	3	2	2
105～112	14	3	6	6	3	6	3	2	2

表 4－9 800 米、4×100 米、4×200 米、异程接力、4×400 米

报名人数	第一轮			第二轮			半决赛		
	组数	按名次	按成绩	组数	按名次	按成绩	组数	按名次	按成绩
9~16	2	3	2						
17~24	3	2	2						
25~32	4	3	4				2	3	2
33~40	5	4	4				3	2	2
41~48	6	3	6				3	2	2
49~56	7	3	5				3	2	2
57~64	8	3	8	4	3	4	2	4	
65~72	9	3	5	4	3	4	2	4	
73~80	10	3	2	4	3	4	2	4	
81~88	11	3	7	5	3	1	2	4	
89~96	12	3	4	5	3	1	2	4	
97~104	13	3	9	6	3	6	3	2	2
105~112	14	3	6	6	3	6	3	2	2

表 4－10 1 500 米

报名人数	第一轮			第二轮			半决赛		
	组数	按名次	按成绩	组数	按名次	按成绩	组数	按名次	按成绩
16~30	2	4	4						
31~45	3	6	6				2	5	2
46~60	4	5	4				2	5	2
61~75	5	4	4				2	5	2

表 4－11 3 000 米

报名人数	第一轮			第二轮			半决赛		
	组数	按名次	按成绩	组数	按名次	按成绩	组数	按名次	按成绩
20~34	2	5	5						
35~51	3	7	5				2	6	3
52~68	4	5	6				2	6	3
68~85	5	4	6				2	6	3

表 4－12 5 000 米

报名人数	第一轮			第二轮			半决赛		
	组数	按名次	按成绩	组数	按名次	按成绩	组数	按名次	按成绩
20～40	2	5	5						
41～60	3	8	6				2	6	3
61～80	4	6	6				2	6	3
81～100	5	5	5				2	6	3

表 4－13 10 000 米

报名人数	第一轮			第二轮			半决赛		
	组数	按名次	按成绩	组数	按名次	按成绩	组数	按名次	按成绩
28～54	2	8	4						
55～81	3	5	5						
82～108	4	4	4						

如有可能，在比赛的所有预赛赛次中要将同一国家或同一队的运动员和成绩最好的运动员编在不同组内。第一个赛次之后，通常只有根据《田径竞赛规则》第 166 条第 3 点，即运动员排名相似时，才能在各组之间调换运动员。

需要注意的是，安排预赛分组时，建议尽可能考虑所有运动员的成绩数据，分组抽签时，通常应使优秀运动员能进入决赛。在世界锦标赛和奥运会时，可能会在技术手册中提供不同的分组录取方法表。

2. 排名和分组

（1）对于第一个赛次，应根据运动员在事先规定的时间段内取得的有效比赛成绩进行排序，然后按照蛇形分布的方法安排运动员分组。

（2）第一个赛次之后，应按下列程序安排运动员后继赛次的分组。

① 100 米至 400 米跑、4×400 米及较短距离的各项接力应根据运动员前一个赛次的名次和成绩进行排序。根据该原则，运动员将按下列顺序排名：最快的第一名，次快的第一名，第三快的第一名，依此类推；最快的第二名，次快的第二名，第三快的第二名，依此类推。

最后可按下列顺序补取：按成绩录取的最快者，按成绩录取的次快者，按成绩录取的第三快者，依此类推。

② 其他各项目应继续按照运动员报名成绩排序后分组，只有在前面赛次中提高成绩的运动员才可进行调整。

（3）将运动员按排列的序号，依照蛇形分布的方法编入各组。例如，用下列方法将排序录取的 24 名运动员编为三组。

A 组：1 6 7 12 13 18 19 24；

B 组：2 5 8 11 14 17 20 23；

C组：3 4 9 10 15 16 21 22。

在任何情况下，在分组确定后应抽签排定A、B、C三组的比赛顺序。

（4）100米至800米的各项径赛、4×400米及以下各项接力赛，如在一次比赛中要连续进行几个赛次，则应按下列规定抽签排定道次：

① 第一个赛次和根据《田径竞赛规则》第166条第1点规定任何预赛比赛，抽签排定道次。

② 对于后继赛次，应根据《田径竞赛规则》第166条第3点（2）（i），800米按《田径竞赛规则》第166条第3点（2）（ii）规定的程序在每一赛次之后对运动员进行排序。然后分三次抽签排定道次：

　　a. 选择排列前四名的运动员或队，抽签排定3、4、5、6道。
　　b. 选择排列第五、第六名的运动员或队，抽签排定7、8道。
　　c. 选择排列后两名的运动员或队，抽签排定1、2道。

在此过程中，需要①不足8条或多于8条分道时，上述方法经过必要修改后，仍应遵循。

② 在《田径竞赛规则》第1条第1点（d）～（j）的比赛中，800米比赛起跑时每条分道可站1人或多人，或者采用弧形起跑线，不分道起跑。在《田径竞赛规则》第1条第1点（a）、（b）、（c）和（d）的比赛中，② 中的方法通常只适用于预赛，除非出现名次相等或进入下一个赛次某组的运动员人数比赛先预料的多，并需有关裁判长事先确定。

③在800米比赛中，包括决赛中，由于任何原因，当有超过可用跑道数的运动员参加比赛时，技术代表将决定在哪一条分道对多出的运动员进行抽签排定道次。

④当跑道数多于参赛运动员人数时，不应使用内侧一条或多条跑道。

（5）在《田径竞赛规则》第1条第1点（a）、（b）、（c）和（f）的比赛中，800米以上的项目和4×400米以上的接力项目及只进行一个赛次（决赛）的项目，应抽签决定运动员的道次或起跑位置。

（6）当比赛项目决定举行一系列的比赛方式，而非单一赛次及决赛，该比赛条例必须列明和确定所有相关考虑情况，包括排序、抽签及最终成绩的产生方法。

（7）运动员不能更换组别或道次参加比赛，除非有关裁判长认为更换是公平合理的。

五、竞赛方法

常用的竞赛方法有淘汰法、循环法、轮换法和顺序法。

1. 淘汰法

淘汰法通过比赛逐步进行淘汰，最后决定优胜者。这种方法有两种情况：一是按一定的顺序让参赛者一组一组地通过及格赛、预赛、复赛和决赛，淘汰较差的，比出优胜名次，田径和游泳项目多采用这种方法；另一种是球类和其他对抗性比赛项目，一对一地按事前排好的淘汰表进行比赛，胜者进入下一轮，直到最后决出优胜者。后一种情况的淘汰法，第一轮比赛可能会出现轮空，为了避免强队过早相遇而被淘汰，可将最强的队（运动员）定为种子队排在两头（含各区），或有轮空机会时让强队轮空。

淘汰法可分为单淘汰、双淘汰、交叉淘汰和淘汰附加赛，单淘汰比赛总场数＝参赛队数－1。若参赛队数刚好是2的乘方数，则没有轮空队，否则第一轮必有轮空队。双淘汰比赛总场数＝2×（参赛队数－1）。

2. 循环法

循环法可分为单循环、双循环和分组循环三种，所有参赛队彼此之间轮流比赛一次或两次，最后按各队全部比赛中的成绩排列名次。

（1）单循环。

采用单循环比赛时，若参赛队数是单数，比赛轮数等于参赛队数；参赛队数为双数时，比赛轮数等于队数减1，比赛场数＝队数×（队数－1）÷2。单循环比赛的编排采用常规轮转法和"贝格尔"轮转法两种方法。

单循环比赛秩序的编排方法如下。

① 用号码分别代表各队，按以下方法排出各轮次的比赛表。6个队参赛时比赛轮次见表4－14。

表4－14　6队比赛轮次表

第一轮	第二轮	第三轮	第四轮	第五轮
1—6	1—5	1—4	1—3	1—2
2—5	6—4	5—3	4—2	3—6
3—4	2—3	6—2	5—6	4—5

1不动，其他数按逆时针方向轮转；如果只有5个队参赛，则将6换成0，凡与0相遇的队，即为轮空。

② 由各队抽签，按抽签的号码将队名填入轮次表，再排定比赛日程。

（2）双循环。

双循环是指所有参赛队在比赛中均能相遇两次，最后按各队在全部的比赛中的成绩排列名次，一般在参赛队数很少时采用。

（3）分组循环。

分组循环是一种分阶段、分组进行单循环比赛的方法，一般在参赛队数多、比赛时间短的情况下使用。也有将淘汰法和循环法配合运用的情况。

3. 轮转法和顺序法

轮转法是将运动员分成若干组，在同一时间内分别进行各个项目的比赛，此法在体操比赛中广泛采用。

顺序法是一种按规定顺序依次进行比赛的方法，是淘汰法的另一种形式，它分为分组顺序法和不分组顺序法两种，如田径比赛中的径赛和田赛项目采用的就是顺序法。

六、竞赛活动的组织工作要点

（1）根据比赛的规模和特点成立相应的办事机构，明确各类人员的分工和职责，如举行一届运动会一般应成立组委会，下设竞赛组、场地器材组、宣传组、保卫组等。

（2）制订工作计划和竞赛规程，编排竞赛秩序。竞赛规则是竞赛活动得以顺利进行的法规性文件，是竞赛过程中一切活动的依据。它应对比赛的目的、时间、地点、项目、参赛资格、报名办法、比赛方法、竞赛规则、名次的确定和奖励办法等做出明确的规定,以便有章可循。

(3) 做好组织裁判、安排场地、检查器材、医务监督、落实后勤服务等工作。

(4) 比赛中做好赛场秩序和宣传工作,及时公布比赛成绩。比赛后做好整理、登记成绩、交流和总结经验等工作。

七、运动会

1. 综合性运动会

综合性运动会包括以下运动会:
(1) 古代奥林匹克运动会;
(2) 现代奥林匹克运动会;
(3) 亚洲运动会;
(4) 国际大学生体育联合会和世界大学生运动会;
(5) 中华人民共和国全国运动会;
(6) 中国大学生运动会。

2. 单项运动会

单项运动会包括世界田径锦标赛、世界体操锦标赛、世界杯体操赛、世界篮球锦标赛、排球锦标赛、世界杯排球赛、世界足球锦标赛和世界乒乓球锦标赛。

(1) 世界田径锦标赛是由国际业余田径联合会举办的,规定在每届奥运会后的第三年进行,竞赛时间为8天,第一届田径锦标赛是1983年在芬兰赫尔辛基举行的。

(2) 世界体操锦标赛是由国际体操联合会举办的。1903年在比利时举行了第一届,从1934年举行的第10届开始才有女子体操运动项目。

(3) 世界杯体操赛始于1975年,在世界体操锦标赛上获得全能项目前18名、单项前6名者才有资格报名参加,世界杯体操赛只进行全能和单项两种比赛。

(4) 世界篮球锦标赛是国际篮球协会联合会举办的世界性篮球大赛。1936年,男子篮球正式列为奥运会比赛项目;1976年,女子篮球被列为奥运会比赛项目。1950年和1952年,分别举行了第一届男子世界篮球锦标赛和女子世界篮球锦标赛。

(5) 排球锦标赛是国际排球联合会举办的规模最大、水平最高的世界性排球比赛,一般每四年举办一次。1949年举行了第一届男子排球锦标赛,1952年举行了第一届女子排球锦标赛。

(6) 世界杯排球赛是在世界排球锦标赛前一年举行的,只规定男女各8支队伍参赛。男子排球于1956年、女子排球于1977年列为奥运会比赛项目。中国女排自1981年夺得世界杯排球赛冠军后又先后4次在排球锦标赛、世界杯排球赛和奥运会中夺冠,获得了世界排球史上独一无二的"五连冠"称号。

(7) 世界足球锦标赛是由国际足球联合会举办的,每四年举行一次,并设有用纯金制作的奖杯。1900年足球被列为奥运会项目,至2018年先后举行了21届。

(8) 世界乒乓球锦标赛是国际乒乓球联合会举办的,第一届在1926年举办,原称第一届欧洲乒乓球锦标赛。正式的世界乒乓球锦标赛于 1927 年在英国伦敦举行。1957 年前是每一年举行一次，1957 年后改为每两年举行一次。我国是从 1957 年第 24 届开始参赛的。世界乒乓球锦标赛共设有 7 个项目，每个项目都有一个杯名，男子团体为斯韦思林杯，女子团体为考比伦杯，男子单打为圣·勃莱德杯，女子单打为盖斯特杯，男子双打为伊朗杯，女子双打为波普杯，男女混合双打为赫杜塞克杯。

第五章
大学生医务监督与体育疗法

第一节 自我医务监督的内容和方法

自我医务监督是在体育锻炼过程中对自身生理机能、健康状况进行观察和评定的一种方法,它有利于及时了解自己在锻炼过程中生理机能的变化,防止过度疲劳,并为合理地安排锻炼计划、训练内容和方法提供依据。

一、内容

1. 主观感觉

(1) 身体感觉。

锻炼后身体自我感觉良好,无不适症状,心情愉快,为正常状态。若出现异常的疲劳,感到头晕、恶心,出现呕吐或身体某些部位感觉疼痛等状况,则表示身体状况不好或患病,此时应减少运动量或暂停剧烈运动。

(2) 运动情绪。

正常时精神饱满、精力充沛,渴望体育锻炼。若状况不佳或过度疲劳,则会出现精神恍惚、情绪不佳等状况。

(3) 睡眠。

入睡快,睡得深,少梦,醒来后精力充沛,属于良好状态;入睡迟,易醒,多梦,失眠,醒来后仍感疲劳和无精神,则属于失常状态。

(4) 食欲。

运动后一般食欲良好,食量增大。若运动后食量减少,不想进食,并在一定时期内不能恢复食欲,则表明胃肠器官的消化和吸收功能下降,身体健康状况不良。

(5) 排汗量。

排汗量与运动量、训练水平、饮水量、气温、湿度、衣着及精神状态等有关。随着训练水平的提高,排汗量将逐渐减少。如果排汗量明显增多,睡眠时大量出冷汗,则表明身体极度疲劳或可能是内脏器官患病,应引起注意。

2. 生理指标

（1）脉搏。

经常参加体育锻炼者的晨脉（基础心率）一般比平时低，为44~66次/分钟。若晨脉比过去减少或稳定不变，说明身体机能反应良好；若每分钟比过去增加12次以上，则表明反应不良，需及时查找原因。

（2）体重。

在开始参加体育锻炼时，由于排汗量增加及脂肪量的减少，体重稍有下降，持续3~4周后，体重即稳定在一定数值约5周。随着体育锻炼的继续，肌肉逐渐发达，身体各器官系统功能增强，体重略有增加，但保持在一定水平。如果体重下降过快，同时精神疲劳，可能与过度疲劳或内脏器官患病有关，应及时检查。测量体重一般在早晨，每周1~2次。

3. 运动成绩

运动成绩包括素质成绩和专项成绩。

4. 其他

其他内容包括伤病情况等。

二、方法

将体育锻炼后出现的各种生理反应和所测定的有关数据记录在医务监督表所属的栏目中，见表5-1。对各项记录进行综合分析和判断，检查内容、方法、运动负荷是否合理、科学。如果发现异常，应及时检查并分析原因，在教师的指导下及时调整练习内容和运动负荷。必要时暂停锻炼，或找医生做进一步检查。患有某种疾病或病后初愈者参加体育锻炼，更应在严密的医务监督下谨慎地安排锻炼的内容和强度，定期进行有关项目的生理和病理指标的检测。

表5-1 医务监督表

类别	内容	反应	备注
主观感觉	身体感觉	__正常 __一般 __较差	
	运动情绪	__正常 __一般 __较差	
	睡眠	__正常 __一般 __较差	
	食欲	__正常 __一般 __较差	
	排汗情况	__正常 __较多 __虚汗	
生理指标	脉搏	__有规律 __不规律	
	肺活量	__增加 __保持 __减轻	
	体重	__增加 __保持 __减轻	
	尿便情况	__正常 __混稀	
	女子经期情况	__正常 __不正常	

续表

类别	内容	反应	备注
运动成绩	素质成绩	__提高 __保持 __下降	
	专项成绩	__提高 __保持 __下降	
其他	伤病情况	（记录伤病原因和程度）	

一般同学的医务监督表每周体育课后记录一次，校代表队运动员可在每次训练后记录一次。

第二节 运动损伤及其急救和处理方法

在体育运动中发生运动损伤、创伤或运动性疾病是在所难免的。我们应尽量避免和减少损伤，一旦发生损伤要迅速准确地进行急救处理。

一、运动损伤的预防

（1）加强安全教育，克服麻痹思想，提高预防损伤的意识。
（2）认真做好准备活动，对容易发生损伤的部位做好预防措施，用辅助手段加以保护。
（3）合理安排运动量，防止运动时局部器官负担过重。
（4）加强保护与帮助，特别是加强自我保护的意识和能力。

二、软组织损伤及处理

软组织损伤及其处理见第三章第二节的内容。

三、运动创伤急救的任务、原则和方法

1. 急救的任务和原则

发生运动创伤后，现场急救十分重要。现场急救的任务主要是维持伤员生命，稳定伤情，防止继发性损伤并迅速送往医院。

2. 急救方法

进行急救时要使伤员保持呼吸道畅通，防止休克，并进行止血和包扎。
下面介绍其他急救方法。
（1）固定伤肢。
包扎止血后，有骨折或严重软组织损伤的肢体要用夹板将伤肢固定。固定要超过伤口上下方关节，以减轻疼痛，防止骨折端活动造成二次损伤。

(2) 保存离断组织。

离断的肢体、指、趾、耳、鼻等用无菌纱布包好，如可能将其放在冰上，注明受伤时间，随同病人送往医院。

经过上述简单的现场急救后，要尽快将病人送往医院。在现场急救时及时进行呼救。目前我国统一的急救电话为"120"。

(3) 急救时掐人中穴的原因。

掐或针刺人中穴是一种简便有效的急救方法，可以用于治疗中暑、昏迷、晕厥、休克等。刺激人中穴产生作用的原因如下。

① 刺激人中穴具有升高血压的作用，血压是主要的生命特征之一，任何原因造成的血压过低都会危及生命。在危急情况下，提高血压可以保证各重要脏器的血液供应，维持生命活动。研究表明，节律性刺激或连续强刺激人中穴均能升高动脉血压。

② 连续弱刺激可引起持续性吸气兴奋，适当的节律性刺激有利于节律性活动的进行。

在实际应用中应注意不同的刺激手法对呼吸活动的不同影响，在充分发挥升高血压作用的同时，要注意避免产生对呼吸活动的不利影响。研究表明，适当的节律刺激最为合适，可用拇指尖掐或针刺人中穴，每分钟掐压或捻针 20～40 次，每次持续 0.5～1 秒。

3. 急救用品代替法

各种急性伤病的发生很难预料，一些急救用品不可能随时携带，可用随身物品代替。

四、常见运动创伤、运动性疾病的急救和处理

1. 休克

休克是一种因急性有效血液循环功能不全而引起的综合征。

(1) 原因。

休克的主要原因有运动量过大、身体生理状态不良，还有肝脾破裂大出血、骨折和关节脱位的剧烈疼痛等。

(2) 症状。

早期常有烦躁不安、呻吟、表情紧张、脉搏稍快、呼吸表浅而急促等症状，此时较容易被忽略。然后由兴奋期过渡到发作期，表现为精神萎靡不振、面色苍白、口渴、畏寒、头晕、出冷汗、四肢发冷、脉速无力，血压和体温下降，严重者出现昏迷。

(3) 急救。

使病人安静平卧，注意保暖。对伴有心率衰竭的严重病人，应保持安静，使其平卧。可给其服用热开水及饮料，针刺或点穴（人中、足三里、合谷等）。由骨折等外伤的剧痛而引起的休克应使用镇痛剂止痛。休克是一种严重的病理状态，在急救的同时应立即联系医生或医院。

2. 晕厥

晕厥是由于脑部一时血液供应不足而发生的暂时性知觉丧失的现象。

（1）原因。

受惊、恐惧等引起精神过分激动；长时间站立，或下蹲后突然站起，使血压显著下降；疾跑后立即停下，大量血液由于本身的重力而积聚在下肢舒张的血管中，回心血量减少，心输出量也随之减少，使脑部突然缺血而发生晕厥。

（2）症状。

晕厥时，病人失去知觉，突然晕倒。晕倒前，病人全身发软、头昏、耳鸣，眼前发黑、面色苍白。晕倒后，面色苍白，手足发凉，脉搏缓慢而微弱，血压低，呼吸缓慢。轻度昏厥一般在倒下片刻后，由于脑贫血消除即清醒过来；醒后精神不佳，仍感到头晕。

（3）急救。

使病人平卧，足部略抬高，头部放低，解开衣领，注意保暖，用热毛巾擦脸，自小腿向大腿做重推摩和揉捏。在知觉恢复前，不能喂食任何饮料或药物。如有呕吐，应将病人的头偏向一侧。若呼吸停止，做人工呼吸。醒后可喂热饮料，并注意休息。

3. 低血糖症

饥饿、呕吐、摄食障碍和发热等情况可引起低血糖症，多发生在清晨、饥饿时及体力劳动后，会引起饥饿感、疲倦、面色苍白、出汗、嗜睡、震颤与心搏微弱等。

急救方法：平卧；口服糖开水；去医院做进一步检查。

4. 脱位

由于暴力的作用使关节面失去正常的连接关系，称为关节脱位，它可分为完全脱位和半脱位，前者是关节面完全脱离原来的位置，后者为关节面部分脱位。完全脱位时常伴有关节囊撕裂、关节周围韧带和肌腱损伤。

（1）原因。

运动中发生的关节脱位大多是间接外力所致，如摔倒时手时撑地，会引起肘关节脱位或肩关节脱位。

（2）症状。

① 受伤关节剧烈疼痛，并有明显压痛：主要因为关节位置改变，使神经和软组织受到牵扯和损伤。

② 关节功能丧失：受伤关节完全不能活动。

③ 畸形：正常关节隆起处塌陷，而凹陷处则隆起凸出，整个肢体常呈现一种特殊的形态。与健侧肢体比较，伤肢有变长或缩短的现象。

④ 用 X 射线检查可发现脱位的情况及有无骨折存在。

（3）急救。

伤后应立即用夹板和绷带在脱位所形成的姿势下固定伤肢，保持伤员安静，并尽快送往医院处理。

① 肩关节脱位：取两条三角巾，分别将顶角对折，再对折一次成为宽带。一条用于悬挂前臂，悬臂带斜挎胸部和背部，在肩上打结；另一条绕过伤肢的上臂，在健肢侧的腋下打结。

② 肘关节脱位：将铁丝夹板弯成合适的角度，置于肘后，用绷带缠住，再用悬臂带挂起前臂。若无铁丝夹板，可用普通夹板代替，或用三角巾固定的方法。

5. 骨折及其临时固定

骨的完整性遭到破坏称为骨折。骨折可分为闭合性骨折和开放性骨折两种。前者皮肤完整，容易治疗；后者皮肤破裂，骨折断处与外界相通，容易发生感染，治疗较难。运动中发生的骨折多为闭合性骨折，是严重的损伤之一。

（1）原因。

直接暴力、间接暴力或肌肉强烈收缩。

（2）症状。

骨折时会听到骨碎声，剧烈疼痛，出现肿胀及皮下淤血，功能丧失，产生畸形，有压痛和震痛，出现假关节活动和摩擦音，X光检查可以确认骨折情况。

（3）骨折的临时固定。

用夹板、绷带固定折断的部位，使伤部不再活动的措施称为临时固定。这是骨折的急救方法，其目的是减轻痛苦，避免二次伤害并便于转送。若有休克，则先抗休克，后处理骨折；若有伤口出血，则先止血，再包扎伤口，最后固定骨折的地方。

① 临时固定时应注意如下事项。

a. 固定前不要无故移动伤肢，以免加重伤情。为了暴露伤口，可剪开衣服。大、小腿和脊柱骨折应就地固定。

b. 固定时不要试图修复，若畸形很厉害，则顺伤肢长轴方向稍加牵引。

c. 夹板的长度和宽度要与骨折的肢体相称，其长度必须超过骨折部的上、下两个关节。若没有夹板，则就地取材（树枝、木棍等）。夹板上最好垫上软物。

d. 固定的松紧要合适、牢固。四肢固定时要露出指（趾）尖，以便观察血液循环情况。若发现指（趾）尖苍白、发凉、麻木和呈紫色时，说明固定得太紧，应松开夹板，重新固定。

② 各部分骨折的临时固定方法如下。

a. 上、下肢骨折（见上述骨折的临时固定部分）。

b. 脊柱骨折。若怀疑伤者有胸腰椎骨折，则尽量避免骨折处移动，更不能让伤者坐着或站起。准备好硬板担架，由四个人抬伤员上担架。抬时，三个人并排站在伤员一侧，跪下一条腿，将手分别摆在伤员的颈、肩、腰、臀、腿及足部，由一人发口令，大家一起抬起，对侧的第四个人帮助抬腰和臀部，轻放在担架上。应使伤员俯卧在担架上，固定不动。

c. 颈部骨折时，应由三人搬运，其中一人牵拉固定头部，使头部与身体呈直线位置不动，让伤员仰放在硬板上；在颈上垫一个小垫，不要用枕头；头部两侧用衣服垫好，防止头部左右摇动。

第三节 医疗体育

一、医疗体育的概念

医疗体育是一种医疗性质的体育活动，即从医疗的目的出发，利用体育的方法和手段，通过患者自身特殊的身体练习，达到促进健康和恢复各种功能，加速疾病痊愈的目的。这种以体育为医疗手段的方法称医疗体育，也称运动疗法或体育疗法。它可根据不同人群以及疾病的特点，选用合适的运动方法，确定合适的运动量，进行有针对性的治疗，可由被治疗者本人进行各种体育运动，也可运用某些设备在治疗人员的帮助下进行。其目的是改善功能、增强体质，预防各种继发性功能障碍发生，治疗因各种伤病（含先天性疾病）所引起的各种功能障碍，以缩短康复期，尽早恢复生活和劳动能力，提高生活质量。

早期及时地进行医疗体育治疗可防止不太严重的病残继续恶化，防止其发展到严重病残以至于完全依赖他人生活的地步，影响自身生活质量，加重社会和经济负担。因此，医疗体育日益受到人们的重视。

二、医疗体育的对象

医疗体育的对象是病后体弱、术后或其他伤病之后活动功能不全的残障者，它的适应症包括内科疾患、神经系统疾患、外科疾患等，禁忌疾病包括病情严重、极度衰弱、高热、严重炎症，肺结核活动期、咯血、心律明显失常、心绞痛发作期，心肌炎或心力衰竭者，骨折患者和精神病不能合作者。

三、医疗体育的特点

医疗体育具有如下特点：
（1）充分发挥病者自身的功能；
（2）锻炼的内容和方法有明显的针对性和系统性；
（3）局部恢复与整体改善并举；
（4）有防与治的双向作用和效果。

四、医疗体育与其他疗法的区别

1. 治疗方法不同

医疗体育的最大特点是必须让被治疗者积极参加，若没有这一点，医疗体育就无法进行。因此医疗体育是主动的、积极的治疗，由此带来的一系列对机体有利的影响，包括精神、神经、体液的调节，是其他疗法所无法比拟的。

2. 治疗作用不同

医疗体育不仅是针对某一功能障碍所进行的局部治疗，它的训练产生的是全身性治疗作用。

3. 治疗目的不同

医疗体育主要针对由于各种原因引发的功能障碍，包括肢体运动障碍、脏器功能障碍等的病人，提高甚至恢复其功能。而临床治疗的对象是患有伤病的病人，其主要目的是挽救生命、逆转病理过程，但也只是消极等待机体的自发恢复。

4. 治疗效应不同

长期坚持医疗体育治疗后，可发挥治疗和预防两种效应，这是其他疗法无法比拟的，一般疗法还可能因长期应用而产生副作用。

应当指出的是，医疗体育和其他治疗方法包括药物、手术、护理、营养等，是相互协调、相互支持的，只要应用合理就可相得益彰，只是在治疗的某一阶段突出某一疗法而已。

五、医疗体育的禁忌证和适应证

医疗体育的应用范围很广，对许多疾病可取得特殊效果，但对有些疾病不适应。

1. 适应证

（1）内脏器官疾病，如高血压、冠心病、慢性支气管炎、肺气肿、支气管哮喘、胃馈疡和十二指肠溃疡、慢性便秘等。

（2）代谢障碍疾病，如肥胖症、糖尿病等。

（3）神经系统疾病，如偏瘫、神经衰弱、脑震荡后遗症等。

（4）运动系统疾病，如骨折后的康复、腰腿酸痛、颈椎病、肩周炎、脊柱畸形、类风湿性关节炎等。

2. 禁忌证

主要有病情较重、严重炎症、高热（体温在38℃以上）者；疾病正在急性发作期，如心绞痛发作、结核病咯血等；其他如骨折未愈合，肿瘤病变尚处在进展期或可能引起出血和剧烈疼痛的情况下，均应禁用。

六、常见病的医疗体育疗法

1. 腰肌劳损

腰肌劳损由腰部肌肉细小损伤积累或急性腰扭伤长期不愈所致。药物治疗效果不佳，按摩、理疗虽有效但疗程太久，医疗体育治疗效果较好，具体方法如下：

（1）抱膝滚动。

仰卧，屈膝、屈髋，大腿贴胸，双手抱膝，前后滚动 10~20 次。

（2）直腿抬高。

仰卧，双腿交替进行直腿抬高各 10~20 次。

（3）两头起。

仰卧，两手后背置于腰部，背、腰、臀、腿部肌肉同时用力，将上肢和双腿同时抬起，停留一会儿，再还原，反复做 10~20 次。

（4）倒行按穴。

双手叉腰，拇指向后按压大肠腧穴，每倒一步，双手按压一次穴位，连续倒行 5 分钟。

2. 肥胖症

一般认为，超过自身标准体重 10% 以内为正常体重，超过标准体重 10%~20% 为超重，超过标准体重 20% 为肥胖。

肥胖症可分为外源性肥胖和内源性肥胖两种。外源性肥胖是由于过多饮食，引起体内脂肪沉积过多。内源性肥胖是由分泌功能失调引起的，如甲亢、脑垂体病变、性腺机能不足等。

3. 神经官能症

神经官能症是由中枢神经系统调节功能紊乱引起的功能性疾病，其发病常与过度紧张、精神负担过重有关，也与个人的神经类型或工作性质有关。

神经官能症可适当应用药物（镇静剂）治疗，但医疗体育对调节大脑的状态、改善情绪、分散对疾病的注意力也是很有益处的。

4. 糖尿病

糖尿病是因为胰岛素分泌不足而引起机体代谢紊乱，血糖增高。主要症状是"三多一少"，即吃得多、喝得多、尿得多，体重减少。糖尿病的治疗方式主要采用控制饮食和胰岛素治疗，目前已经把医疗体育治疗作为糖尿病治疗的重要手段。中度糖尿病和轻度糖尿病患者适宜使用医疗体育，主要运动方式有气功、太极拳、慢跑、自行车、游泳、乒乓球等。

在运动中应注意运动量应由小到大，循序渐进，每天 1~2 次，每次不超过 30 分钟，避免过度疲劳。另外，医疗体育治疗应与药物治疗相结合。运动时间在早饭和午饭 1 小时后进行为宜。运动可起到降低血糖的作用，但重度患者不宜进行医疗体育。

5. 胃溃疡和十二指肠溃疡

慢性溃疡病的形成和发展均与胃酸及蛋白酶的消化作用有关。医疗体育治疗能改善中枢神经和植物神经的紧张度，改善胃肠道的吸收与分泌功能。同时，加强腹肌和膈肌的运动，刺激胃肠蠕动，反向性地影响中枢神经系统的功能，从而减少胃内食物的淤积。此外，医疗体育治疗能改善腹腔内的血液供应情况，从而提高胃黏膜的抵抗力，促进胃溃疡的恢复。

（1）气功、太极拳。

内养气功疗效较好，用侧卧式和坐式，每日2～3次，每次20～30分钟。太极拳锻炼每天2次，有利于调整胃肠道功能。

（2）腹部自我按摩。

用中等强度揉、搓和按摩穴位，常用穴位有足三里、脾腧、胃腧等。

（3）其他运动。

慢跑、行走、自行车及加强腹肌锻炼的各种保健操，对溃疡愈合均有一定效果。

症状严重的应注意避免体育运动可能引起的溃疡并发症，如穿孔、出血等。

6. 肩周炎

肩周炎即肩关节周围炎，又称冻结肩，多见于50岁左右的中年人，由急性或慢性劳损，或其他原因所致的肩关节囊和关节周围软组织的退行性病变、钙盐沉着及慢性非特异性炎症。

主要症状：急性期为肩部痛、钝痛，尤以肩关节外展上举时的酸痛明显，严重者不能活动。急性期过后可能发生粘连而造成肩关节运动障碍。医疗体育既简单易行又行之有效的方法如下。

（1）主动运动。

肩关节向各方向做主动运动，从小幅度开始，逐渐加大幅度，在避免耸肩的前提下，做前屈、后伸、内旋、外旋及绕环动作。每次10分钟，早晚各1次。

（2）松动粘连。

在主动外展或内、外旋或前平举至最大限度时，借助肋木、吊环、门框等，在维持最大活动限度的情况下，主动缓慢地用力加大活动范围至稍有疼痛、尚能坚持的程度，不可用力过猛、过大，否则会造成二次出血。

七、运动处方

1. 运动处方的含义、内容与制定方法

体育锻炼可以达到防病、治病、健身的目的。不同的身体状况应采取不同的锻炼方法，否则会使人体受到伤害。身患疾病的人必须严格按照运动处方进行医疗体育治疗。

（1）运动处方的概念。

所谓运动处方，即教练或医师用处方的形式规定病人或健身运动参加者锻炼的内容、运动量和运动强度。它是指导人们有目的、有计划进行科学锻炼的一种形式。

（2）运动处方的种类。

运动处方可分为治疗性运动处方和预防性运动处方两种。治疗性运动处方用于某些疾病或伤员的治疗和康复，它使医疗体育更加定量化和个别对待化。例如，某人超重10千克，需每天爬山1个小时，约16周的时间可以降到标准范围，这就是治疗性运动处方。预防性运动处方主要用于健身防病。

（3）运动处方的内容。

① 运动项目。根据体育运动参加者的目的选择有针对性的运动项目。例如，为了增加力量，宜选择力量性项目；为了改善心肺功能，宜选择以有氧代谢为主的慢跑、游泳、自行车等项目。

② 运动强度。在单位时间内完成的运动量称为运动强度，可用最大吸氧量、心率、速度等表示。由于运动强度对锻炼者机体影响最大，因此，它的安排恰当与否是影响运动处方效果的关键。

③ 运动频度。运动频度是指每周运动的次数。运动间隔时间过长或过短都会影响运动处方的效果。

④ 运动处方的制定方法。制定运动处方需按一定的程序。首先汇总参加者的个人资料，对每个人进行医学检查以便全面了解参加者的身体状况；然后进行负荷实验和体力测定，为制定运动处方的强度提供依据。在处方中必须指出禁止参加的项目、锻炼的自我监督指标及出现异常情况下停止运动的准则等。在制定和执行运动处方时，必须严格遵守循序渐进、个别对待的原则，加强医务监督，充分考虑安全。

2. 运动处方的诊断检查与运动安排

（1）运动处方的诊断检查。

运动处方中的诊断检查包括两个方面，一是对参加体育锻炼的慢性病患者进行健康诊断，二是进行负荷实验。诊断和实验的指标包括身高、体重、血压、心电图、心肺功能、摄氧量、血液和尿的化验等。诊断和实验为运动安排提供科学依据。

① 健康诊断即医学检查，其目的是掌握被检查者的身体健康状况，评定其等级，排除运动禁忌证，为运动负荷实验提供有效的安全系数。

② 运动负荷实验主要用于测定有氧工作能力，诊断冠心病并对心脏病病情进行分类，测定运动中最高心率及确定运动时的安全性。实验中的运动负荷有两种，即最大负荷和次最大负荷。最大负荷实验更合乎要求，但其危险性较大，尤其是对于老年人。

制定运动处方必须做运动实验，它是最重要的检查方法之一。为了确保运动负荷实验的安全性和运动处方的有效性，平时多采用次最大负荷实验。另外，年老有病的人必须准备相应的对策。

（2）运动安排。根据上述诊断和实验的结果，合理安排运动量。

① 运动强度的确定。

a. 用耗氧量确定强度：健康人、青年人用运动负荷实验中所得的最大吸氧量的百分比控制运动强度。如80%的最大吸氧量为较大强度，50%～60%为中等强度，40%以下为较小强度。若为了减肥就必须用中等强度；若为了提高心脏功能，可用50%～80%的最大吸氧量强度，小强度无效。

b. 用最高心率确定强度：因病或年老体弱不能测定最大吸氧量时，可用最高心率确定强度。通过运动负荷实验来进行最高心率的测定，只能用目标心率来表示。例如，一位60岁的老人安静时的心率为70次/分钟，按公式计算目标心率值 = $0.9 \times (160 - 70)$ + 70 = 151次/分钟。在运动负荷实验中，当心率达到151次/分钟时就可以终止实验了。151次为目标心率值，即为上限，不可超越，如果超越就有危险。目标心率的均值

=0.7×(160−70)+70=133次/分钟。有效强度的下限不能低于133次/分钟,否则不会获得锻炼效果。此人在运动中的心率必须控制在133~151次/分钟的范围。在无条件进行运动负荷实验时,只能用170或180减年龄公式去估计适宜强度。

② 运动时间。一般要求每次运动的持续时间达到有效强度后,至少持续15分钟以上才能见效。但运动时间的长短与运动强度成反比。最短时间限度是5分钟,最长为1小时。

③ 运动频度的确定。运动频度是每周的运动次数,一般来说为每周3~4次或隔日1次。每周运动2次以下不足以使最大吸氧量得到足够的提高,偶尔参加几次运动也只能增加软组织损伤的可能性。另外,还要考虑体力及运动能力。体力好、运动能力强的人运动次数可以多一些,否则反之。

实践篇

第六章
田径健身运动

第一节 田径健身运动的概念

田径运动是以走、跑、跳、投掷等运动技能组成的以个人为主的运动项目。田径运动历史悠久，在古代、现代奥运会及其他重大赛事中一直在主运动场举行，是设奖最多、最主要的竞赛项目。

田径运动在不同的国家有不同的名称，美、英等国根据田径运动的特点称之为"Track And Field"，中国据此译为"田径运动"，但有不少国家和组织以它具有的鲜明竞技性特征命名，沿用了古希腊"竞技"概念，如国际业余田径联合会就称之为"竞技"（athletics），日本称之为"陆上竞技"。虽然各国采用的名称不同，但其内容是一致的。

中国和一些国家将田径运动分为田赛和径赛两大类，"田"是指广阔的空地，是用高度和远度来计算成绩的；"径"是针对跑道而言的，用时间来计算成绩。

1. 田径健身运动的定义与属性

田径运动是人类在走、跑、跳、投等自然运动基础上发展起来的一项竞技运动。它以"更高、更快、更远"为目标，以当代科学技术和专业基础理论为基础，不断挑战人类运动能力的极限，是人类体育运动文化的重要组成部分，是人类走、跑、跳、投等基础运动能力的升华和典型表现。田径运动可以归纳为"田径运动是由田赛、径赛、全能比赛、竞走、公路赛和越野赛等组成的运动项目"，这是对竞技性田径运动的高度概括。

长期以来，田径课程体系基本上以竞技为主，教学以掌握专项技术、提高运动成绩为目标，在发展人体基础运动能力方面的功能和作用没有很好地发掘和实施，在以"健康第一"的教育教学改革进程中，田径运动在体育与健康课程中的地位和内容面临着改革与发展的挑战与要求。近十年来，经过教学实践和改革尝试，人们在转变以竞技体育为中心的课程体系观念上达成共识，提出了田径运动的新概念："田径运动是由人们进行竞技和锻炼身体的走、跑、跳跃、投掷等身体练习组成的。"这一新概念的提出，使体育教学中田径运动由竞技性向健身性的发展在观念上得以拓展，在内容上得以扩充，为田径健身运动概念的提出奠定了基础。

田径健身运动是以健身为目标的多种走、跑、跳、投的练习或运动方式的总和。它以健康为目标，以现代科学技术、运动与健康基础理论为基础，全面发展人的基础运动能力。田径健身运动与田径竞技运动的目标不同，所以各自的内容也有所不同，既有田径竞技项目，也有降低难度的亚竞技项目，而更多的是由走、跑、跳、投等多种运动方式构成的非竞技项目。田径健身运动以接近人体自然的走、跑、跳跃、投掷等运动方式，有效而全面地提高身体素质和基础运动能力等特点，在学校体育教学中具有重要的地位和作用。

无论是田径竞技运动，还是田径健身运动，都具有竞技与健身的双重属性，但两者各有所侧重，见表6-1。田径竞技运动的健身性表现在运动训练过程对人的身体素质和运动技能发展的积极作用，而田径健身运动的竞技性则表现在练习者自身或练习者与同伴之间的基本运动能力的比较，了解两种属性可以更好地理解田径健身运动的概念，推动田径健身运动在学校体育中的开展，发挥田径健身运动的基础功能和作用。

表6-1　田径运动两种属性的比较

健身运动属性	竞技运动属性
①面向全体学生和练习者	①面向少数具有田径运动天赋的运动员
②掌握基本技术，选择健身性运动负荷，达到最佳健身效果	②掌握完善的特定技术，进行大运动量训练，达到向运动极限冲击的目的
③以健身基础理论为指导，科学健身	③以专业训练理论为指导，科学训练
④有丰富的练习内容、形式和方法	④有规定的比赛项目、规则和要求
⑤对运动场地、器材没有严格规定	⑤对运动场地、器材有严格的规定
⑥全面发展基础运动能力	⑥提高专项运动技术水平

2. 田径运动的发展历史与健身运动的回归

随着社会的发展与进步，田径竞技运动水平在不断地提高，人类的运动能力极限不断地被打破。但是，在我们惊叹人类运动极限发展的同时，也诧异地发现某些竞技运动受社会政治、经济、道德、文化等影响，偏离了运动文化和人类文明的方向。兴奋剂丑闻、过度训练带来的伤残等问题，使田径运动违背了人类追求生存、追求健身、追求身体精神完美结合的初衷。田径健身运动是人们实现运动初衷的根本方式，是田径运动健身属性的拓展与回归。

田径运动是伴随人类社会的发展逐步产生和发展起来的，远在上古时期，人们为了生存和获得生活资料，在与大自然及野兽的斗争中，经常出没于崇山峻岭、沼泽平原，跨溪流，越障碍，投掷石块、木棒和各种捕猎工具。在日常生活劳作中，这些走、跑、投等运动能力成了人类的劳动技能和原始战争的手段，为了种族的延续和社会的发展，必须把这些技能一代一代地传授下去，从而出现了以掌握这些技能的教育和发展身体技能的锻炼为目的的专门的走、跑、投练习，并在一些活动中出现了展示这些能力的表演和比赛，这就是田径运动产生的基础与雏形。

公元前776年,在古希腊奥林匹亚举行的古代奥运会出现了田径项目的比赛,这标志着田径运动从原始的自然运动形式发展成为人类运动文化。从1896年在希腊举行的现代奥林匹克运动会开始,田径运动成为人类体育文化的重要组成部分,并随着人类社会文明的进步,取得了极大的发展,项目不断丰富,规则不断完善,水平日益提高。当前,田径运动水平代表了人类的走、跑、投等能力的最高水平。然而,田径运动技术的特殊形式及其对身体素质的较高要求,使得人们在学习田径运动技术和提高运动技术水平方面存在着一定的局限性。

在学校体育教学中,以田径运动技术学习和提高运动水平为目标的田径教学,存在着与培养目标不一致、内容陈旧单调、方法手段枯燥、评价标准单一等问题。因此,对田径课程的改革势在必行。学校体育的本质属性是通过体育的手段促进学生的身心全面发展。田径课程的基本目标应当是通过多种走、跑、投的练习,全面发展学生的基础运动能力,提高健康水平,同时为学习田径运动技术和其他体育运动技术打好基础。

基于这种认识和考虑,在面对全体学生的田径课程设置中以田径健身为主要目标,在内容的选择和教学方法中注重基础层面健身属性的拓展,是田径健身运动的初衷和回归。

3. 田径健身运动的特点

田径健身运动除与其他体育项目一样具有促进身体运动能力发展、提高健身水平的共性特征外,还具有其自身的特点。

(1) 田径健身运动是以个人为单位进行的走、跑、跳跃、投掷等练习,可以是个人的锻炼,如晨练长跑;也可以是多人合练,如集体长跑、接力游戏等,参加者无人数限制,或多或少,灵活方便。

(2) 田径健身运动的内容极为丰富,广义地说,凡是以自身能力进行的走、跑、跳跃、投掷等自然动作的练习,都可以成为田径健身运动练习的内容,这些健身练习内容的集合构成了田径健身运动。

(3) 田径健身运动规则简便,有些练习本身就是人类的基本运动方式,不受规则限制,因此能够为大多数人所接受,使人们在无所约束的条件下进行锻炼。

(4) 田径健身运动的练习负荷可以随着练习者的年龄、性别和身体状况进行自我控制和调节,以最适宜的健身锻炼负荷进行练习,常年坚持,老少皆宜。

(5) 田径健身运动可以全面发展人体的力量、速度、耐力、灵敏等素质,也可以提高机体对外界环境变化的适应能力,对促进青少年生长发育、维持和提高成年人旺盛的生命活力及延缓老年人的衰老过程,都有积极的作用。

(6) 田径健身运动对运动场地、器材的要求不高,走、跑运动可在平坦的道路上进行,跳跃运动可在沙坑或松软的土地上进行,投掷运动则可利用各种投掷物在空旷的场地做投远或投准的练习。总之,田径健身运动可以因陋就简、因地制宜地在多种环境和条件下进行。

以上特点使田径健身运动成为一项可行性强且健身价值较高的运动,在学校体育与健康课程中,田径健身运动可作为健身锻炼的有效手段和基础性内容。

4. 田径健身运动的价值

田径健身运动的价值主要表现在全面发展身体素质和运动能力的基础性。

（1）为身体全面发展打好基础。

学校体育教学的本质是通过运动的方式促进学生身心全面发展。发展速度、力量、耐力和协调等基础素质是田径教学的重要任务和目标。各种走、跑、跳跃、投掷等练习，首先考虑的是发展学生全面的基础运动能力，发展这些基础性的运动能力，对青少年在生长发育阶段打好体能的基础和素质的基础有重要的意义。

（2）为学习田径技术打好基础。

田径技术是人体走、跑、跳跃、投掷的典型运动方式，而多种形式的健身性练习能发展青少年全面的走、跑、跳跃和投掷能力，为学习田径技术奠定基础。在学校田径教学中，通过多种形式的田径健身练习，充分发展学生多种形式的走、跑、跳跃和投掷能力，为学习和掌握这些田径技术打好基础。

（3）为学习其他体育项目打好基础。

田径运动是各项运动的基础，其价值在于提高身体素质的全面性和动作方式的基础性。通过多种形式的田径健身练习提升学生的基础运动能力和动作技巧，为学生学习球类运动项目、现代休闲体育项目和其他体育项目打好基础。

（4）为培养体育意识与良好的心理素质打好基础。

田径健身练习对运动者负荷相对较小，而练习的内容与方式丰富多样。田径运动与日常生活中的动作比较接近，故练习者进行练习的兴趣较高，练习效果好。与田径运动技术学习相比，练习效果较好。练习者不易产生厌倦、排斥和畏惧心理，可以积极主动地参加学习和锻炼，并能够持之以恒地坚持练习。经常性地进行田径健身锻炼，可以在发展身体运动能力的同时，养成锻炼身体的习惯，培养体育健身意识，并对健康心理素质培养有一定的促进作用。

第二节 田径健身运动的分类与内容

田径运动竞技与健身的双重性决定了各自不同的目标，以"跑得更快，跳得更高、更远，投得更远"为目标的田径竞技运动，旨在不断完善运动技术，最大限度地发展专项素质，挑战人体运动的极限。而以健身为目标的田径运动，旨在合理地、适度地、持之以恒地进行田径健身锻炼，保持和发展人的基本运动能力，从而达到增强体质、促进健康的目的。对大多数人而言，参加田径运动的主要目的是健身。

两种不同的属性和目标使田径健身运动的分类方法、内容与田径竞技运动有所不同。田径竞技运动的分类按项目的特征分为田赛与径赛，田径健身运动的分类按人体最基本的运动方式分为走、跑、跳跃、投掷四大类。田径竞技的内容即各个竞赛项目，围绕各专项进行的技术与素质练习均视为手段。在田径健身运动中，这些手段则成为内容，更广泛地说，各种走、跑、跳跃、投掷的运动方式都可以视为田径健身运动的内容。

在确定田径健身内容时，应当注意田径健身的属性与目标，对传统的田径竞技项目进行生活化、趣味化、游戏化的改造,挖掘、开拓田径健身新方法、新手段,使广大练习者易于接受,便于进行锻炼。丰富与发展田径健身运动的内容,对促进田径运动的普及与发展,有效地实施"全民健身计划"有积极的推动作用。

1. 田径健身运动的分类

田径健身运动按照人体自然运动的方式分为走、跑、跳跃、投掷四大类,如图6－1所示。

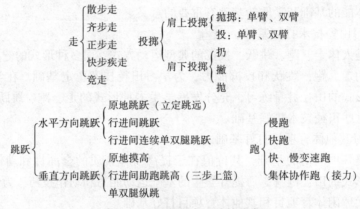

图6－1 田径健身运动的分类

2. 田径健身运动的内容

(1) 走。

走是人体最基本的运动方式。正是由于走在日常生活中司空见惯,人们几乎忽视了走的健身意义。一个充满健康活力的人可以"健步如飞",而一个体弱多病的人"步履蹒跚"。可见,走姿、走速可以判断一个人的健康情况。

通过多种多样的"走"的锻炼可以达到强身健体的目的。休闲散步是最为常见的走的练习方法,谚语"饭后百步走,能活九十九"就是对散步的健身效果的总结。

坚持散步锻炼有助于消除身心疲劳,保持人体基本的运动能力;中老年人健身一般是齐步走;正步走有助于培养正确的走姿,塑造良好的体形;快步走可以发展腿部力量和耐力;而竞技项目"竞走"则是人体走的运动能力的最高表现形式。

(2) 跑。

跑也是人体最基本的运动方式,可分为慢跑和快跑,慢跑是田径健身运动中最常见的方式,在一些教材中又称为长跑。坚持有规律的慢跑锻炼可以给人体的呼吸系统、循环系统及运动系统以良性刺激,有助于保持和发展人的耐力,保护良好的机能,因而具有较高的锻炼价值。慢跑几乎不需要任何设施,因而极易普及,常见的有定时跑、定距离跑及越野跑。

快速跑是发展速度素质的有效手段,一些教材中称为短跑,一般需在田径场跑道上进行。健身性快速跑练习多为各种游戏和接力跑,可以提高练习者的兴趣。

障碍跑是发展人在跑的过程中跨越、绕过、钻过障碍物能力的一种运动方式,典型的跨越障碍物跑是跨栏,在田径健身运动中不多见。

集体跑是一种集体参与、相互协作的活动方式,可以是发展速度素质的快速跑,也可以是发展耐力素质的长跑,可以使参与者体验在集体中合作的乐趣,从而提高锻炼的兴趣。常见的集体跑运动有短跑中的接力跑和长跑中的团体赛等。

(3)跳跃。

健身意义上的跳跃是指人体在水平和垂直两个方向上以原地或行进间两种运动方式所表现出的跳跃能力,竞技运动中的跳高、跳远是跳跃能力的最高表现形式。

在水平方向上常见的跳跃运动有立定跳远、行进间跳远、连续蛙跳和跨步跳等。在少年儿童中流行的游戏"跳方格"则是一种单腿跳与双腿跳交替连续的活动方式。

在垂直方向上最为常见的跳跃运动有原地摸高、跳绳、行进间助跑摸高、三步上篮等,在青少年中十分普及。在跳高辅助练习中,可以将动作变化成各种形式的非正规姿势跳高,以发展向上跳的能力。

(4)投掷。

健身性投掷是指人体运用自身的能力,用双手或单手将投掷物投出的运动方式,用以发展人体的投掷力量素质。它可以分为肩上投掷和肩下投掷两大类,肩上投掷是最常见的方式,在中学教材中有投手榴弹、沙袋、实心球等;掷标枪是肩上投掷最典型的运动方式,目前国家体育锻炼标准中规定的推铅球是一种非生活化的特定运动方式,该项目在评定人体力量素质信度和效度上远低于评定人体的协调能力。

肩下投掷方式的运动也很多,如抛飞碟、打水漂、掷地滚球、打保龄球等。在教学中较为常见的有前后抛实心球等。

第三节 田径健身运动与学校体育

1. 田径健身运动在学校体育教学中的地位

田径课程是从小学到大学体育教学中的必修课程,田径运动能有效地发展人的基础运动能力,在学校体育教学中具有重要的地位和作用。

通过近年来课程改革的理论研究与教学实践,人们越来越深刻地认识到围绕技术学习的课程体系,不能很好地为实现教学目标和课程目标服务,因此只有在健身运动领域拓展田径课程内容,构建田径健身课程新体系,才能有效地确立田径课程在"体育与健康"课程中的基础地位。

田径健身课程的基础地位,首先表现在全面发展学生身体素质和基础运动能力方面,通过多种形式的走、跑、跳跃、投掷等身体锻炼,提高力量、速度、耐力、柔韧、协调、灵敏等身体素质,提高跳跃、投掷等基础运动能力,促进学生身体全面发展;其次表现在为学习其他体育运动技术奠定良好的基础。在全面发展身体素质的基础上,学习球类、武术、健美操、休闲体育运动项目等,为其熟练掌握一两项适合自身兴趣与发展的体育项目打好基础。田径健身课程由于其练习内容与手段接近生活,丰富有趣,有助于学生学习兴趣的培养和主动参与学习与练习,有助于教学效果的提高,对于培养良好的健身意识和体育锻炼习惯有积极的作用。在"面向全体学生"展开的田径健身教学的基础上,可以发现和培养具有田径运动天赋的青少年优秀运动员苗子，为田径竞技运动水平的提高提供后备人才。

2. 田径健身运动与"全民健身计划"

《全民健身计划纲要》中明确指出，青少年是实施全民健身计划的重点。学校体育部门承担着实施全民健身计划的重要任务，青少年是祖国的未来，是社会主义现代化建设的后备人才。田径健身课程的教学与生活、工作技能密切相关，丰富而实用，不仅对发展学生的体质和运动能力有促进作用，而且在愉快的氛围中进行田径健身锻炼有助于培养健身意识，养成锻炼习惯，建立正确的体育价值观。当学生走向社会之后，会自觉地成为进行体育锻炼的积极参与者和倡导者，为全民健身计划的实施做贡献。

人类追求健康，健康体质的标志是人的各种机能旺盛，包括运动能力，田径健身运动为增强人的机能提供了丰富的锻炼手段与方法，具有良好的效果和作用。因此，田径健身运动在实施全民健身计划的过程中，具有独特的价值和功能，通过提高人的基础运动能力和发展良好的心理素质水平，达到全面提高人的健康水平的目标。

第四节　田径健身运动的健身原理

"生命在于运动"所说的运动既指生命体自身内部的生命活动，也指生命体所表现出的外部运动能力，两者相辅相成，紧密联系，生命活力越强，所表现出的运动能力也就越强。适宜的运动锻炼可以促进生命活动的加强和延续，这是"生命在于运动"的基本道理。

1. 新陈代谢与适应性变化

新陈代谢是一切生物体生命活动的基本特征，包含同化作用和异化作用两个方面。机体不断地从外界摄取营养物质合成为自身的组成成分，并储藏能量的过程称为同化作用；机体不断地将已衰老的组成成分和能源物质分解，释放能量，完成各种生命活动的过程，称为异化作用。当新陈代谢积极、旺盛，同化作用大于异化作用时，机体处于生长发展阶段；当新陈代谢迟滞、衰退，异化作用大于同化作用时，则导致机体衰老，各器官系统的功能减弱。

生物学研究表明，一切生物体均具有适应外界环境的刺激与变化的能力，这种能力在新陈代谢过程中，表现为在一定条件下，通过有意识地加强异化作用，获得代偿性地加强同化作用的结果，从而保持新陈代谢水平的平衡和提高。

身体锻炼是人们有意识、有目的、有计划地消耗体能的身体活动，即加强机体的异化作用，求得恢复过程的同化作用的增强。机体的物质储备水平提高，可使机体向更完善的方向转化，这就是身体锻炼可以增强体质的生理过程和理论依据。

2. 运动负荷与超量恢复

运动负荷是指练习的次数、时间、密度等指标的总和，运动负荷越大，消耗的能量物质就越多。运动生理学研究表明，在一定运动负荷的练习之后，经过一段适宜的休息，身体内能量物质的合成（恢复）不仅可以达到练习前的水平，还可以超过原有水平，这就是"超量恢复"原理。超量恢复的程度与运动负荷的大小有关，在一定范围内，负荷越大，超量恢复越明显。运动训练的基本原理就是依据超量恢复理论来进行设计的，通过控制合理的运动负荷和休息间隔，使运动能力不断提高。

以健身为目的的田径锻炼也应遵循这一原理。然而，在运动负荷的控制上与运动训练有所不同，运动负荷对人体的影响存在有益、有害和无助三种可能，只有在适当的量和强度的刺激下，才能有良好的健身效果。国内外有关研究成果表明，体育锻炼的有效心率范围为120～140次/分钟。心率在110次/分钟以下时，机体的血压、血液成分、尿蛋白和心电图等都没有明显变化，健身价值不大；心率在130次/分钟的运动负荷时，每搏输出量接近和达到一般人的最佳状态，健身效果明显；心率在150次/分钟的运动负荷时，每搏输出量开始出现缓慢下降；心率增加到160～170次/分钟时虽无不良反应，然而也未能呈现出更好的健身迹象。因此，通常把健身效果的最佳期区间确定在120～140次/分钟。这一范围专指有氧代谢体育锻炼，不包括最大无氧代谢能力的训练。美国运动生理学家在研究体育锻炼与延长寿命的关系的调查中提出，成年人经常进行适度的而不是激烈的体育锻炼，可以大大延长寿命。美国卫生与健康总署在1995年年度报告中也指出，较长时间、适宜强度的运动比较短时间、较大强度的运动对保持与发展人的健康更有效；报告还指出，坚持有规律性的健身运动，比无规律的随意性运动对保持身体健康更为有效。

因此，遵循"超量恢复"原理，合理设计练习的负荷，是保证健身锻炼效果的重要生理学依据。

第五节　田径健身运动对人体的作用

田径运动的走、跑、跳跃投掷四种运动形式是人类最基本的运动方式。经常参加田径健身锻炼，能够有效地提高人的基本活动能力，促进青少年的生长发育，提高人体各器官系统的机能水平，全面发展身体素质，对强身健体有积极作用。这里将走、跑、投掷等健身活动对人体的作用和影响做一介绍。

1. 走

（1）我国传统医学对走的健身作用的阐释。

我国传统医学认为"走为百练之祖"。中医学认为，人的足踝上下有51个穴位，其中脚掌上就有15个穴位，这些穴位与人的五脏六腑有密切的关联，故称脚掌为人体的"第二心脏"。坚持走路锻炼，就是运用脚掌与地面的机械接触来刺激脚掌的穴位，激活经络，借以运行血气，使人体各部分的功能活动保持协调平衡，达到防病治病、延年益寿的目的。

（2）走的运动负荷及其健身价值。

对正常人而言，无论男女老少，走的运动强度都是相对较小的，因而可以持续较长的运动时间。根据最新的运动医学研究结果，运动强度较小而持续时间较长的运动方式对健身更有效果。健身走就具有这种独特的锻炼价值。健身走对骨骼、肌肉的负荷不大，故可以持续较长的时间，但由于是为了增进健康、增强体质，健身走的速度比正常走要快一些，速度快了，能量消耗也就随之加大，从而促进身体能量代谢，达到锻炼的目的。

（3）健身走的诸多益处。

首先，对青少年而言，通过各种方式的行走练习可以培养正确的行走姿势，塑造良好的体形和步态，克服"八字步"或"内八字"等不良行走习惯，促进脊柱、腿部骨骼和肌肉的良好发育。

其次，对中老年而言，坚持健身走练习可以提高腿部骨骼、肌肉的质量，保持良好的心血管、呼吸系统的机能，对患有高血压、心脏病、糖尿病、肥胖症等慢性病的患者具有较好的疗效。

再次，在郊外风景宜人处进行健身走，可以缓解工作和生活中的压力，有助于消除心理疲劳。

最后，健身走简便易行，锻炼效果好，不受客观条件的限制，可成为一种终身坚持的体育锻炼方式。

2. 跑

（1）短跑（快速跑）。

短跑是人体在最短时间内通过最远距离的一种运动形式，反映了人的速度素质，可表现人的反应速度、动作速度和位移速度。短跑运动的生理学机制是神经系统兴奋与抑制过程的快速交替，大脑皮层兴奋性高，能量代谢以无氧代谢为主。

由于短跑练习强度大，持续时间短，故在健身方面的作用不如长跑。但对青少年而言，在生长发育阶段坚持短跑锻炼可以有效地提高人体在缺氧情况下的运动能力，发展无氧代谢能力，提高大脑皮层兴奋与抑制的交替速度，使反应速度加快，反应时间缩短，对发展速度、力量、灵敏等素质有积极的作用。

（2）长跑（健身跑）。

长跑是人体在一定强度下持续跑尽可能长的距离的一种运动方式，反映了人的耐力素质。由于长跑以有氧代谢为主，又称有氧耐力跑。长跑的特点是运动强度较小，持续时间长，能量消耗大。坚持长跑健身锻炼大有好处，它能增强心血管、呼吸、神经等系统的功能，对某些慢性病有抑制的作用，所以风靡全球。

坚持长跑健身锻炼对心血管系统的积极作用是：使心脏肥厚，心腔增大，每搏输出量增加，心输出量增加；由于每搏输出量的增加，安静状态心率减少；血管弹性增强，外周毛细血管增多，及时供给和排出运动时肌肉所需氧气和代谢产物。

坚持长跑健身锻炼对呼吸系统的积极作用是：呼吸肌力量和耐力增强，呼吸深度增加，呼吸差加大，肺活量增加，最大通气量亦得以增加，安静时呼吸减少。这些都是呼吸机能得以改善和提高的标志。坚持长跑健身锻炼对改善神经系统的调节功能有积极的作用，健身长跑时，神经系统的兴奋与抑制过程长时间地交替活动，使对抗肌交互神经支配现象明显改善。外在表现为运动动作的节省化，跑步轻松省力。

健身长跑不受场地条件限制，易于开展，是一项可以终身受益的体育锻炼项目。

3. 投掷

投掷是人体运用自身的力量将投掷物投远或投准的一种运动方式，投掷运动表现出的是人的力量素质和灵敏协调能力。

经常参加投掷运动，首先对发展上肢、躯干和腿部力量有积极的作用，可以有效发展力量素质，特别是爆发力，对青少年骨骼的发育、韧带的完善有着良好的促进作用；其次，由于投掷运动的多样性和复杂性，运动条件反射复杂，对神经系统的分化抑制有很高的要求，因此经常进行投掷练习，尤其是投准练习，有助于提高青少年神经系统支配肌肉的能力，提高动作的协调性和投掷的准确性；再次，投掷活动均是上肢围绕肩关节进行的各种投、抛、掷等形式的活动，对肩带肌肉的力量、肩关节的韧性和活动幅度有较高的要求。

投掷练习可以加强肩带肌力量，提高上肢的活动幅度，全面促进青少年骨骼肌肉的发育和完善，提高肌肉的力量和质量，形成健壮的骨骼和肌肉。

第七章
篮球运动

第一节 认知篮球运动

篮球运动是一项集体性、综合性、围绕高空展开立体型攻守对抗的活动性游戏，是全国各级各类学校对学生进行全面素质教育的基本内容，它起源于人类的劳动生产过程，是社会文化进步的反映。由于篮球游戏简易而有趣，可以变换方式组成各种丰富多彩的活动，吸引人们参与，从而达到愉悦身心、强身健体的目的，进而提高社会文明，充实人们的业余文化生活。

现代篮球运动已发展为融科技、文教和技艺为一体的国际性大众竞技体育运动，在统一的国际性组织指导下，以严格的比赛规则和特定的竞赛方式展开强者间的对抗、竞争与拼搏，其竞赛活动过程充分显示出人类生命的活力、民族自强的决心和时代发展的进步。

现代篮球运动竞赛和各种形式的篮球活动性游戏，其基本活动方式都是围绕篮球场地和球，展开空间与时间、控制球与夺取球、投篮与制约投篮的攻守对抗。篮球运动以其特有的魅力，深受世界各国人民的喜爱，这使得国际篮球业余联合会成为世界上单项体育人口最多的国际单项运动协会。四年一度的奥林匹克运动会篮球比赛、世界篮球锦标赛、美国NBA职业联赛，这三大赛事代表了世界篮球运动的最高水平，汇集着世界最强的篮球队伍和最著名的篮球运动员。篮球运动的发展历程折射出人类从个体到集体、从民族到国家的自强精神。篮球运动在各级各类学校的体育教学与课余校园文化生活中，已成为增进学生健康的身体教育手段和贯彻德、智、体、美全面素质教育的手段之一。

一、篮球运动的起源与发展

1. 篮球运动的起源

篮球运动是由在加拿大出生的体育教师詹姆士·奈·史密斯于1891年发明的，他当时受当地青年摘桃扔入桃筐的活动性游戏启发，在一块场地的两端设置两个竹制桃筐，展开投篮比赛，这便是篮球运动的雏形。

后来史密斯将在室外开展的篮球游戏移至室内，并将桃筐悬挂在室内两侧离地面约10英尺高的墙壁上，以球代替其他物体向篮筐中投准，展开攻守对抗的游戏比赛。最初的篮筐底部是封闭的，投进的球不能下落，需要架梯将球取出，开展活动十分不便。后来，人们将篮筐底部去掉，并将悬挂在墙壁上的篮筐安装在特殊的立柱架上，移至场地两边进行游戏比赛。为了避免将球投掷到场地外，影响观看者，曾在篮筐后部设置挡网，有些还用网形装置罩住整个场地，类似一个大网笼，因此有些国家和某些版本的书上仍将篮球运动称为笼球运动。正因为篮球运动的游戏性和趣味性较强，有较好的健身作用，所以后来在游戏的基础上充实活动内容，制定某些限制性规则，不断改革比赛规则，逐步形成了现代篮球运动。

2. 现代篮球运动的发展概况

现代篮球运动的发展大体经历了5个时期。

（1）初创试行时期。

19世纪90年代，篮球运动无明确的竞赛规则，场地大小和活动人数不限，仅在室内一块狭长的空地两端各放一只桃筐，竞赛时把参加者分成人数相等的两队，当竞赛主持者在边线中心点把球（近似现代足球大小）向场地中心区抛去后，两队便集体奔向球落点抢球，随即展开攻守对抗，球进筐者得一分，累计得分多者为胜。而每进一球都需要按开始时的程序重新比赛。

最初的活动与比赛目的是让更多的学生在冬季参与室内游戏活动，场地没有区域划分，比赛时间也没有明确的限制。由于攻守争球投篮十分激烈，往往在争抢过程中会出现粗野的动作和某些不利于比赛正常进行的现象，为此，1892年，史密斯将比赛场地按照进攻方向分为后场、中场和前场，同时明确了比赛的要求，如不准个人持球跑，限制攻守对抗中队员身体接触部位等，对悬空的篮筐装置也做了明确规定，不久又提出了13条简明而必须严格执行的比赛规则，其中有比赛时间分为前后两个15分钟，中间休息5分钟；比赛结束双方打成平局时若双方队长同意可延长比赛时间，先投进球的队为胜，掷界外球规定在5秒内完成，超过5秒时裁判可判为违例，由对方发界外球。某一方连续犯规3次，判对方投中一个球，还规定可以用单手或双手运球，但不能用拳击球，不准对对方队员有打、推、拉、摔等攻击性动作，违者第一次记犯规，第二次犯规者停止比赛，直到对方投进一个球才允许该犯规队员再次进入场地参赛。故意或具有伤害性质的犯规行为，则取消犯规者参与该场比赛的资格，而且该队不得换人。

此后，比赛场地由不分区域的场地，逐步增划了各种区域的限制线，如中圈及罚球线，不久又增加了中场。篮圈也由铁圈代替了不同制作形式的篮筐，篮圈后部的挡网也换成了木质挡板，并与铁质篮圈相连，接近于现代使用的篮板装置。竞赛开始程序改由中圈跳球，队员也开始有前锋、中锋、后卫的位置分工。前锋、中锋在前场进攻，后卫负责守卫本篮和把球传给中锋、前锋。至此，现代篮球运动基本形成。从1904年第三届奥运会上由美国队举行了国际上第一次篮球表演赛至20世纪20年代末，国际虽未有统一规则，但上场已基本定为5人，进而球场有了电灯泡式的限制区和罚球时的攻守队员分列站位线。此时攻守技术简单，仅限双手做几个传、运、投的基本动作，竞赛中以单兵作战为主要攻守形式，战术配合还在朦胧时期。由于篮球比赛的趣味性强，篮球运动在美国教会学校得以迅速推广，同时，通过基督教青年会组织、教师及留学生间的交往，篮球运动随着美国文化和宗教在1891—1920年间先后传到美洲、欧洲、亚洲、澳洲及非洲。

(2) 完善和推广时期。

进入20世纪30年代，篮球运动迅速向欧、亚、非、澳四大洲的诸多国家发展，技术水平不断提高，单兵作战的基本形式逐渐被掩护、协防等几个人的相互配合所充实。为了适应并推动世界各国篮球运动的普及与发展，1932年6月18日在瑞士的日内瓦由葡萄牙、罗马尼亚、瑞士、意大利、希腊、拉脱维亚、捷克斯洛伐克共和国、阿根廷等欧美8国的代表组织了国际统一的竞赛规则13条，例如，规定竞赛人数为5人；场地上增加进攻限制区，投篮时对手犯规，则投中加罚1次，未投中加罚2次；竞赛时间由女子8分钟、男子10分钟一节共赛4节，改为20分钟一节共赛2节；进攻队在后场得球后必须10秒过中线不得再回后场等。1936年第11届奥运会上，篮球运动被正式列为男子竞赛项目，现代篮球运动从此登上国际竞技舞台。

20世纪40年代，随着篮球技术、战术的不断演进和发展，特别是运动员水平的提高，对篮球规则进行了充分修改。例如，严格规范了侵入犯规和违例罚则的标准，篮板有了规范的长方形和扇形两种，球场中圈分为跳圈和禁圈两个圈，球场罚球区的两侧至端线，明确分设了争抢篮板的队员的分区站位线、篮球技术，战术不断变化、充实并各成体系地向集体对抗方向发展。到20世纪40年代末，进攻中的快攻、掩护、策应战术，防守中的人盯人防守、区域联防等战术阵型和配合已被各篮球队运用，篮球运动在国际进入完善、推广的新时期。

(3) 普及与发展时期。

20世纪五六十年代，篮球运动在世界各地普及，特别是随着篮球运动技术、战术的创新发展，规则与技术、战术之间不断制约和相互促进，对篮球运动员身高要求越来越严，如美国巨型运动员张伯伦、苏联巨型运动员克鲁明及女运动员谢苗诺娃等，高度开始成为现代篮球竞赛中决定胜负的重要因素之一。因此，一种利用高大型队员强攻篮下的中锋打法风行一时，篮球运动员进入了一个向高大体型发展的新时期，特别是1950年和1953年在阿根廷和智利举行的男、女首届世界篮球锦标赛上，高大队员威震篮坛，国际上开始有了"得高大中锋者得天下"的说法，迫使篮球规则在场地和时间上对进攻队加强新的限制。如20世纪50年代将篮下门字形3秒区域扩大成梯形3秒区，一次进攻有30秒的限制，以及进入20世纪60年代中期，一度取消中场线等。攻守区域的扩大，高度与速度的相互交叉、渗透，使比赛的速度、技巧、准确性，争夺篮下的优势成为竞赛胜负的重要保证，有力地推动了攻守技术、战术的全面发展。例如，进攻中的快攻，移动掩护突破快攻，以及防守中的全场紧逼、人盯人防守，成为当时以快制高、以小打大的重要手段。60年代末，世界篮球运动开始形成以美国队为代表的高度、速度与技巧结合的美国型打法；以苏联为代表的高度、力量和速度相结合的欧洲型打法；以韩国和中国队为代表的快、灵、准结合的亚洲型打法的新时期。

(4) 全面提高时期。

进入20世纪70年代，身高2米以上的队员大量涌现，篮球竞赛空间争夺越发激烈，高度与速度的矛盾更加尖锐，高空技术的发展和占有高空的优势显示了实力，篮球竞赛名副其实地成了巨人们的空间游戏。为此，规则对高大队员在进攻时提出了更多的限制和要求，以调动防守和身高处于劣势的队伍的积极性。随之，一种攻击性防守——全场及半场范围内的区域紧逼、人盯人防守和混合型防守战术展现出新的制高威力。1973—1978年，竞赛规则又多次对犯规提出了次数的调整，增设追加罚球的规定，促使进攻与防守的技术、战术在新的条件制约下，向既重高度、速度，又重智慧、技巧，准确多变的方向创新发展，使进攻中全面的对抗技术、快速技术结合更加巧妙；传统的单一型的攻击型技术、机械的战术配合和相对固定的阵型打法，被全面化、整体型、综合型频繁移动中掩护的运动打法取代，防守更具破坏性和威胁力，个人远距离斜步或弓箭步站位干扰式防守和单一型的防守战术，被近身平步站位，积极抢距、抢位，身体有关部位主动用力的破坏型的个体防守和集约型防守战术取代。尤其是自1976年第21届奥运会篮球赛和1978年第8届男子世界篮球锦标赛后，篮球运动有了高身材、高技巧、高速度、多变化、高比分的特点，特别是高空技术有了进一步的发展。这一趋势和特点到20世纪80年代则更为突出。为此，80年代中期，篮球竞赛规则对进攻时间和犯规罚则又进行了新的修正，规定了远投区，增加了3分球规定等，使篮球运动向更高水平发展。

（5）创新与攀登时期。

进入20世纪90年代，国际奥委会允许职业篮球队员参赛，给世界篮球运动开创了新的发展渠道和方向。在1992年西班牙巴塞罗那举行的第25届奥运会上，以美国"梦之队"中的超级球员乔丹、约翰逊等为代表的现代篮球技巧表演，把这项运动技艺表演得更加完善，战术打法更为简练实用。从此以后，世界篮球运动发展跨入了融竞技化、智谋化、技艺化于一体的新时期，标志着现代篮球运动结构、优秀运动队伍综合智能结构，以及运动员的体能、智能与掌握、运用篮球技术、战术的能力结构发生了质的变化，如技术动作不断演变创新，战术阵型锋卫位置界线逐步模糊。赛制不断变革，规则不断修订，展现出篮球当代化的教育、科技、艺术、文化气息。1994年后，国际篮球联合会因运动员制控能力增强，空间拼抢激烈，对篮球竞赛规则又做了一些修改，以使比赛争夺更安全、更合理、更具观赏性，并将篮板周边缩小，增加保护圈。1999年12月，又决定在2000年奥运会后实行某些新的规定，即比赛分为4节，每节比赛时间10分钟；每队每节如达到4次犯规，对以后发生的所有犯规均要处以2次罚球；两节比赛后中场休息15分钟；首节与第2节之间、第3节与第4节之间休息2分钟；首节、第2节、第3节每队只可暂停1次，第4节可暂停2次；球队每次进攻的时间从30秒缩短为24秒；球进入前场的时间限制为8秒；奥运会和世界锦标赛可实行三裁判制度等。可见，现代篮球运动无论男子还是女子今后都向着智、高、快、全、准、狠、变和技术、战术运用技艺化的方向发展，各种风格和打法形成高度技艺性、高度文化性、高度观赏性、高度商业性的新发展趋势。

由此可见，现代篮球竞技运动的形成是有阶段、有层次、从低级向高级逐步发展的，是由某一个国家的地方性游戏发展为区域性文化活动，再发展为竞技性项目，进而成为世界范围的体育文化现象，是体育科学的一个分支门类。

二、现代篮球运动的特点

篮球运动是围绕着激励参与者将篮球更快、更准、更多地投进高空篮筐及阻止对手将球投进高空篮筐展开的。自篮球运动创建以来，国际篮球组织和各国篮球界人士不断研究探索，提出了种种新的观点，出现了多种新技术、新战术，使篮球运动内容更丰富，活动更富有魅力。现代篮球运动的活动形式可以概括为以下几个特点。

1. 空间对抗性

与其他球类项目相比，篮球运动有其特殊的高空运动规律，即为了争夺球与空间的控制权，篮球竞赛的双方运用不同的战术阵型与技术手段开展立体型进攻、防守，并不断进行攻、守转换，这一规律体现出高空性和瞬时性两个特点。

（1）高空性。

篮筐悬空 3.05 米，通过进攻与防守向对方蓝筐投篮或防止对方向我方篮筐投篮是其最特殊的特点。因此，篮球运动要求运动员具有特殊的控制球与制空能力。

（2）瞬时性。

竞赛规则对持球进攻队有 3 秒、5 秒、8 秒和 24 秒不等的时间限制，因此强化时间概念、主动捕捉战机就成为攻守的关键。准确围绕空间目标，尽快缩短攻守转换时间，时刻牢牢控制球与投进球，是篮球比赛获胜的关键。

2. 内容多元化

现代篮球运动内容呈多元化发展趋势，有其独特的理论体系和技术、战术体系，已成为一门综合性的体育学科，内容涉及哲学、军事学、政治学、经济学、决策学、管理学和科学的专项理论基础。其中，科学的专项理论包括体育学、教育学、心理学、训练学、伦理学、逻辑学和相关的生理学科，如选材学、创伤学、营养学、保健学等。另外，还有对教练员、运动员的智能潜力，特殊的运动意识、气质、身体形态、生理机能、心理修养、意志品质、道德作风、专项技术水平与战术配合意识及其实战能力等进行研究，从而使篮球运动的学科发展更趋科学化、独特化，更具现代意识。

3. 多变性与综合性

篮球运动是由低级到高级，在去粗取精的动态中发展进化的，至今已成为一项综合竞技艺术。篮球比赛过程较其他球类项目复杂，技术动作繁多，战术形式多样，优秀运动队和明星队员创造性地运用篮球技术、战术已达到艺术化的程度，使篮球比赛过程充满生机和活力。而围绕空间瞬时变化展开的争夺，体现了单兵作战与集体协同相结合，空间攻守与地面攻守相结合，空间与时间相结合，拼抢与计谋、技艺相结合的综合性技术和战术特点。

4. 健身性与增智性

根据体育运动的项群分类理论，篮球运动属综合性的非周期性的集体运动，这是由其运动内容结构的多元性和竞赛过程的多变性、综合性特征所决定的。所以，从事篮球运动有助于培养活动者的综合素质，促进身体健康，活跃身心，增长知识，对锻炼人的综合才干、开发人的智慧、培养优良的道德品质和顽强的意志作风都具有积极的影响。例如，实战过程中，篮球运动的技术、战术都是在变化着的时间和空间条件下，通过运用跑、跳跃、投掷等手段来完成的。在这一过程中，无论智力、生理、心理都要承受各种复杂因素的影响，所以经常参加篮球活动，对促进人的生理机能，特别是内脏器官与感受器官的功能、中枢神经系统的支配能力有积极的作用。

篮球运动已进入科学化、技艺化、谋略化的新时期，技高与智深的渗透结合，促使运动员既要提高篮球运动技术水平，又要具有更高的文化知识和文明意识，提高自己对篮球运动本质的理解能力。

5. 启示性与教育性

从社会学的角度说，篮球运动是一项具有广泛群众基础和特殊社会影响的体育项目，篮球竞赛和各种篮球活动过程中充满教育因素。因此，它对提高参与人员素质，活跃社会文化生活，促进社会交往，增进国家与民族的自尊、自强都有积极的教育价值。为此，世界各大洲每年都以不同形式组织各种重大的篮球竞赛。各国参与各种形式的篮球赛和篮球游戏活动的球民有十亿多人，这充分显示了篮球运动特殊的社会教育潜力。

6. 职业性与商业性

自 20 世纪 90 年代国际奥委会允许职业篮球运动员参加奥运会篮球赛后，篮球运动在世界范围内的职业化和商业化进程进一步加速。特别是中国、菲律宾、韩国、日本及中国台湾等国家和地区相继成立或筹划成立职业篮球队或职业篮球俱乐部，催化了亚洲和世界篮球运动的进一步发展与提高。职业化和商业化的发展趋势已成为现代篮球运动的重要特点。

三、现代篮球运动的发展趋势

综观奥运会和世界篮球锦标赛等世界大赛，欧美国家占据一定优势，亚洲强队处于第二至第三层次，非洲则比较滞后。尽管发展不平衡，水平有高低，但是世界篮球运动都朝着智博谋高、身高体壮、凶悍顽强、积极快速、机敏多变、全面准确的趋势及多种打法并存的方向发展，从而使人感受到篮球竞赛中教练员与运动员的聪慧、身体的健壮高大。如今球场变得越来越小，竞赛时间越来越短，篮架越来越低，篮圈越来越大，节奏越来越快，攻守队员之间的身体接触越来越激烈，比赛得分越来越高，队员的明星效应越来越强，教练员的综合才干越来越高。具体反映在以下几个方面。

1. "智"在充实

自篮球运动成为世界性竞技项目以来，随着科学文化的发展及对篮球运动的渗透，篮球运动的技术、战术、规则、竞赛方法不断创新发展，比赛形成智与技、技与能的科学拼斗过程，因此对运动员运动才能的综合结构提出了新的要求，如文化教育层次、专项意识、修养、竞技能力、体能、体质水平、意志作风等，更进一步体现了强者间追求"更高、更快、更强"的奥林匹克精神，把现代篮球运动升华为既是社会文化的形态，又含现代高科技成分的智慧活动。目前世界上许多有才华的教练员，以最科学的手段开发运动员的知识、技能潜力，培养出具有高运动技术水平、高文化知识层次的优秀运动员。随着篮球运动的进一步社会化，篮球理论的系统化、科技化，篮球比赛的凶悍化及比赛形式的商业化，无论运动训练、比赛与管理都体现出智慧性、科学化特征，从而要求教练员和运动员要用智去练、去赛。因此，越来越重视运动员文化知识结构的充实和更新，使他们掌握篮球运动的本质规律，从而聪慧地在球场上驭球，并在结束篮球运动生涯后，还能用自

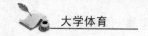

己的才智为社会做出贡献。

2."高"在壮、灵

时代已赋予篮球运动"高"的新意,"高"的内涵与外延均已发生新的变化。

首先,各队普遍树立"无高不成队,无高难取胜,得高大中锋者得天下"的意识。重视队伍的平均身高,目前男队平均身高在2.05米左右,中锋在2.10~2.20米;女队平均身高在1.85米,中锋在1.95米。在重视高大队员数量的同时,各国篮球界尤其重视提高队员的综合体能、技能和比赛能力。世界优秀队伍中的高大队员在国际重大比赛中均能将个人的高壮体态、惊人弹跳、快速多变的奔跑移动及无与伦比的技术和技巧融于一身。

其次,随着高大队员的大量涌现,高空争夺更为激烈。各国教练员和运动员是否占有高空优势,已经成为衡量队伍水平的重要标志。例如,高空技术和高空配合进一步创新发展,高空技术包括高空投篮、高空扣篮、高空盖帽、高空传接球,高空配合包括二三人的空间接力进攻、高空与地面结合的立体型进攻融合等。

总之,高的内涵不能简单片面地认为仅是身高体型和制高优势,而是高体能、高体型、攻守中技术运用的高效能,攻守转换的高节奏,对抗的高强度,从而使比赛进程时时处于"高"的意识中。

3."悍"在凶狠

一切竞技比赛都是为了战胜对手,取得胜利。世界篮球高水平比赛都在向智、高、壮、悍的方向发展,运用贴身攻防的对抗手段及凶悍拼争的顽强作风,是篮球比赛当代化的明显特点之一。篮球场上"悍"的传统思想也发生了质的变化,"悍"不仅反映在思想、意志、作风、精神上,表现在技术手段和战术方法的合理应用上,还体现在比赛规则不断演进的导向上。

为此,世界强队凶悍作风的培养和体能体质的基础力量训练,有利于更凶悍地进行拼争。而在世界大赛中,是否有凶悍拼斗的整体和个体的精神气质,能否在优势或劣势下取胜是衡量一个优秀运动队和一名优秀运动员的标准。篮球当代化的体现之一,就是短时间、短距离地进行贴身凶悍对抗。智慧与凶悍的结合,既是现代篮球运动的特点,也是现代篮球运动的结晶,更是现代竞技篮球比赛当代化的要求和特征。

4."快"在节奏

篮球规则对进攻时间的进一步限制,使世界篮球运动进一步强化"快"的意识,掀起全面快的浪潮,强调"快"的进攻节奏,今后可能对进攻时间限制得更严。因此,"快"的内涵在延伸,"快"的意识在增强。在比赛场上争取时间就能掌握主动,速度就是保证,现代篮球比赛出现快节奏、高比分,这充分表明,比赛的高速度仍在继续发展,高质量的快速技术、快速转换攻守融合,仍是各国优秀篮球队伍追求的最有效、最迅速、最简捷的得分取胜手段。不断提高全面"快"的意识与强化全面"快"的训练,把握"快"的节奏,已成为世界各国争夺篮球强国地位的努力目标。

5. "准"在提高

现代篮球比赛的高比分，不仅取决于进攻速度和进攻次数，还取决于不同位置、不同方式、不同距离、不同对抗强度下投篮的准确性，这主要表现在不同位置上的运动员能以"三分球"为重要得分手段；投篮准确性持续提高；掌握、运用攻守技术的准确性提高；战术配合的时间、空间与地面结合的准确性提高。"神投手"增多，这是篮球运动中一切训练活动所要达到的最终目的和最强手段。现代世界篮球强队中，优秀运动员的投篮技术已达到艺术化程度，投篮速度快、出手点高、距离远，对抗中改变投篮方式或采用其他技术的应变能力强。

6. "全"在综合

现代篮球运动对"全"的要求如下。

（1）运动员思想、文化的综合素质全面提高，技术、战术和攻守技能水平全面提高；运用技术、战术的应变能力全面提高；富有技巧性，而且在此基础上协同配合达到艺术化的境地。

（2）重视身体素质、心理素质、智力与思想能力等因素的全面提高，以适应激烈争夺和全面对抗的比赛过程，促使全队的整体实力发展到更全面、更高的层次。

（3）教练员和篮球组织管理工作者要高度重视运动员以上诸多因素的综合开发与全面利用，这是促使队伍实现现代化篮球科学进程的关键，同时也反映出教练员的才华和综合水平。

7. "变"在瞬间

随着现代化篮球技术、战术的发展和比赛规则的不断修订，运动员在对抗中运用技术的能力不断提高，攻守双方的争夺也更为激烈、凶悍甚至微妙，因此运动员在任何一次攻守回合中都必须富有创造性，才能制造出具有攻击性和杀伤力的机会，最后简练而巧妙地达到预期的攻守目的。可见现代篮球比赛既是力的对抗，也是谋的决战；既是运动员身体、技能与智慧的默契结合，也是争取胜利的法宝。在国内外优秀篮球运动队伍的比赛中，球场瞬间千变万化，优秀运动员能以不变应万变，既能在绝境前使对手失去主动，还能在绝境之中变被动为主动。这里"变"的基础包括运动员的智慧与单兵作战的技术、技能水平，以及教练员的指挥谋略与才干。

8. "星"在奇特

现代篮球比赛中，明星的作用显得越来越重要，他们在球队处于举足轻重的地位，一个球队的战略战术往往围绕它的明星队员来体现。前NBA芝加哥公牛队的乔丹、前洛杉矶湖人队的约翰逊、前克罗地亚队的彼得洛维奇、我国国家队的姚明等，他们各有所长，在各个关键位置显示出明显的优势，有的是全队的组织核心，有的充当神投手，有的担任强力中锋，甚至有的人还能承担场上教练的角色，他们的作用是其他球员无法替代的。作风顽强、技术全面、特点突出、心理稳定、得分能力强、攻守兼备、智勇双全等是明星的共同特征，所以拥有明星队员是克敌制胜的重要保证，大力造就明星队员是所有优

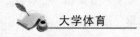

秀篮球队的共同追求。

9. "技"在升华

篮球比赛中运动员运用技术、战术的能力，是队伍实力、水平层次的显著表现，现代篮球比赛已将技术与艺术的融合表现得淋漓尽致。在第25届奥运会上，以乔丹、约翰逊等为代表的世界级优秀篮球运动员，将篮球比赛升华到了艺术化的境界。我国CBA职业联赛中王治郅的"扣篮"、姚明的"盖帽"、刘玉栋的篮下强攻、孙军的三分球都表现出各自的技艺特点，充分展示了人体的健与美。将他们完成技术动作的身姿定格，就是一幅幅赏心悦目的艺术画面，可以说篮球比赛场已成为高水平运动员展示高超技术、战术、体能和高度智慧的艺术舞台，观赏他们的表演，既给人以艺术享受，又给人以健康向上的启迪。随着篮球技术、战术水平的不断提高，智慧的不断发展，篮球运动的艺术魅力必将得到更全面的展现。

10. "阵"在机动

兵家注重"阵而后战，兵法之常；运用之妙，存乎一心"，可见作战之前布阵的重要性。世界篮球运动的发展趋势是进攻战术越来越精练，锋卫位置界限逐渐"模糊"，防守的攻击性和破坏性日益增强，由多人参与的按既定套路进攻的方法已难奏效，因此两三人展开的机动进攻战术和以个人为主的集约、混合型防守战术越来越多地被世界各篮球强队广泛采用。在强大的防守形势下，进攻技术和战术向着更积极、更机动的方向发展，防守则向着集约型、混合型方向发展。这种进攻与防守战术的变化，能最大限度地发挥运动员的主观能动作用，也对运动员的身体素质、心理修养、战术水平、战术意识层次、智力结构、场上作风提出了更高的要求。

11. "帅"在智谋

"千军易得，一将难求"。教练员是一队之帅，他的思想品德、文化修养、人格魅力、理论知识水平、对新事物的敏感力、实践经验和管理指挥才能等决定着一支队伍的发展前途，尤其是如今体育科技迅速发展的年代，更需要教练员运用多种学科知识对运动队实施训练管理、组织和指挥谋划。努力提高竞技体育的科学训练水平，充分发挥运动员的聪明才智和主观能动作用，以获取最佳比赛成绩，这是一个教练员的基本职责。

综观世界最高水平篮球比赛，运动员的智慧、意志、身体、技艺与教练员的才干不仅是构成现代篮球比赛的基础，也是衡量球队实力与决定比赛结果的基本要素，特别是在他强我弱、实力均等或决战的关键时刻，教练员能否制定有效战术、更新打法，以及是否具有出奇制胜的"指挥"才干，对夺取主动、赢得胜利起着决定性的作用。谋略即计谋、策略，谋则成，不谋则殆，治队统兵都是同一道理，谋略思想贯穿教练员工作的全过程。

正确的谋略来自教练员渊博的专业理论知识和丰富的实战经验，不断提高教练员的综合素质，进一步提高谋略水平，将是现代篮球运动继续发展的重要驱动力。

12. 男篮与女篮并趋

自20世纪70年代开始，女篮队员在掌握技术、运用战术及全面提高身体素质等方面都随着比赛规则和技术、战术的发展而不断向男篮靠近。到20世纪80年代以后，女篮在基本打法、攻守过程的拼斗性上有了进一步的发展，一些过去仅在男运动员中使用的技术、战术已普遍用于女篮比赛，这在世界强队中更为突出，使女篮比赛同样富有魅力。女队打法男队化，将成为今后女篮发展的必然趋势。

上述特征互相影响，交叉渗透，许多方面既对立又统一，从而在动态中把篮球运动上升到现代科技文化的层次，指导人们从辩证法的角度重新认识篮球运动基础理论中的规律性。

总之，现代篮球强国都积极从实际出发，在保持不同流派风格和多种多样打法的同时，努力追求和探索，使篮球运动更高、更新地发展，加速并推动现代世界篮球运动当代化的发展进程。

四、NBA概况

许多人是通过NBA开始认识、了解，乃至喜欢篮球这项运动的，尤其是青年们。我们平时所说的NBA，实际是特指全美篮球联合会举办的美国职业篮球赛。赢得美国职业篮球赛不仅是为了胜利，更是为了经济利益，两者是紧密相连的，要想名利双收就要竭尽全力提高队伍竞技实力，夺取总冠军。NBA是由早期的一些职业篮球组织发展起来的，1949年正式定为NBA。在20世纪80年代的总冠军争夺中，拉里·伯德和"魔术师"约翰逊将篮球带入一个艺术的境地，前NBA总裁大卫·斯特恩有句名言"如果没有天才，篮球将一事无成"。正是斯特恩的经营才华和迈克尔·乔丹的篮球技艺，使得NBA在过去20年中的发展和影响空前。1984年，NBA总收入为1.92亿美元，到20世纪90年代末则达到150亿美元，成为美国体育产业的重要支柱。

现在的NBA实际上是一个庞大的篮球商业公司，它除了拥有29支球队外，还有一个资产公司、一个娱乐公司、一个电视与新闻媒体公司和WNBA联盟，各球队既相对独立又受NBA总部统一指挥。总裁有最高行政权，各球队老板组成董事会，每年11月召开会议，总裁提议一经董事会通过，各球队须无条件执行。在人员比例方面，运动员与部门及四大公司工作人员比例是1:4；对于一支球队，俱乐部工作人员与12名正式队员的比例超过了10:1。

NBA的每场比赛都要动用三十多部摄像机，角度全面，视觉效果强烈。另外，从比赛表现来看，NBA球员个性鲜明，这主要与文化传统和民族特征有关。NBA比赛的主角是黑人，NBA的明星也多出自黑人，这与黑人的人种优势有关，即先天身体条件适宜篮球运动，另外多数黑人的生活环境压力也是他们成功的重要动力之一。

NBA赛事造就了许多明星，他们的技术全面，特点突出：
(1) 摸到篮板上沿的跳王——威尔金斯和拉塞尔（3.95米）；
(2) 一场比赛独得百分——张伯伦（另一场比赛抢63个篮板）；
(3) 勾手投篮大师——贾巴尔（被称为篮球神魔）；
(4) 中锋技术教科书——奥拉朱旺（步伐极其灵活）；
(5) 喜欢扣篮的小个子——斯帕特·韦伯（第一次扣篮16岁，身高为1.60米；1986年身高1.70米时夺得全美扣篮冠军，当时媒体评论"把世界吓了一跳"）；
(6) 20世纪80年代NBA三剑客——"大鸟"拉里·伯德、魔术师约翰逊、当代篮

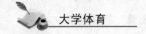

球运动的象征"空中飞人"乔丹。

五、中国篮球发展概况

1. 篮球运动传入中国

现代篮球运动是于清朝末期（1895年）由美国基督教青年会派往中国天津基督教青年会就职的第一任总干事介绍传入我国天津市的，因此天津市是我国篮球运动的发源地。1896年，天津基督教青年会举行了我国第一次篮球游戏表演，此后逐步由天津向全国传播、推广。一百多年来，篮球运动已逐渐成为广大人民群众喜爱的体育运动项目。

2. 现代篮球运动在我国的发展

篮球运动传入中国时，中国社会正处于半封建半殖民地时期，必然不可能为民所用，为民所乐，更难得到当局的重视和传播、普及，基本处于自发、自筹、自流的状态。但由于篮球运动特有的趣味性和健身性，深受青少年学生的喜爱，许多学校都开展了篮球活动，如当时的天津市南开学校、高等工业学校等，北京的清华学校、汇文学校等，上海的圣约翰、南洋、沪江等大学，南京市的金陵大学、东南大学等，苏州市的东吴大学等。

20世纪30年代后，在革命根据地由于中国共产党和各边区政府重视开展体育活动，篮球运动更受广大群众和红军、八路军将士的喜爱。在1942年中央党校与延安大学的一次比赛中，组织了20多个队参加比赛，而像朱德、贺龙、关向应等领导不仅观看比赛，而且积极上场参加比赛。当时特别引人注目的有120师的"战斗篮球队"和由抗日军政大学东北干部组成的"东干篮球队"，他们其中不少成员成了中华人民共和国体育事业的开拓者和领导者，为中华人民共和国体育事业及篮球运动的发展做出了积极的贡献。

1949年，京津两地大学生组队参加了在匈牙利举行的第10届大学生运动会篮球比赛并获第10名。中华人民共和国成立后，我国篮球运动进入了空前的普及、发展与提高时期，经过几十年的实践，逐步形成了集篮球竞赛、社会群众性篮球活动、学校篮球教学、篮球科研与篮球基础理论为一体的中国篮球运动发展史。其中，篮球竞赛是中国篮球运动的突破，是篮球运动在我国得以普及与提高的标志。为了加强国际交往、学习经验，1950年12月24日，苏联队访问了我国北京、天津、上海、南京、广州、武昌、沈阳、哈尔滨8个城市，进行了33场比赛，均以大比分获胜，这充分暴露了我国篮球竞技水平落后的状况。为了摆脱这一状态，我国主管部门积极采取措施，组建专门队伍，学习先进经验，更新传统观点，并积极参加国际比赛，取得了成效显著，战胜了不少欧洲强队，篮球运动跨入了新的发展时期。

1955年，全国篮球联赛有了相对固定的分等级竞赛制度。1956—1957年又实行了篮球等级升降制度和教练员裁判员等级制度。1959年举办的第一届中华人民共和国全国运动会上，四川男队和北京女队分别获得冠军。至1966年，我国篮球运动已接近世界先进水平，战胜了不少欧洲强队。1975年，亚洲业余篮球联合会确定了我国的合法席位；1976年，国际业余篮球联合会恢复了中国篮球协会在该会的合法席位。1979年，改革开放使篮球运动进入最佳的发展时期，我国篮球队在世界级和洲级竞赛中不断获得优异成绩。其中，女子篮球队在1983年第9届世界锦标赛和1984年第23届奥运会上均获第三名，进入了世界强队行列，先后涌现出宋晓波、柳青、郑海霞、丛学娣等著名运动员。中国女篮在 1992 年第 25 届奥运会上获得亚军，在 1993 年世界大学生运动会上获得冠军，在 1994 年第 12 届世界锦标赛上获得亚军。中国男篮则在连居亚洲榜首的基础上第一次进入世界前 8 名，表明我国篮球运动竞技水平正向世界最高水平冲击。

1995 年，篮球界在国家体委"坚持正确方向，抓住有利时机，继续深化改革，发展体育事业"的精神指导下，在 1996 年举办了 8 个省市、部队、学校组织参加的男子"职业"篮球联赛，这是我国篮球职业化的开端，也是一次大胆的改革，但不久便因故暂停。1997 年，国家成立了篮球管理中心，把传统的甲级联赛改为 CBA 职业联赛。通过多年的改革实践，我国篮球事业发生了深刻变化，展现出更为广阔的发展前景，培养出大批青年优秀运动员，先后有 5 名运动员进入美国 NBA 联赛，有效地扩大了篮球的影响。

第二节 篮球基本技术

一、移动技术

移动是篮球比赛中队员为了改变位置、方向、速度和争取高度等所采用的各种脚步动作方法的通称，包括起动、跑、跳跃、急停、转身、跨步、滑步及后撤步。在进攻中运用各种移动来摆脱防守和在防守中看住对手，保持或抢占有利位置。

转身如图 7-1 所示，滑步如图 7-2 所示。

图 7-1 转身　　　　　图 7-2 滑步

二、传接球技术

1. 持球手法

持球手法分单手持球和双手持球两种。
（1）单手持球：手指分开，手心空出。
（2）双手持球：两手手指分开，拇指相对，成"八字"形，手心空出，两臂屈肘，肘关节下垂，置球于胸前。

2. 双手胸前传球

传球时，后脚蹬地、身体重心前移的同时前臂迅速向传球方向伸出，拇指用力下压，手腕前屈，食指和中指用力拨球将球传出，如图7-3所示。

图7-3 双手胸前传球

3. 单手肩上传球

以右手传球为例，传球时，左脚向传球方向迈出半步，将球引到右肩上方，肘外展，上臂与地面平行，手腕后仰。右手托球，左肩对着传球方向，重心落在右脚上，右脚蹬地，转体，前臂迅速向前挥摆，手腕前屈，通过食指和中指拨球传出，如图7-4所示。

图7-4 单手肩上传球

4. 单手低手传球

以左手传球为例，持球手法与双手低手传球相同。传球时，右脚向传球方向迈出一步，右肩斜对传球方向，上体前倾，双手持球于体侧，左臂前摆，屈腕，拨指将球传出。

5. 接球技术

接球有双手接球和单手接球两种，不论是哪种，接球时眼睛要注视球，肩、臂都要放松，手臂要迎球伸出，手指自然分开。当手指触球时，屈肘，臂后引，缓冲来球的力量，两手握球，保持身体平衡，以便做下一个动作，如图7-5所示。

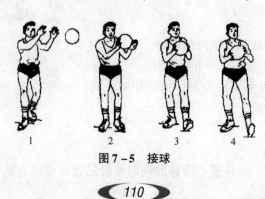

图7-5 接球

三、投篮

1. 持球方法

投篮时持球手臂托住球的后下方，手心空出，手腕后仰，球的重心落在食指和中指之间，肘关节自然下垂，置球于同侧肩的前上方。

2. 投篮方法

投篮是从准备姿势开始，下肢蹬地发力，腰腹用力向上伸展，手臂向前上方伸直，手腕前屈（或翻转），手指拨球，用全身综合协调的力量将球投出。其中，伸臂举球、手腕前屈或翻转与手指拨球的力量，是控制与调节身体各部位用力的关键，也是取得合理的投篮出手角度与速度的保障。通常，投篮距离越近，身体综合用力的程度越小，以手指与手腕的动作用力为主。远距离投篮时，身体综合用力的程度越高，特别是对手腕与手指调节力量的能力要求更严。因此，投篮时身体各部位的肌肉用力要互相配合、连贯协调，这样才能合理地完成投篮动作。

（1）行进间单手低手投篮。

该动作是在快速移动中超越对手后在篮下的一种投篮方法，有单脚起跳和双脚起跳两种。它具有速度快、伸展距离远的优点，所以防守队员正面干扰比较困难，如图7-6所示。

图7-6 行进间单手低手投篮

（2）行进间单手肩上投篮。

以右手投篮为例，右脚跨出一大步的同时接球，左脚接着跨出一小步并用力蹬地起跳，右腿屈膝上提，双手向前上方举球。当身体接近最高点时，左手离球，右手外旋，掌心向上，托球，并充分向球篮的上方伸直，接着屈腕，食指和中指用力拨球，通过指端将球投出。

四、运球

1. 高运球

运球时，两腿微屈，目平视，手用力向前下方推按球，球的落点在身体侧前方，使球反弹的高度在胸腹之间,手脚协调配合,使球有节奏地向前运行。高运球的身体重心高,速度快,便于观察场上情况。

2. 低运球

运球遇到紧逼时,常用这种方法摆脱。重心下降,上体前倾,用上体和腿保护球。同时,用手短促地拍按球,使球从地面向上反弹的高度在膝部以下,以便更好地控制球和摆脱防守,继续前进。

3. 运球急停疾起

在对手护守较紧的情况下,运球向前推进时,可利用急停疾起的变化来摆脱对手。在快速运球中,急停时,手拍按球的前上方。运球疾起时,要迅速起动,拍按球的后上方,要注意用身体和腿保护球。在运球急停疾起时,要停得稳,起动快,如图7-7所示。

图7-7 运球急停疾起

4. 体前变向换手运球

这是当对手堵截运球前进的路线时,突然向左或向右改变运球方向,以摆脱防守的一种运球方法。运球队员从对手右侧突破时,先向对手左侧变向运球,然后向右侧变向。变向时,右手拍按球的右后上方,把球从自己的右侧拍按到左侧前方,同时,右脚向左前方跨出,上体左转,用肩保护球,如图7-8所示。

图7-8 体前变向换手运球

5. 运球转身

当对方逼近,不能用体前变向换手运球突破时,可用此法过人。以右手运球为例,变向时,左脚在前为轴,做后转身的同时,右手将球拉至身体的左侧前方,然后换手运球,加速前进。运球转身时,要降低重心,不要上下起伏,手型要正确,以免违例,如图7-9所示。

图 7-9 运球转身

五、持球突破

1. 交叉步突破

以右脚做中枢脚为例，两脚左右开立，两膝微屈，身体重心降低，持球于胸腹之间。突破时，左脚前脚掌内侧迅速蹬地，上体稍向右转，左肩向前下压，重心向右前方移动，左脚向侧前方跨出，将球引于右侧，接着运球，中枢脚蹬地向前跨出迅速超越防守，如图 7-10 所示。

图 7-10 交叉步突破

2. 顺步突破

准备姿势和突破前的动作要求与交叉步相同。突破时，右脚向右前方跨出一步，向右转体探肩，重心前移，右手运球，左脚前脚掌迅速蹬地，向右前方跨出，突破防守。

六、防守对手

1. 防守无球队员

在比赛中，防守队员绝大部分时间（约占全部防守时间的 70%~80%）是防守无球队员，这充分说明了他的重要性。防守队员的主要任务是尽可能不让对手在有效攻击区内接球，或使对手接球后处于被动地位。防守队员及时判断对手的位置及其与球和篮的位置关系，并随对手的切入方向、球的转移和是否有掩护等，合理运用防守动作，阻截对手进入有利攻击区和习惯位置，隔断对手重要的配合位置和区域间的联系，并尽可能抢断穿越自己防区传向自己对手的球，力争主动，以达到破坏进攻、争得控制球权的目的。

防守无球队员时要坚持防守的攻击性和破坏性；防守队员必须随时抢占"人球兼顾"

的有利位置，做到"内紧外松、近球紧、远球松、松紧结合"；要防止对手摆脱空切，不让对手在有效攻击区和切向篮下接球，阻截对手的移动接球路线；要及时果断地进行协防配合，帮助同伴防守对方威胁最大或持球进攻的队员，要有随时补防、夹击和换防的集体防守意识和能力。

2. 防守有球队员

防守有球队员的主要任务是尽量干扰和破坏其投篮，堵截其运球突破，封锁其助攻传球，并积极地抢、打、断球，以达到控制球权的目的。

防守有球队员时要及时抢占对手与篮板之间的有利位置，观察并判断对手的进攻意图，合理地运用防投、运、突、传等技术，及时发现对手的进攻技术特点，以便有针对性地防守，在对手运球停止时，立即上前封堵。

七、抢篮板球

1. 抢占位置

抢占有利位置是抢篮板球技术的关键，无论是进攻队员还是防守队员，都应设法把对手挡在身后。抢占位置时，应根据对手和投篮队员所处的位置，正确判断篮板球的反弹方向和距离，运用快速的脚步动作，配合身体动作抢占有利位置。

2. 起跳动作

抢占到有利位置时，身体应保持正确的起跳准备姿势。起跳前，两腿微曲、重心降低、上体稍前倾，两臂屈肘举于体侧，重心置于两脚之间，观察和判断球的反弹方向，及时起跳。起跳时，两脚用力蹬地，几乎同时两臂上摆，手臂向上伸，腰腹协调用力，充分伸展身体，并控制身体平衡。

3. 抢球动作

根据攻、防队员的位置及球的方向，抢球动作可分为双手抢篮球、单手抢篮球和点拨球三种。

第三节　篮球竞赛规则简介

一、场地器材

1. 场地

国际比赛标准场地长 28 米、宽 15 米。场地的丈量均从界限的内沿量起，线宽为 5 厘米，中圈半径为 1.80 米。

2. 篮板

篮板横宽1.80米,竖高1.05米,篮板下沿距地面最少2.90米。

3. 比赛用球

充气后,球从1.80米的高度落到地面上,反弹高度不得低于1.20米,也不得高于1.40米。

二、一般规则

1. 出场人数

每队出场5人,不足5人不能比赛。如规定的时间开始后15分钟仍不足5人或球队不到场,则判该队弃权,判对方队获胜。

2. 比赛时间

比赛时间分为4节,每节10分钟,每节之间和每决胜期之前休息2分钟,两半时之间休息15分钟。如第四节结束时比分相等,则打若干个决胜期直至决出胜负。

3. 要登记的暂停

第一、二、三节每节准予1次暂停,第四节准予2次暂停。每一决胜期准予1次暂停。

4. 换人

每当死球且停表时,球队即可换人。如果是甲队发生违例则甲队不能换人;而如果此时乙队先换人,则甲队也可以换人。换人的次数没有限制。

5. 队员6次犯规

一名队员6次犯规即取消比赛资格。

6. 全队5次犯规

在每一节中如果某队共登记队员5次犯规,那么以后每次原不该罚球的犯规均被判给2次罚球。如果该队处于控制球时则不罚球,只是失去球权。

7. 做投篮动作的队员犯规

投中两分或三分有效再加罚1次,如不中则视其投篮地点给予2次或3次罚球。

三、常见的违例

违例是指队员违犯比赛中关于时间或技术等方面规则的行为。

1. 三秒

场上控制活球的队的队员在对方限制区内停留了超过三秒（划定限制区的五厘米宽的线是限制区的一部分）。

2. 五秒

（1）罚球时，每次罚球均不得超过五秒。
（2）掷界外球时，不得超过五秒。
（3）在场上，从持球队员被对方严密防守并停步时开始计算，则必须在五秒内使球出手，否则为违例。

3. 八秒

每当一名队员在其后场控制活球时，他的球队必须在八秒内使球进入他们的前场，否则为违例。

4. 二十四秒

每当一名队员在场上控制活球，他的球队需在二十四秒钟内投篮，否则为违例。

5. 球回后场

当某队在前场控制球时，不能使球回后场，否则为违例。只要该队使球触及后场的地面及有部分身体触及后场的队员或裁判员，即算该队回后场违例。

6. 带球走

篮球技术的特殊点之一是队员一旦持球，就必须确立中枢脚。中枢脚离地后再次落地前，球必须离开队员的手，否则为带球走。

7. 两次运球

队员在一次运球结束后不得再次运球。

8. 罚球时的违例

罚球时，罚球队员除了需遵守五秒规则外，脚不得触及限制区（罚球线是限制区的一部分），投出的球必须触及篮圈并不得做假动作。罚球时共有包括罚球队员在内的双方各三名队员在位置区站位。其余五人的站位方法是：如甲队罚球，则乙队的两名队员站在两侧靠篮下的两个位置，然后是甲队两名队员，再就是乙队的第三名队员，可站在任意一侧。非罚球队员的违例包括：罚球队员的球还没离手就进入限制区、干扰罚球队员投篮等。罚则是：若罚球队员违例则该次罚球投中不算；如是仅有的一次或最后的一次罚球违例，则由对方在罚球线延长线的边线外掷界外球。若非罚球队员违例，如甲队罚球，仅有一次或最后一次罚球投中与否分别按如下规则处理：球投中得分有效，双方的违例均不究；若不中，如乙队违例此球重罚；如甲队违例，由乙队在罚球线延长线的边线外掷界外球；如果双方同时违例则在该罚球圈跳球，重新比赛。

以上是比赛中常见的违例，罚则都是失去球权，由对方在就近的界线外掷界外球。

四、常见的犯规

犯规包括有身体接触的侵人犯规和没有身体接触的技术犯规两大类。

1. 侵人犯规

比赛中常见的侵人犯规有拉人、推人、撞人、阻挡、背后非法防守、非法用手、非法掩护等。罚则是：上述犯规中凡是对做投篮动作的队员犯规均判罚球；如果对没做投篮动作的队员犯规，则由非犯规队在就近的地点掷界外球；如果在那一节中该队已达5次犯规并且是非控制球的队，则判给2次罚球。

2. 违反体育道德的犯规

当裁判员判断某队员不是在规则的精神和意图范围内合法地抢球而发生的侵人犯规，则判为"违反体育道德的犯规"。罚则视其犯规对象是否在投篮和是否投中分别按如下处理：如果没做投篮动作，判给2次罚球和1次中场掷界外球权；如果正在做投篮动作且投中，判两分或三分有效再加罚1次；如果未中，则视其投篮地点判给2次或3次罚球。上述罚球无论投中与否都获得1次中场掷界外球权；此界外球可传入前场或后场。罚球时非罚球队员不必站位。

3. 取消比赛资格的犯规

无论是队员、替补队员，还是教练员、随队人员违反体育道德的恶意犯规，裁判员均有权判罚。罚则是：除取消该犯规人员的比赛资格、令其离开比赛场地外，其他与"违反体育道德的犯规"相同。

4. 双方犯规

双方犯规是两个队的两名队员同时的相互间的犯规。罚则是：不判给罚球，按如下方法处理：如果犯规的同时一方投篮有效并命中，则得分有效，由另一方在端线掷界外球；如是某队已控制球或拥有球权，则判该队在就近处掷界外球；如果双方都没控制球和不拥有球权，则在就近的圆圈跳球开始比赛。

5. 队员技术犯规

当队员不顾裁判员的警告或与裁判员、记录台人员、技术代表、对方队员交涉时没有礼貌，使用冒犯或煽动观众的言行，戏弄对方，阻碍掷界外球的迅速进行等，将被判技术犯规。罚则是：1次罚球和中场处掷界外球。

第八章 排球运动

第一节 认知排球运动

一、排球运动的起源和发展

排球运动是 1895 年美国麻省霍利奥克（Holyoke）城青年会干事威廉·摩根（William Morgan）发明的，开始是用篮球胆在室内的网球场两边拍来拍去使球不落地的一种游戏，打法上采用网球和手球的技术，并采用类似棒球的规则，由 9 局组成，连胜 3 分为 1 局，双方上场人数不限，但必须对等。之后，美国的传教士和军队将排球运动带到世界各地。1896 年，美国普林菲尔德基督青年会在体育指导大会上进行了首次表演赛，哈尔斯戴博士发现这种打法和网球有些相似，于是建议把这种运动命名为"Volleyball"，即"空中飞球"之意，从此"Volleyball"的名称一直沿用至今。

1947 年国际排球联合会成立后，排球运动就成为一项世界性的体育项目。目前，国际排联已有 220 多个会员国。排球于 1905 年左右传入我国，1964 年在东京举行的奥运会上，我国首次参加了比赛。中国女排具有光荣的历史，20 世纪 80 年代荣获辉煌"五连冠"，即 1980 年、1985 年世界杯冠军；1982 年、1986 年世界锦标赛冠军；1984 年奥运会冠军。1949 年举行了第一届世界男子排球锦标赛，世界排球比赛主要有世界杯排球赛、世界排球锦标赛、奥运会排球赛、世界排球联赛和世界排球大奖赛等。在 2008 年北京奥运会上我国男排进入八强，女排荣获第三名。

二、现代排球运动的特点

1. 技术的全面性

参加比赛的每个队员必须全面地掌握各项技术。

2. 激烈的对抗性

各个比赛环节都是在激烈的对抗中进行的，对抗的焦点在网上的扣拦。

3. 高度的技巧性

球不能落地，也不能连击、持球和四次击球，因此它对时间性、技巧性要求很高。

4. 严密的集体性

水平越高，集体配合就越严密。

5. 攻防技术的两重性

排球比赛中的各项技术既能得分，又能失分。攻中有防，防中有攻。

三、比赛基本方法

正式比赛球网的高度：男子为 2.43 米，女子为 2.24 米，场地长 18 米、宽 9 米。比赛采用 5 局 3 胜制，比赛时双方各上场 6 人，分前后排站位，由获得发球权一方的后排 1 号位队员在端线外 9 米区域内发球。发球方每胜一球，由发球队员继续发球，失误则换发球权，由对方按顺时针方向轮转 1 个位置，轮转到后排右边的队员发球。前四局先得 25 分并同时超出对方 2 分的队胜一局，当比分 24∶24 时，比赛继续进行至某队领先 2 分为止，如 27∶25；第五局则为先得 15 分并同时超出对方 2 分的队获胜，当 14∶14 时，比赛继续进行至某队领先 2 分为止，比分无最高限制。局间交换场区，决胜局中某队领先获得 8 分时，两队交换场区，队员在原来的位置继续比赛。第 1～4 局，每局有两次技术暂停，时间为 1 分钟，每当领先队达到 8 分或 16 分时自动执行，相应每个比赛队每局还有两次机会请求 30 秒的普通暂停，第五局无技术暂停，每队可请求两次 30 秒的暂停。同时，每队每局允许有 6 次换人机会。

第二节 排球基本技战术

一、准备姿势

自然放松，可稍蹲、半蹲和低蹲，两臂自然放松置于腹前，重心稍靠前。稍蹲适用于传球、垫球、准备拦网；半蹲适用于接发球、后排防守；低蹲适用于中场防守、接吊球或滚网球。

二、移动

主要有并步、跨步、交叉步、滑步和跑步等。移动时要时刻准备，及时判断，快速起动第一步，占据场上有利位置，争取时间和空间。移动也是技术动作的关键。移动中身体重心不能起伏太大，以免影响移动速度。移动距离较近时多采用并步或跨步，移动距离适中时多采用交叉步或滑步，远距离移动时采用跑步。

三、正面双手传球

正面双手传球是排球运动的基本技术之一，如图 8-1 所示。传球分为正面传球、背传球、侧传球及跳传球四种，下面介绍最基本的正面双手传球。

图 8-1 正面双手传球

(1) 手形：半球状。

(2) 击球点：额前击球。

(3) 击球方式：两脚左右分开，与肩同宽，一脚稍前，后脚跟略提起，双膝微屈，重心落于两腿之间略偏前腿；身体略前倾，双臂自然放松，注视来球方向。

(4) 用力：连贯蹬地和伸臂；两臂屈肘抬起，手在头部的前方，两肘自然下垂，手腕向后用手指触球，依靠全脚蹬地、手腕的力量及手指的弹力将球送出；击球后身体由于用力后的惯性随球前屈。

(5) 传球易犯错误：触球部位离身体太远，击球点不正确；伸手过早或过晚，判断不准；传球手形不正确，大拇指朝前；传球时手腕手指过于放松；背传球用力不协调等。

四、正面双手垫球

垫球是接发球、接扣球和后排防守的主要技术动作，是防守反击的基础，如图 8-2 所示。垫球技术主要有：正面双手垫球、背向双手垫球、单手垫球、体侧双手垫球、跨步垫球、低姿垫球、前扑垫球、滚翻垫球、鱼跃垫球、侧倒垫球等。下面我们介绍最基本的正面双手垫球。

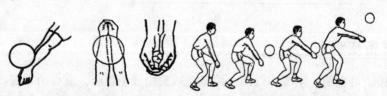

图 8-2 正面双手垫球

(1) 手形：双臂夹紧伸直，叠掌互握手，手掌自然放松；抬臂、提腰、蹬地动作协调，用前臂击球，使全身的重心向前移动。

(2) 击球部位：前臂前段。

(3) 用力：手臂插于球下，蹬地压腕抬臂击球。

五、正面下手发球和正面上手发球

1. 正面下手发球（如图 8-3 所示）

(1) 抛球：平托抛球。

(2) 击球部位：直臂掌根或手掌击球的后下部。

(3) 用力：蹬地、转体，以肩为轴，挥臂发力击球。

图 8－3　正面下手发球

2. 正面上手发球（如图 8－4 所示）

(1) 抛球：向右肩前上方抛球。

(2) 击球部位：半握拳、全掌或掌根击中球的下部。

(3) 用力：身体稍转，肩上引手臂，快速挥臂击球。

发球技巧
· 抛球稳；
· 击准球的中下部位；
· 全身协调用力。

图 8－4　正面上手发球

六、扣高球

1. 助跑起跳

(1) 步法：采用一步、两步、三步或多步法，助跑前在限制线处观察二传球，起跳前找好落点。

(2) 节奏：步幅由小到大，速度由慢到快，最后一步后脚及时并上，踏在前脚侧前方，制动身体，增加弹跳高度，同时避免前冲力过大而触网。

(3) 起跳：快速踏跳，加强摆臂以增加弹跳高度。

2. 空中击球

(1) 扣球手形与推裹动作：五指张开呈勺形，身体侧转，手臂上引。

(2) 击球：全掌击球后半部，击球保持最高点，手掌包满球，用推裹动作击出前旋球。

(3) 用力：鞭甩挥臂，促展腹腰，发力。

图 8－5 为扣球手形与推裹动作，图 8－6 为扣球完整动作。

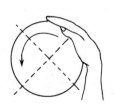

图 8－5　扣球手形与推裹动作

图 8-6 扣球完整动作

七、单人拦网技术

单人拦网技术如图 8-7 所示。

拦网手形　　　　单人拦网完整动作

图 8-7　单人拦网技术

（1）拦网前姿势：贴近球网，两臂侧上举，手指张开，双眼盯球。
（2）移动起跳：顺网移动，最后起跳前两脚尖尽量转向球网。
（3）空中动作：双手由胸前向网上方伸出，提肩压腕拦住来球路线。

注意：避免触网、脚过中线的犯规；避免起跳过早，否则身体下降时对方才扣球；避免拦网时低头或闭眼睛，不看扣球动作和球，盲目阻拦。

八、"中一二"进攻阵形

由前排 3 号位队员作二传，将球传给前排 2 号位和 4 号位队员扣球。这种战术阵形是进攻的基础阵形，如图 8-8 所示。

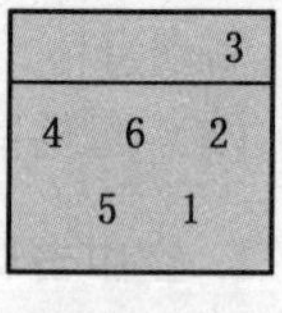

九、"边一二"进攻阵形

由前排 2 号位队员作二传，3 号位和 4 号位队员扣球的战术阵形，战术变化多于"中一二"，如图 8-9 所示。

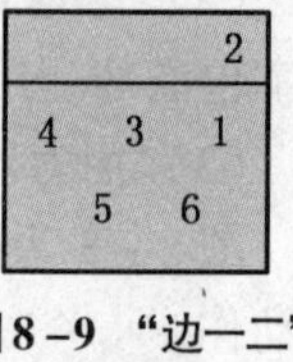

图 8-8 "中一二"进攻阵形

图 8-9 "边一二"进攻战术

十、五人接发球站位阵形

除站在网前的 1 名二传队员或由后排"插上"的二传不接发球外,其余 5 名队员都接发球的阵形。

1. "W"形站位

即前区三人、后区二人接发球的阵形站位,如图 8–10 所示。

2. "M"形站位

即前区二人、后区三人接发球的阵形站位,如图 8–11 所示。

3. "一"字形站位

即接发球队员的站位接近一排直线,如图 8–12 所示。

图 8–10　"W"形站位　　　图 8–11　"M"形站位　　　图 8–12　"一"字形站位

4. "边一二"阵形换成"中一二"阵形

发球出手后,二传队员换到 3 号位组成"中一二"进攻阵形。

5. "中一二"阵形换成"边一二"阵形

发球出手后,二传队员换到 2 号位组成"边一二"进攻阵形。

6. 接发球技巧与配合

(1) 注意力高度集中,对来球迅速做出正确的判断,及时移动取位对正来球。

(2) 接起来的球尽量送到二传队员的位置上。

(3) 站位时,以前排同伴为基准适当取位,不要前后重叠站位,遵循"远飘、轻飘分散站,平快、大力一条线"的规律取位。

(4) 接发球配合时,若接发球较好的队员接球范围可大一些,反之,范围小一些;后排队员接球范围可大一些,前排范围可小一些。

十一、二传手技术

1. 顺网二传

比赛时一传多来自后场,二传手需要改变一传方向,转一个角度进行传球,尽量保持正面传球,使球出手后顺网飞行。

2. 背传球

上体比正传时稍后仰，击球点后移到头上，手腕适当后仰，掌心向上，击球的下部，依靠蹬腿、展腹、抬臂、伸肘向后翻腕及手指手腕的弹力将球传向后上方。

3. 调整二传球

离网较远作二传球时，其动作与正面传球动作相同，但要加大传球时的力量。

十二、垫球

1. 侧垫球

侧垫时两臂夹紧于体侧，同侧臂要高，保持好反弹角度，用力时转腰收腹，双臂将球飞行路线截住。

应用时机：当来球速度较快、落点较低、来不及移动到正面垫球时采用侧垫。

2. 背垫球

快速移动到落点，背对垫球方向蹬地、抬头、挺胸、蹬腿、展腹、使身体呈反弓形，双臂夹紧向后上方摆臂，垫击球的后下部。

应用时机：背垫球在球飞行较远较高，无法运用其他垫球技术时采用。

十三、接发球技术

主要采用正面双手垫球技术。但在接大力发球时，不用抬臂用力，手臂相反还要稍向后撤缓冲来球。接好发球要有信心，避免互相抢球或让球，注意配合。

十四、接扣球技术

早判断快取位，下降重心，高球挡，低球垫；要有争抢险球的意识，不怕重球，防止重心后坐，根据对方扣球动作、特点和同伴拦网情况，预判取位。

十五、正面上手发飘球

与正面上手发球动作相似，击球是用掌根击球后中部，挥臂击球时突然制动，出球产生飘晃效果。如球不飘晃，原因是击球面积大或有手腕推压球的动作。

十六、扣近体快球和半高球

扣近体快球时的起跳时间和发飘球的击球部位与二传球同时出手，扣半高球比扣近体快球要晚，因为半高球的高度一般在 1～1.5 米。

注意：重点掌握好助跑起跳的时机，理解好人与球的关系。

十七、集体拦网

集体拦网应以 1 人为主，拦住直线，其他队员移动过来，拦住斜线。配合拦网时注意避免身体在空中冲撞，形成的拦网面不能留有大于球的缝隙。

十八、排球基本战术

1. 排球运动中的个人战术

（1）发球个人战术的运用。

主要有变换发球方法、力量，球的落点和飞行幅度；对方正处于进攻较弱的轮次时，应注意发球的稳定性；"找人"发球，发给连续失误、信心不足、情绪急躁或刚上场的队员等。

（2）扣球个人战术的运用。

避强打弱，避重就轻。从对方身体矮、弹跳力差或拦网能力差的队员的拦网区域进行突破。扣球落点尽量找人、找点，向防守技术差的队员或对方空当扣球。

（3）防守个人战术的运用。

集中注意力观察对方进攻的意图和本方拦网的情况，在接球前做出正确的判断，选择有利位置，当判断出对方要进行大力扣球而本方已布置好拦网时，重点防守未拦到的线路或防打手出界的球；而对方扣球变吊球时，则要快速前压防守。

2. "插上"进攻战术

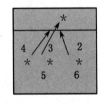

如图8-13所示，后排二传手分别从6位或5位充分利用球网全长，突破对方的防线，由后排担任二传手的队员插到前排传球，以保持前排三点进攻的战术。

图8-13 "插上"进攻战术

注意：发球时，二传必须在发出球后方可移动"插上"，否则要被判为越位犯规。同时，不要影响其他运动员接球，"插上"队员传球后，应立即对进攻队员进行保护，后撤防守。

3. 进攻战术的各种打法

（1）平快掩护。

2、4号位平拉开进攻、3号中间短平快进攻的战术形式，如图8-14（a）所示。

（2）交叉进攻。

两名队员用交叉跑动路线换位进攻的形式，扰乱对方盯人拦网的布置，如图8-14（b）所示。

（3）重叠进攻。

两名队员几乎在同一点上进行不同时间的进攻，成重叠之势，使拦网人难以判断真假，如图8-14（c）所示。

（4）"夹塞"进攻与"串平"进攻。

短平快掩护，另一进攻队员跑动"夹"在传球手与快攻手之间的进攻，称"夹塞"进攻。扣球队员在掩护队员的背后打平拉开快球的进攻，称为"串平"进攻。如图8-14（d）所示。

（5）双快一跑动进攻。

两名队员进行快球进攻，第三名队员进行大范围跑动进攻，如图8-14（e）所示。

(6) 前后排互相掩护的进攻。

也称立体进攻，优点是可以形成进攻队员人数上的优势，进攻点多，扩大进攻的纵深范围，如图 8-14（f）所示。

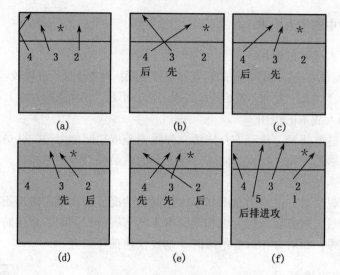

图 8-14 进攻战术的各种打法

4. 防守战术

（1）单人拦网防守战术。

这是最基础的防守配套形式，在水平高的比赛中也时常被采用。一般情况下，拦对方相应位置的攻手，邻近的队员则后撤防守，也可以由本队一名拦网好的队员专门拦网，不拦网的队员则后撤防守。

（2）双人拦网防守战术，如图 8-15 所示。

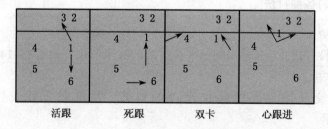

图 8-15 双人拦网防守战术

由前排 2 人拦网，其他队员组成防守阵形。

"边跟进"防守阵形：防守队员取位呈半圆，"边"上 1 号位的队员重点防守心和边的吊球。这种阵形有利于防对方的大力扣杀，其弱点是在于防吊球时，中心的空当太大，为此，便出现了"死跟"和"活跟"的变化。

活跟：1 号位队员根据判断来决定是"退守长线"还是"跟进防吊"。当前压跟进时，要求 6 号位队员及时补直线，4、5 号位队员积极策应，前排拦网则要拦住中区。

死跟：无论对方进攻是扣球还是吊球，1 号或 4 号位防守直线的队员皆固定跟进防吊球，6号位固定防守直线。这种阵形在对方吊球多、直线进攻少时运用较多。

双卡：当对手攻击力不强、吊球多时，可采取4号或1号位前排队员向内后撤，6号或5号位队员直线半跟，形成"双卡"防守阵形。

"心跟进"防守阵形：在本方拦网好，对方运用吊球多的情况下采用，除心跟进队员外，其他队员防守各自的位置。但因后场只有两人防守，后场中央和两腰容易形成空当，如对方进攻多变，突破点多时，则不宜采用这种防守阵形。

第三节　排球运动评价与竞赛规则

一、对技战术的自我评价

评价自己了解排球运动的程度主要从掌握排球的基本技术、基础战术配合和对规则的理解程度来衡量，为达到大众健身的目的，一般情况下，达到表8-1的基本要求，就能基本满足排球健身和参加大众排球比赛的需要。

表8-1　排球技战术自我评价表

序号	位置和技战术基本要求	易犯错误
1	二传手 掌握正面或背面传出4号位或2号位高球、3号位快球和半高球的技术 作为枢纽，具备指挥、沟通和组织能力	判断不好，移动不及时，传出球效果不佳 缺乏沟通
2	扣球手 掌握扣4号位或2号位高球、3号位快球和半高球的技术 熟悉二传手的传球特点、基本战术的跑动路线和时机	起跳时机不好，击球手法不对 缺乏沟通，路线和时机不对
3	防守技术 具有接好普通发球、防守一般力量的扣球和吊球的能力 具有顽强的作风、不畏重扣，有强烈的防守起球欲望 掌握一般的扣球落点规律和防守位置分工	判断不好，移动不及时，不会控制不同性能的球 畏惧、精神不佳 不知道分工和配合，不会及时接应，只有二传手接应
4	拦网技术 正确判断进攻点，拦网手上动作正确，手未伸到对方空间拦网 配合好，形成严密拦网面积	被晃开 有漏空，相互冲撞
5	战术配合 熟悉跑动路线和时机 明确分工	信息沟通不畅，各自为战 跑动相互影响 分工不明确

二、欣赏排球比赛

1. 如何欣赏排球比赛

我们在观看排球比赛时,不难发现,排球比赛最显著的特点就是球队严密的整体性和运动员技术动作的高度技巧性,欣赏排球比赛只要抓住这样的特点,就能很好地理解排球、看懂排球。从整体性上主要是观察运动员在比赛中的各个环节是否配合默契,如进攻中通过二传的组织和攻手的跑动来完成进攻,精彩时,常常出现巧妙的配合和二传隐蔽的组织,把对手拦网晃开,形成扣空网或自由单人拦网的局面,在对手还来不及进行补拦时,紧跟着迅速扣杀,当我们看到这样的扣球效果时,不要忘了,前面一连串的环节都不能出问题,即接发球或防守起球、二传、跑动路线和时机、扣球、保护等。因此,我们也常常会看到这样的现象,有时二传球没有配合进攻队员进行扣球,看着球落地,其实这是二传手对攻手的布置不清楚,与进攻队员的意图或联系不一致造成的。由此也可以看出球队的整体水平。

2. 排球比赛规则

(1) 发球规则。

必须在发球区内,将球抛起后,用一只手臂将球击出,运动员不得踏出发球区,在8秒内将球发出,发出的球也必须由标志杆组成的网上过网区进入对方场地。

(2) 四次击球犯规。

一个队连续触球4次(拦网除外)为四次击球犯规。

(3) 持球和连击犯规。

没有将球击出,使球停滞,为持球犯规。同一人连续击球为连击犯规,但拦网时的连续触球以及全队第一次击球时同一动作击球产生的球连续触及身体部位除外。

(4) 过网击球犯规。

在对方空间触击球为过网击球犯规,但拦网在对方进攻性击球后触球除外。

(5) 过中线犯规。

比赛进行中队员整只脚、手掌以及身体的其他任何部位越过中线接触对方场区,为过中线犯规。

(6) 触网犯规。

比赛进行中,队员触及9米以内的球网、标志杆和标志带为触网犯规。但队员未试图进行击球而轻微触网和被动触网除外。

(7) 拦网犯规。

① 从标志杆外进行拦网并触球;

② 当对方队员击球前或击球时,在对方场区空间内触球或妨碍对方击球;

③ 后排队员参加拦网并起到拦网作用,球触及到前排队员。

(8) 进攻性击球犯规。

① 后排进攻犯规:后排队员在3米限制区内或踏及进攻线及其延长线,将整体高于球网的球击入对方场区。

② 过网击球犯规：在对方场区空间内击球。

③ 击发球犯规：在3米限制区内对发来的整体高于球网的球进攻性击球（如扣发球等）为犯规。

④ 自由人进攻性击球犯规：在3米限制区内用上手传球方式进行二传球，进攻队员将此高于球网的二传球击入对方场区，或自由人在3米线后的场区内将高于球网的球击入对方场区，均为自由人进攻性击球犯规。

第四节 沙滩排球简介

沙滩排球，即在海边沙滩上进行的排球运动，最初它是人们在海滩度假休闲时进行的一项体育娱乐活动，深受人们的喜爱。经过几十年的发展，沙滩排球已在世界各地的海滩上推广流行，参加者愈来愈多，水平也愈来愈高，许多沙滩排球爱好者成了高水平的排球运动员。沙滩排球运动已演变成一项新的竞技体育运动，以其精彩纷呈、引人入胜的特殊魅力吸引着成千上万的观众，在灿烂的阳光和清爽的空气中，人与大自然融为一体，体现了这项新兴竞技体育运动的价值。在国际排球界的共同努力下，1993年9月18日在国际奥林匹克委员会第101次会议上，沙滩排球项目正式被批准进入奥运会比赛。沙滩排球同时也走进了城市，人造沙滩使人们不出城市就可以观看和参加这项运动。我国1988年首次派出男队参加日本沙滩排球国际邀请赛，1989年我国在北戴河首次举办沙滩排球比赛，之后，陆续举办了全运会比赛、全国和国际沙滩排球巡回赛。

一、沙滩排球的比赛方法

1. 场地器材简介

比赛场地长16米，宽8米，要求边线和端线外至少有5米的无障碍区，比赛场地上空的无障碍空间至少高12.5米；地面由至少40厘米深的松软细沙组成，比赛间隙由专人平整沙地；场地界线宽度为5~8厘米，由与沙滩颜色不同的抗拉力材料的带子构成；没有中线和进攻线；沙滩排球的网要求上、下沿的全长都缝有5~8厘米的深蓝色或其他鲜明颜色的帆布带；比赛用球的内压比室内排球小得多，为0.169~0.218标准大气压（0.175~0.225千克/厘米^2）；球网高度与室内排球一样。

2. 比赛方法简介

（1）参赛人数。
国际排联组织的正式比赛，采用两人制。除裁判员特许外，队员必须赤脚。

（2）比赛方式。
三局两胜制，比赛最多进行三局，胜两局的队为胜队。采用发球得分制，前两局当一个队先赢得21分时，即取得了这局比赛的胜利；当20∶20时，比赛要进行到某队领先2分时止，如32∶30。第三局即决胜局，一个队必须赢得15分，同时超过对方2分才能获胜，当比分为14∶14时，比赛继续进行直至某队领先2分为止。

二、沙滩排球规则

1. 人数

每队的两名队员必须始终在场上,不能换人,可随意站位,无位置错误,但有发球次序错误。

2. 击球

每队最多可击球三次,拦网触球计为一次击球。

3. 传球进攻

队员用手传球完成进攻性击球时,其传球动作轨迹必须与双肩连线垂直,不垂直即犯规,但传给同伴除外。

4. 进攻犯规

队员不得用手指吊球动作来完成进攻性击球。

5. 持球

双方队员在网上同时触球,球有长时间停留,不判持球。

6. 进入场区

在不妨碍对方比赛的情况下,允许队员进入对方空间、场区和无障碍区。

7. 队员

在本场区可以对任何高度的球进行进攻性击球。

8. 暂停

前2局双方比分合计达21分时,比赛进入技术暂停,每局比赛每队可请求1次暂停,每次暂停时间为30秒。

9. 交换场区

前2局双方每积7分或7的倍数、第三局双方每积5分或5的倍数时要交换场区。

10. 负伤

比赛中队员负伤,整场比赛中可给予5分钟的恢复时间。如5分钟内不能恢复,则宣布该队阵容不完整。

11. 触线

发球队员触动沙子而造成界线移动不算犯规。

第九章 足球运动

第一节 认知足球运动

一、古代足球运动

1. 我国古代足球运动

足球为球类运动的鼻祖,起源于中国。1985年7月26日,时任国际足联主席的阿维兰热在北京举办的首届柯达杯16岁以下国际足联世界少年足球锦标赛开幕式讲话时说:"足球起源于中国。"2004年7月17日,时任国际足联主席的布拉特在中国承办的第13届亚洲杯开幕式上宣布:"中国山东淄博是足球运动的发源地。"

据有关史料记载,公元前475—前221年的战国时代,我国就有了古代足球运动。其他一些球类项目,多数在19世纪末期以后才相继出现,如篮球为1891年起源于美国,排球为1895年起源于美国,乒乓球为19世纪末期出现在英国,羽毛球于19世纪中叶始于英格兰。由此可见,仅就起源这一点,足球也称得上"世界第一运动",是球类运动的"王中之王"了。

2. 世界古代足球运动

足球运动是一项古老的体育运动,世界上很多民族都有过用脚玩球进行身体运动的历史,都属于足球游戏的范畴。

在古希腊和古罗马曾流行一种叫"哈巴斯托姆"的足球游戏,这种比赛分上、下半时,双方的目的是要把球带过对方的底线。

在法国也有同"哈巴斯托姆"比赛方式一致的足球游戏,只是场地非常大,甚至把临近两个村的教堂或公共建筑物作为场地的两条底线。

中世纪的欧洲,在骑士体育中流行着一种叫"苏里"的足球游戏。在欧洲文艺复兴时期的各种游戏项目中,足球的发展最为突出。

公元1066年后,"哈巴斯托姆"这种足球游戏传入英国,到了12世纪,足球运动开始盛行。但是当时既无规则又无场地,成群结队的人常常在街道上,甚至在闹市区用脚或手任意踢球、掷球。这种比赛粗暴、混乱,严重影响了社会公共秩序,因此遭到当时君主们的反对。1348年，英国国王爱德华三世颁布禁令："凡在伦敦城市居住的男子，在节假日不能踢球，城内禁止踢足球，违者将受到监禁处罚。"1369年6月12日又颁布了一条禁令："人们在节日可以骑射，但不能踢球。"尽管如此，足球活动仍屡禁不止，继续发展，并在1490年正式定名为足球。

1681年查理二世接受伦敦居民和教会头目的建议，废除禁令，允许人们踢足球。到了19世纪，英国不少大学足球活动盛行。1846年剑桥大学为了适应本国各学校比赛的需要，综合制定了一个简单的比赛规则，并得到多数球队的认可，当时称为"剑桥大学规则"。到了19世纪中期，随着英国工业革命的不断发展、人民生活水平的提高，足球不仅在学校得到了很快的发展，而且社会上也有更多人加入足球运动之中。

二、现代足球运动

1. 现代足球运动的诞生

1863年10月26日，英国11个足球俱乐部的代表在伦敦举行会议，成立了第一个足球运动组织——英格兰足球协会。因此，国际上都把1863年10月26日作为现代足球运动的诞生日，并且认为现代足球运动起源于英格兰。会上修改了"剑桥大学规则"，制定了全国统一的比赛规则，这是现代世界足球史上第一部较为统一的足球比赛规则。尽管这部规则只有14条，但它奠定了现代足球比赛规则的基础。其中具有重大历史意义的规定是，足球比赛只能用脚踢，而不得用手触球，由此把可以用手抱球的运动从足球中分化出去，成为后来的橄榄球运动。为了与之区别，把足球运动称为"协会足球"，当时在英国的学校里称为"英式足球"，现今国际上也通称"英式足球"。该足球比赛规则的制定对现代足球运动的发展起到了十分积极的作用。

2. 现代足球运动的传播与发展

足球竞赛规则的改变，不断推动着足球技术的发展。

例如越位规则的产生在足球史上起到了很大的作用，特别是1925年6月13日国际足联对1875年以来实行的足球竞赛规则中的越位规则进行了修改，把原来无球进攻队员与对方球门之间少于3名对方队员为越位，改为少于2名对方队员为越位。这一新的越位规则对足球技术、战术和发展起到了极其重要的作用，使防守的难度增加，并促使足球比赛向攻守平衡的方向发展。

在足球运动发展过程中由于历史、文化等多种因素的共同作用，产生了不同的流派。目前各种流派之间互相学习，取长补短，差异逐渐缩小，但仍保留了各自的鲜明特点。

纵观足球的产生和发展历程，足球表现出强大的生命力，已成为世界体育运动的重要组成部分。

三、其他形式的足球运动

1. 5人制足球

5人制足球赛作为成熟的比赛赛制已有20多年历史，是国际足联大力推广的足球运动项目,同时也是国际足联办的一项世界性赛事。自1989年开始每两年举行一次,目前已举办过八届,参赛国家越来越多,影响也越来越大。

5人制足球比赛一般在室内举行,场地长38~42米,宽18~22米,比赛时间为两个20分钟的半场,中场休息10分钟,双方各5名队员上场。5人制足球赛限制直接冲撞身体,禁止铲球,没有越位限制,没有换人数量限制,换下场的队员还可以再上场,守门员也可以当前锋,因而赛事具有每场进球多、攻防转换速度快、小巧灵活等特点。赛场空间变小,所以要求球员在场上反应能力、控制能力和配合意识较强,对门前抢点、射门脚法、盘带技术要求高。赛事的娱乐性、观赏性、时尚性强,比赛自由度大,进球数量多,受天气等条件制约少,好玩、有趣,深受青少年群体的喜爱。

2. 7人制足球运动

与11人制足球赛相比,7人制足球赛的比赛场地小,一般是标准场地的二分之一。比赛时间短,一般为60分钟,分上下两个半场进行。7人制足球比赛具有攻守转换快、队员接触球次数多的特点,利于培养快速、灵活完成动作的能力和随机应变能力,易于在青少年中开展,同时也适合各种年龄层次的人参加,具有群众性。

7人制足球比赛上场队员每队7人,其中1人为守门员,球门宽5.5米,高2.2米。规则同11人制足球竞赛规则相当。

足球比赛以脚为主,除手和臂以外的身体其他部位也可支配球,但守门员和掷界外球除外。正规的足球比赛有4名裁判员,互相协作配合、共同组织、控制足球比赛的进程,其中一人为裁判员、两人为助理裁判员、一人为第四官员。他们依据足球竞赛规则使足球比赛公平进行。

四、足球运动的特点与价值

1. 足球运动的特点

(1) 设备简单、规则简明、易于开展。

足球比赛只需要一块场地、球门、球门网等简单设备即可进行。足球活动可以不受时间、人数、器材等限制,只要有一块场地和一个足球,即可进行健身活动。参加人数的多少可根据场地大小来决定,球门可用其他物品代替。足球比赛的基本常识容易掌握,一年四季都能开展。

(2) 对抗激烈、观赏性强。

高水平足球比赛紧张、激烈、精彩,胜负难以预料,故而引人入胜。每逢世界杯足球比赛,上至国家元首,下至普通百姓都会被精彩的比赛吸引。比赛中观众的情绪随着比赛的进行而发生变化,裁判的判定和运动员的行为都会对观众的心理造成强烈的刺激。

(3) 具有丰富的文化内涵。

足球运动具有丰富的文化内涵,是一种满足人们生理、心理需要,表现人们行为举止、思想感情、民族特性的身体文化运动。如巴西、法国、意大利、德国、英国、阿根廷等,他们的运动员在比赛中都表现出个性鲜明的技术、战术风格。而风格的形成则是本民族的文化、地域、身体条件、心理、主观等因素的综合作用，民族文化是其中的主要因素。

（4）具有诱人的经济效益。

足球运动发展至今已高度国际化、职业化、商业化，其中蕴含着十分诱人的经济效益。在意大利，足球是国家经济中的十大支柱产业之一，被称为无烟工业。足球产业具有高投入、高产出的特点。优秀运动员的转会费高达几千万美元，经营状况好的职业俱乐部每年的赢利也十分丰厚。一个足球职业俱乐部的足球产业开发是其生存的经济基础。目前我国足球职业化刚刚起步，足球产业的开发大有可为、前途无量。

2. 足球运动的价值

（1）增强体质，提高人体健康水平。

足球运动要通过各种形式的有球和无球活动，如运、踢、接、奔跑、急停、转身、冲撞等身体运动，有效地提高人体的速度、力量、耐力、灵敏等身体素质，提高人体神经系统、心血管系统、呼吸系统、内脏器官系统及肌肉等运动系统的功能。另外，足球运动主要在室外自然环境中进行，充分利用自然环境，能达到增强体质，提高人体健康水平的目的。

（2）改善心理素质，培养良好的道德品质。

足球运动由于双方的激烈对抗，场上攻守频繁交换，对运动员的感知力、观察力、想象力、思维能力和创造能力都有较高要求。经常参加足球运动和比赛，能改善人的心理素质，还能培养勇敢顽强、团结协作、敢于竞争、坚韧不拔的意志品质。

（3）宣传教育、振奋精神，丰富业余文化生活。

足球比赛是很好的宣传教育形式，也是进行文明建设的重要手段。重大赛事和精彩的足球比赛能引起广大球迷和爱好者的关注，观看精彩的足球比赛也是一种生活和艺术享受。茶余饭后谈论足球，已成为人们生活中不可缺少的部分。国际足球比赛的胜利能振奋精神，激发人们的爱国主义精神，提高民族自豪感。足球还是友谊的使者，能扩大国家、地区、民族、人际的交往。

（4）发展经济，创造财富。

足球是世界上影响最大的体育运动项目之一，因此具有较高的商业价值。利用足球运动的影响力和魅力，大力发展足球产业，为发展足球运动提供了强有力的经济保证。足球运动的广泛开展可以促进运动器材、饮食、服装、旅游等行业的发展，提供更多的就业机会，促进国民经济的发展，为社会创造财富。

第二节　足球基本技术

一、无球技术

足球运动员在比赛中的无球跑动占全场比赛的绝大多数时间。无球跑动中所涉及的动作，可大致归为跑、跳、停、起动、晃动和转身。无球技术对比赛极为重要，尤其是无球技术的质量，对运动员的技术水平具有决定性作用。其实，运动员能轻松地摆脱对手，能牢牢盯防进攻队员，都与他们出色的起动、转身等无球技术的质量密切相关，代表人物如图 9-1、图 9-2 所示。

图 9-1 "球王"贝利和"足球皇帝"贝肯鲍尔

图 9-2 "足球先生"马拉多纳

二、传球

传球是队员之间联系的主要方式，在球队保持控球权时，传球技巧运用得最为频繁。传球的三个要素为：助跑、触球和跟随动作。

1. 脚内侧推传球

脚内侧推传球是传出准确的短距离地面球的最可靠技术。支撑脚应置于球的一侧，脚尖指向传球方向，支撑脚距球约 15 厘米，应保证踢球腿的自由摆动。踢球脚在触球时，脚应外转并使脚内侧以正确角度对准传球方向。触球时，头部要稳定，眼睛要看着球。完成触球动作后，球已滚向同伴或目标，若踢球腿的跟随动作与传球方向一致，可保证传球的准确性。所以，触球后要有跟随动作，踢球腿的随摆与传球方向一致，如图 9-3 所示。

图 9-3 脚内侧推传球

2. 脚内侧传弧线球

支撑脚的选位在球的侧方稍后一点，脚尖指向前方。若是右脚踢球，踢球腿应自左向右摆动。触球时，以第一足趾关节部位即踢球脚内侧的前部击球的右中部，使球自右向左旋转。若是传空中弧线球，触球点在球的中部偏下。击球点若在球的中部，球则会低平飞行。传弧线球后腿的跟随动作与传球方向一致，如图 9-4 所示。

图 9-4　脚内侧传弧线球

3. 脚外侧传弧线球

该技术与脚内侧传弧线球相似，不同点在于击球点和脚触球的部位。助跑方向为直线，这可保证踢球腿的外摆。支撑脚位于球的侧方稍后，脚尖所指方向与助跑方向相同。触球时，仍以右脚踢球为例，踢球腿自右向左摆动，以脚外侧击球的右中部，可传出自左向右旋转的弧线球。触球后踢球腿跟随动作是继续向外上方摆动，如图 9-5 所示。

图 9-5　脚外侧传弧线球

4. 脚外侧敲传

在对手防守压力大且人员密集的情况下，脚外侧敲传是极为有效的技术。其与脚外侧传弧线球技术不同之处在于踢球腿的摆动幅度小，几乎是仅靠关节向外的加速抖动来完成的，可以说只是脚的敲击过程。所以该技术极具隐蔽性，可在自然跑动中传球。若要传低球，触球时，应使击球作用力通过球的水平中线。该技术因传球力量难以施加，只宜做短传，如图 9-6 所示。

图 9-6　脚外侧敲传

5. 脚背传球

触球前的最后一步要加大幅度，为的是进一步增加摆幅。支撑脚的位置与球平行，离球 10 厘米左右。触球时，踝部应紧张且脚尖指向地面，这样可保证击准球的后中部并使球低平飞行。若脚尖不指向地面，一是容易造成脚尖捅球，再就是触球点在球的中部与底部之间，球会飞离地面。击球后，踢球腿应随击球方向前摆，这样的跟随动作可增加传球的准确性，如图 9-7 所示。

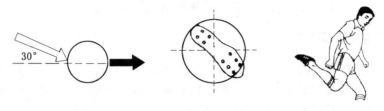

图 9-7　脚背传球

6. 脚背大力高吊球

该技术最宜用于长距离传球，助跑仍是斜线方向，但角度可大可小。支撑脚的选位一定要在球的侧后方，触球时要使踢球脚的踝关节伸展并保持紧张，脚尖外指，击球作用力要通过球的垂直中线，触球的部位在球的中部与底部之间。要想传高球，击球点必须在球的水平中线以下，越接近底部，传出的球后旋越大且球速慢，但球会陡然升起。踢球腿在触球后要随出球方向继续上摆，如图 9-8 所示。

图 9-8　脚背大力高吊球

7. 搓传

搓传时的助跑角度较小，支撑脚的位置比其他传球技术更靠近球，不足 10 厘米，如图 9-9 所示。踢球脚的触球部位是更接近脚尖的脚背部分，踢球腿应有向下的插入动作，为了能使球产生后旋，踢球脚要搓踢球的底部。触球后，踢球脚立刻制动，几乎没有踢球腿的跟随动作。若要做较长距离的搓传，击球后，可把踢球腿的膝部迅速向胸部提起。

图 9-9　搓传

三、接控球

接控球技术是一名队员和全队掌握控球权的基础，也是继续组织进攻的前提。高水平的球员在接球技巧方面应具备的能力为：能接控来自不同角度和不同速度的球；能在一名或多名对手的压力下完成接控球动作；能快速决定接球部位、控球位置和控球后的行动；既能看到场上变化，又能注意到球。

1. 尽快移动身体至球的运行路线上

准确预见来球速度和路线对选择接控时机是非常关键的。在初期应首先从预测和接控地面球开始练习。练习开始时，可以先传正面球，然后向队员的两侧传球，迫使他移动到球的运行路线上；技术熟练之后，可向队员两侧稍远的地方传球。

2. 迅速选定接控部位

应尽早选定接控球部位：若是地面球，脚肯定是必然选择；若来球正对胸部，这种选择也不难做出。如果面对下落球，在大腿、脚和胸部都可成为接控球部位的情况下，初学者就会感到有难度。有时大腿可能是适宜选择，但却把脚提高去接控，这对下一动作的连接没有帮助。

3. 触球

接控球有两种方式：一种是切压式，以这种方式接控球时，是在接控部位与地面之间挤压球，如脚底控球。另外，也可以用胸部把球压向地面。另一种接控球方式是缓冲式，触球部位在受到撞击的瞬间应回收，以此来缓冲来球力量。

脚、大腿和胸部是接控球时常用的身体部位。用脚接控时，以队员的下一动作来选定不同的部位。

（1）脚内侧接控。

该部位触球面积大且运用最为频繁。但因脚内侧接球时脚必须外转，使得队员在跑动中运用时会形成不正常的跑姿、跑速，如图 9-10（1）所示。

（2）脚外侧接控。

脚外侧接球在连接传球或射门动作时具有良好的效果，尤其适于接球变向，所以应鼓励队员使用该部位。接控时脚应内转，把球挤压至身体外侧，如图 9-10（2）所示。

（3）脚背接控。

该技术特别适于接控垂直下落球。以正脚背或鞋带部位提起至球下，当球接近时，脚和腿下撤，触球的瞬间踝关节要放松，如图 9-10（3）所示。

（4）脚底接控。

在接控身前的高球和反弹球时常用该技术。脚底与地面之间形成楔形，脚底触球的后上部，使球同时接触脚底和地面，如图 9-10（4）所示。

图 9-10　触球

(5) 大腿部接控球。

大腿中部触球前应屈膝迎球，触球时再下撤并伸直腿，使球弹落在脚前，如图9-11所示。

图9-11 大腿部接控球

(6) 胸部接控球。

胸部的控球面积大，且较有弹性，对球的缓冲作用较好。当球触胸时，胸部应立即回收以缓冲来球力量，使球落至身前，以便迅速连接下一动作，如图9-12所示。

图9-12 胸部接控球

4. 跟随动作

接控球只是连接下一动作的手段，因此在控球后应迅速连接射门、传球和运球动作。

5. 头部应稳定

在整个接控球动作的过程中，头部应保持稳定，头部稳定是决定接控效果的关键。

6. 心理放松

这是顺利完成接控动作的前提条件，紧张会导致行动笨拙和思维混乱。

四、射门

保证准确射门的重要因素是迅速反应并调整好身体位置。

1. 支撑脚

当射滚远球时，支撑脚的选位应略靠前，这样在踢球脚触球时，球与支撑脚刚好处于平行位置，如图9-13（1）所示。射滚近球与滚远球恰恰相反，支撑脚应稍靠球后，使踢球脚触球时，球刚好滚至与支撑脚平行的位置，如图9-13（2）所示。射侧向来球时,支撑脚的选位与球平行,但离球应稍远一些,踢球腿摆动击球时,支撑脚距球的距离适宜,如图9-13(3)所示。无论射哪种球,支撑脚的脚尖一定要指向击球方向。

图9-13 支撑脚

2. 触球

射门队员应清楚,准确比力量更为重要,有时你只需要把球"传入球门"。触球瞬间,踢球脚的踝部紧张,脚尖指向地面,击球作用力要通过球的中部。此外,头应保持稳定,膝部垂直于球的上方,两臂置于体侧以维持身体平衡。在射门后,踢球腿应继续朝球门的方向摆动。

3. 正面凌空射门

由于是正面射门,助跑肯定是从球的后面,支撑脚可以置于球的后方,这会保证踢球腿有足够的摆动空间。支撑脚可以前脚掌着地,以使踢球腿的膝部尽可能在球的上方时以脚击球。触球时踝部应紧张,脚尖朝下,击球作用力通过球的中上部,否则球会射高。为加大击球力量并确保触球部位准确,可等球下落至接近地面时击球,若防守队员就在附近,射门队员就得在球处于腰部高度时起脚射门,如图9-14(1)所示。射门后踢球腿应继续朝球门方向摆动,头在射门过程中都要保持稳定,眼睛应看着球,如图9-14(2)所示。

4. 侧面凌空射门

侧面凌空射门可能是射门技巧中最难的一种。身体位于球的一侧,远离球的一侧肩部下压从而保证踢球腿的侧向摆动,击球的中上部,支撑脚的脚尖要指向球门,射门时身体以支撑脚为轴转动,如图9-14(3)所示。

图9-14 正面凌空射门和侧面凌空射门

五、运球

1. 运球的三个环节

（1）助跑。

在安全控球的前提下，径直逼近对手，这样才能使防守队员没有调整选位的时间。运球速度应适宜：速度太慢会让防守者稳步向前，变主动为被动；速度太快则会影响对球的控制，不利于突然变向。此外，目光应兼顾球与对手。

（2）变向。

变向距离应稍远于防守队员的控制范围。变向时机要适宜，太早或太晚都无法突破对手。可以利用球、身体和眼神的移动迫使对方移动从而失去平衡，控球队员应全心留意防守者的重心变化，一旦防守队员移动，应不失时机地变向突破对手，有时必须把球和身体的移动结合起来，才能达到诱使对手失去平衡的目的。因此高水平的防守队员总把注意力放在球上，只有球才会对球门构成威胁。

（3）变速。

变向后即刻变速，因为若不利用防守队员失去平衡的瞬间加速突破，对手会有时间重新调整选位，再次进行争抢。突破路线应由防守者的选位决定，若有可能，应直对球门，因为若是其他方向，被突破的对手将有机会朝球和球门之间的地区回撤。如果突破对手后，前方有可利用的开阔空间，控球队员应加速向前推进。

2. 运球突破动作

足球运动中有许多运球突破对手的动作，但从训练时间和运球特征的角度无法全部讲述，这里只讲三种应掌握的技术。

（1）马修斯式。

这是以英格兰著名前锋队员斯坦利·马修斯名字命名的假动作。以右脚内侧把球向左侧推拨做出突破左侧的假象，身体也要向左侧倾斜，当对手失去重心时，右脚迅速移至球的左后方，用右脚外侧迅速把球向右侧推拨，然后加速超越对手，如图9-15所示。

图9-15 马修斯式

（2）剪式。

把球拨至身体右前方，假装用右脚外侧传球，却从球的上方迈过，用左脚外侧向另一侧拨球，加速超越对手，如图9-16所示。

（3）两次触球式。

假装以右脚内侧向右侧传球，上体应面对传球方向；以右脚侧拉球至左侧；用右脚内侧把球加速，领先并超越对手，如图9-17所示。

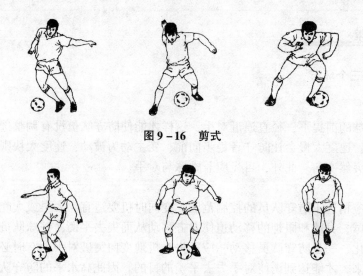

图 9-16　剪式

图 9-17　两次触球式

六、头顶球

进攻时，头顶球技术用于传球或攻门，要求具有准确性；但在防守时，头顶球要有力量，这样才能把球从危险区域解围出去。头顶球技术分为地面顶球和跳起顶球两种。

1. 地面顶球

地面顶球有跑动中顶球和原地顶球两种方式，无论哪一种，保持身体平衡都是很重要的。击球的力量来自腿的蹬地、髋部和颈部的摆动，如图 9-18（1）所示。击球时应用前额部位触球，头要加速前摆。击球后，头和身体随出球方向前移，以保证准确性，如图 9-18（2）所示。

2. 跳起顶球

每名队员都应尽可能地抢最高点击球。一般来说，单脚起跳跳得高，在跑动中起跳也更迅捷，但需要有一定的空间，而双脚起跳在静位即可，如图 9-18（3）所示。击球时，同样以前额部位触球，眼睛要注视球，击球后上体前倾，头伸向出球方向，如图 9-18（4）所示。

图 9-18　地面顶球和跳起顶球

注意，队员跳起后的最高点，处于向上和下落的交界时，有一个静态的瞬间，这是头顶球的最佳时机。

七、抢截球

1. 正面抢球

为增大抢球接触面积，应用脚内侧阻抢。支撑脚立于球的一侧，双膝微屈以降低重心，维持身体平衡，有利于抢球，并可以缓冲抢球时的冲击力。应在对手运球脚触球后即将着地或刚着地时实施抢截，抢球动作的作用力要通过球的中心，触球时上体应前倾且腿部用力。若球夹在双方的两脚之间，可顺势把球提拉过对方的脚面，或是把球拨向一侧。正面抢球是比赛中运用最为频繁的抢球技术，如图 9-19 所示。

图 9-19 正面抢球

2. 侧面抢球

侧面抢球技术是与运球对手并肩跑动或从后面追平对手时采用的抢球方法。在抢球前应尽可能地靠近球并设法使支撑脚立于球的前方，然后以支撑脚为轴转动身体，用抢球脚的脚内侧封阻球。还可以利用合理冲撞的办法实施侧面抢球，在对手失去平衡时乘机夺球，如图 9-20 所示。

图 9-20 侧面抢球

3. 铲球

铲球技术多用于对手已突破防线而防守队员又无法回到正面抢球位置的时候。关键因素是适时倒地，倒地会影响后续动作和防守，并使本方即刻失去一名有用的队员。因此，应首先以脚底、脚背或脚内侧把球铲掉，如图 9-21 所示。

图 9-21 铲球

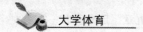

第三节 足球基本战术

一、进攻战术

1. 宽度

比赛中一旦本方获得控球权，就应充分利用比赛场地的所有空间向对方发动进攻。无球队员要尽量利用场地的宽度，积极跑动，最大限度地瓦解防守队员在左右方向上的联系，为本方插入队员创造更好的可利用的防守空当。

2. 深度

进攻队员在充分利用场地宽度的同时，又要充分利用场地的纵深距离，有意识地在不同方位上形成不同距离的纵深梯次，使对方防守队员前后之间的联系处于无序和散乱状态。进攻队员要积极向对方防守队员身后的空当区域进行穿插与突破，防守队员身后球门前的空当是进攻队员首先要争取利用的区域。

3. 灵活

在进攻时的战术配合中，运动员要在赛前制定的全队战术打法的总体规划基础上，根据比赛中的实际情况，灵活机动地改变和调整战术行动的实施方案，随机应变。

4. 渗透

队员进攻时，要充分利用比赛场地，不断地通过传球、运球和无球队员的积极跑位等各种有效技术手段向对方球门逼近，并层层渗透。进攻队员要观察敏锐，反应迅速，向对方防守队员身后的防守漏洞穿插、渗透、传球或运球突破，以争取迅速接近对方球门并射门得分。

二、防守战术

1. 延缓

快速防守、延缓对方的进攻速度是防守成功的重要因素。当本方失去控球权的瞬间，每一个队员都要意识到不能让对手发动快攻。此时离球最近的队员要以最快最有效的方法封堵对方控球队员向前传球或运球发动进攻的路线，争取让本队的其他队员有时间回防到位，形成稳固的防守体系。

2. 纵深

快速回防到位、迅速构成纵深层次防守体系是防守成功的重要条件。当队员封堵对方控球队员的传球或运球路线时，其他无球的防守队员要快速地盯防自己身边有可能接球的对手，迅速回到自己的防守位置上，将防守区域内的对手纳入自己的防守范围之内，并迅速与其他同伴建立起完整的防守体系。

3. 平衡

加强保护、争取防守力量平衡和局部优势是防守成功的基础。当对方控球继续向本方球门区域进攻时，防守队员要向中路收缩，缩小防守队员之间的防守距离，压缩身后的防守空当，争取在局部防守中获得防守力量的优势。这样可以大大提高防守队员间相互支援的有效性，特别是对防守队员身后空当补位的及时性和有效性。

4. 控制

紧盯控制、阻止对方射门是防守成功的最终体现。当对方攻到本方球门前的射门有效区域内时，得球队员随时可能起脚射门。本方防守队员首先要对控球队员严密控制，封堵控球队员的射门角度，阻止其起脚射门；其次要对有可能接球的队员进行紧逼盯人，限制其活动的自由，更不让其接球射门。对于在球门区附近出现的射门机会，都要尽最大的努力阻止。

5. 守中寓攻

积极防守是进攻的前奏，因此在防守时要有重新得球发动进攻的充分思想准备。防守过程中，守队的前锋队员要有意识地占据能够为本方抢球成功后发动快攻的位置，从而对攻方的后卫线构成潜在的威胁，使得攻方后卫队员有明显的后顾之忧，达到为本方后防线减轻防守压力的目的。

三、定位球

1. 直接任意球进攻

直接任意球是可以直接射门得分的罚球。罚球时，应由两名罚球队员站于罚球位置上，这样可以使对手无法确定哪一位是主罚队员。在罚球区中路附近的直接任意球射门方式一般有劲射、弧线球射门、快速射门和战术配合射门。

2. 间接任意球进攻

间接任意球是主罚队员不能直接踢球射入对方球门的任意球。方法有：快速一拨即射；空中抢点射门及空中掩护射门；声东击西，攻其不备。

3. 角球进攻

角球进攻有两个有利条件：一是罚角球可以直接射门得分，二是进攻队员直接接得角球，没有越位犯规。角球的进攻方法一般有以下几种：直接踢弧线球射门；将球直接踢向威胁区域；中短距离配合战术角球。

4. 掷界外球进攻

掷界外球进攻时应当考虑以下几个方面：尽快将球掷出，发动快速进攻；掷给无人防

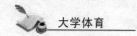

守的同伴;向前掷球;掷出的球应当便于接球员接控;若掷球队员示意接球者用头顶回,则应掷胸部高度的球,从而保证球被传至掷球队员脚下;接球的队员要为掷球队员创造足够的空间。

5. 防守直接任意球

由于直接任意球可以直接射门得分,因此,防守直接任意球的首要任务是防止对手直接射门。比赛中常常采取布置防守人墙的方法来封堵对手射门的有效角度和面积。在布置防守人墙时应明确以下几个问题:由谁来组织布置防守人墙;由多少人来排防守人墙;排防守人墙的队员何时可以散开。

6. 防守间接任意球

在罚球区内防守间接任意球时,人墙应当尽可能地保护更大的球门区域。当全部队员都必须退到球门线上排人墙时,守门员应当在人墙的中心位置。当球被踢出时,全体防守队员应当立刻向球压上,这样可更好地封堵射门的角度,也可使对手处于越位犯规状态。

7. 防守角球

防守角球与防守直接和间接任意球的原则基本相同。守门员除了注意所站位置外,还要注意脚的姿势,应当斜向站位在球门线上,在保证能看到罚球队员的同时,又能对罚球区内的防守和进攻队员的活动进行全面观察。对方罚角球时,除守门员外,在前门柱和后门柱处各有一到两名防守队员,专门负责防守两个门柱区域的来球和攻方队员的进攻。这两名防守队员在抢点和空中争顶能力方面都应较强。

第四节 足球比赛规则简介

1. 国际比赛场地

长度:最短100米;最长110米。宽度:最短64米;最长75米。所有线的宽度不超过12厘米。

2. 球门

宽7.32米,高2.44米。

3. 球

圆周68~70厘米;重量410~450克;压力0.6~1.1个标准大气压(60 795~111 458帕斯卡)。

4. 队员人数

一场比赛应有两队参加,每队上场队员不得多于11名,其中必须有1名守门员。如果任何一队少于 7 人,则比赛不能开始。

5. 比赛时间

比赛分为上、下两个半场,每半场 45 分钟;中场休息不得超过 15 分钟。

6. 越位

(1) 越位位置。

队员处于越位位置本身并不是犯规。

① 队员处于越位位置:队员较球和倒数第二名对方队员更接近于对方球门线。

② 队员不处于越位位置:在本方半场内;齐平于倒数第二名对方队员;齐平于最后两名对方队员。

(2) 犯规。

处于越位位置的队员,在同队队员踢或触及球的一瞬间,裁判员认为其就下列情况而言"卷入"了比赛中时,才被判为越位犯规:干扰比赛;干扰对方队员;利用越位位置获得利益。

(3) 没有犯规。

如果队员直接从下列情况下接到球,则没有越位犯规:球门球、掷界外球或角球。

7. 踢点球决胜

踢点球决胜是根据竞赛规程的要求,当比赛打平后需要决出胜队时采用的一种方法。

第十章
乒乓球运动

乒乓球运动在我国非常普遍，是人们所喜爱的体育运动项目之一。乒乓球运动的特点是：球小、速度快、变化多；设备简单，在室内室外都可进行；运动量可大可小，不同年龄、不同性别和不同身体条件的人都能参加。经常参加乒乓球运动，不仅可以发展人的灵敏性和协调性，提高动作的速度和上下肢活动的能力，改善心血管系统的机能，增强体质，而且有助于培养顽强不屈、机智果断、沉着冷静、敢于拼搏等优良品质。

第一节 认知乒乓球运动

一、乒乓球运动的起源

关于乒乓球运动的起源，有着各种各样的说法。根据国际乒乓球联合会的有关资料，乒乓球运动在19世纪末始创于英国，由网球运动派生出来的说法比较可靠。在1901年出刊的俄国《园地》杂志中，曾有这样一段描述：约19世纪后半叶的一天，在英国伦敦有两位青年网球迷去一家饭馆就餐，因为天气炎热，在等待服务员送饭时，就信手拿起桌上大号雪茄烟的硬纸盒盖子来扇风降温，当两人就网球战术争论得不可开交时，便从酒瓶上拔下了一个软木塞，以餐桌为场地，用扇风的硬纸盒盖子当球拍，模仿着打网球的动作，将软木塞打来打去，他俩越打越起劲，引来很多人围观，餐厅女主人完全被这种别开生面的游戏吸引住了，不禁惊呼道："Table Tennis"（桌上网球之意）。这不经意的一喊，竟从此给乒乓球命了名。很快，这项桌上的游戏就流传到欧洲许多国家，并逐渐演变为乒乓球运动。开始时没有统一的规则，有10分、20分一局，也有50分或100分一局，发球时也很随意，可像打网球似的将球直接发到对方台面，亦可把球先发到本方台面再跳到对方台面。所用器材也和今天的大不一样，球拍是空心的，用羊皮纸贴成，形状为长柄椭圆形，为了不损坏家具，在橡胶或软木实心外部，往往包一层轻而结实的毛线。有时在饭桌上支起网来打，有时索性就在地板上用两个椅子当作支柱、中间挂起网来打。虽然打起来不十分激烈，但颇有一番乐趣。

1890年，有位叫詹姆斯·吉布的英国著名越野跑运动员到美国旅行时，偶然发现了一种用赛璐珞制成的空心玩具球，弹跳力很强。于是，他就将这种球稍加改进，逐步在英国和世界各地推广开来，也许因为此球在桌上打来打去时发出了"乒乓乒乓"的声音，英国一家体育用品公司首先用"乒乓"（PingPong）一词做了广告上的名称，乒乓球从此

第十章 乒乓球运动

而得名。1900年，英国成立了乒乓球协会，并在皇后大厅举行了英国大型乒乓球赛，开创了乒乓球正式比赛的先河。

1902年，英国人古德发明了颗粒皮球拍。

1902年在英国游学的日本东京高等师范学校教授井玄道，将乒乓球传入日本。1905—1910年间，乒乓球又传到中欧的维也纳和布达佩斯，之后，又逐渐扩展到北非的埃及等地。

由于第一次世界大战爆发，已在欧洲得到较好开展的乒乓球运动不得不停顿了一个时期。20世纪20年代后，在蒙塔古等人的推动下，曾一度被冷落的乒乓球运动又重新在英国活跃起来，并组织了一些有各地选手参加的全英乒乓球赛，1926年，原英国乒乓球协会因为发现了"乒乓"一词是商业注册名称，而且也缺乏代表性，因此便解散了原组织，重新成立了"Table Tennis"协会，这一词一直沿用至今，国际乒乓球联合会现在还采用这个名字。汉语的乒乓球是从声音得名的，但将其翻译成英文时，仍用"Table Tennis"。

二、世界乒乓球锦标赛的诞生

第一次世界大战后，欧洲许多国家先后成立了乒乓球协会，各国之间的竞赛活动日益增多。1926年1月在德国琴曼博士的倡议下，在柏林网球俱乐部召开了一次座谈会，当时参加会议的有英国、德国、匈牙利、奥地利和瑞典等国的代表，会议最后决定成立临时国际乒乓球联合会，并委托英国乒乓球联合会举办第一届欧洲乒乓球锦标赛。

第一届欧洲乒乓球锦标赛的组织者向各国发出邀请函，共有德国、匈牙利、威尔士、英格兰、奥地利、瑞典、捷克斯洛伐克、丹麦和印度9个队64名男女运动员参赛。由于印度是亚洲国家，故提出更改锦标赛名称，国际乒乓球联合会当即决定将这次比赛改名为第一届世界乒乓球锦标赛。

第一届世界乒乓球锦标赛是于1926年12月6—12日在伦敦的福林敦大街麦摩尔大厅举行的，只设有男子团体、男子单打、女子单打、男子双打、混合双打和男子安慰赛6个比赛项目。因当时参加比赛的女运动员一共才16名，所以没有进行女子团体和女子双打的比赛。

参加男子团体的有7个队，比赛采用单循环的方式进行。最后匈牙利获得冠军，奥地利、英格兰、印度、威尔士、捷克斯洛伐克和德国分别获第2~7名。比赛使用的是"甲古"牌乒乓球和"特马"牌球台，网高17厘米，采用英国式21分一局记分法，比赛没有编印秩序册，所有运动员必须在场地内听候安排，运动员大多使用胶皮拍，男女运动员均未穿运动服和运动鞋。门票是免费的，有几百人参观。著名的《泰晤士报》派记者采访了比赛，并对决赛进行了报道，引起了人们对乒乓球运动的关注和兴趣。

根据第一届国际乒乓球联合会会议的规定，每年举行一届世界乒乓球锦标赛，但第二届的世界乒乓球锦标赛因举办国的经济困难，推至1928年1月才在瑞典举行。此届比赛增加了女子双打比赛项目，到1934年的第8届世界乒乓球锦标赛时，才增加了女子团体赛。1940—1946年因爆发了第二次世界大战，致使比赛中断。1947年3月，在法国巴黎举行了战后的第一次世界乒乓球锦标赛，即第14届世界乒乓球锦标赛，在该届比赛中又增加了女子安慰赛和元老杯赛，至此世界乒乓球锦标赛就有了10个比赛项目，男子团体、女子团体、男子单打、女子单打、男子双打、女子双打和混合双打是每届都要举行的正式比赛项目；男子单打安慰赛、女子单打安慰赛和元老杯赛为非正式比赛项目，必须由举办国申请，经国际乒乓球联合会批准后方可举行。从1957年开始，世界乒乓球锦标赛改为每两年举行一届。1999年第45届世界乒乓球锦标赛因战争被迫"一分为二"，即单项比赛和团体赛分别于1999年8月在荷兰、2000年2月在马来西亚举行。第46届世界乒乓球锦标赛再次"合二为一"，2001年4月在日本大阪举行。自2003年第47届世界乒乓球锦标赛开始，单项比赛在单数年举行，团体赛在双数年举行。

三、国际乒乓球联合会

国际乒乓球联合会简称"国际乒联"，1926年12月在德国柏林成立，总部设在瑞士洛桑，它由各国各地区的乒乓球协会组成，是世界上最大的单项体育组织之一，至今拥有222个会员协会。英国的蒙塔古先生为第一任主席；退休后，威尔士的埃文斯为第二任主席；前世界冠军日本的荻村伊智朗于1987年成为第三任主席；1995年5月，瑞典的洛罗·哈马隆德被选为第四任主席；同年12月病逝后，中国的徐寅生被选为第五任主席；1998年8月，加拿大的沙拉拉当选为第六任主席；现任主席是德国的维克特。

国际乒联的职责是：维护现行的乒乓球规则，制定章程、纪律规程、比赛规则和国际比赛规程，监督世界锦标赛，协调各协会之间的乒乓球运动，提高技术水平，发扬运动员及各协会之间的友好互助精神，维护国际乒联的原则。

国际乒联的主要活动是：每隔两年委托一个成员协会主办一届世界乒乓球锦标赛，并在举行该届世界乒乓球锦标赛的同时，举行代表大会。国际乒联的领导机构由1名主席、1名第一副主席、4名执行副主席和6名各大洲的副主席构成。上述人员组成执行局，规定执行局有权审定入会申请，并向理事会报告。理事会由代表大会选举产生，任期两年，任何理事会成员不得同时兼任各大洲副主席，代表大会休会期间，由理事会和各专门委员会进行工作。

国际乒联下设8个专门工作委员会：排名委员会、器材委员会、新闻宣传委员会、规则委员会、议事通则委员会、技术委员会、运动员委员会和裁判员委员会。

中国正式加入国际乒联的时间是1952年3月，当时是以中华全国体育总会乒乓球部的名义参加国际乒联的，中国乒乓球协会正式成立后以中国乒乓球协会的名义参加国际乒联，1963年中国代表陈先第一次被选为国际乒联亚洲区副主席，姚振绪现任国际乒联技术委员会主席。

四、世界乒乓球运动的大变革

世界乒乓球运动发展至今，经历了三次大变革。这三次大变革对推动乒乓球运动的发展起到了很大的作用。

1. 第一次大变革：日本的长抽取代欧洲的削球

从1926年首届世界乒乓球锦标赛至1951年第18届世界乒乓球锦标赛，在正式比赛项目中，先后共有117个世界冠军，除美国选手取得8个冠军外，其余都由欧洲选手获得，占全部比赛的93.1%。

在此期间，欧洲选手在世界乒坛占有绝对的优势。

这一时期的主导打法是削球，其指导思想是自己尽量少失误，让对方失误，这与当时运动员使用利守不利攻的胶皮拍和网高（17厘米）、台窄（146.4厘米）、球软等因素有直接关系。第11届世界乒乓球锦标赛前，由于比赛没有时间限制，多次出现"马拉松"式的比赛，以第10届为例，奥地利对罗马尼亚的男子团体决赛竟打了3天之久（实耗时31个小时）；波兰的欧立克与罗马尼亚的巴奈斯，为争夺一分球的胜利竟用了两个半小时；法国的哈格纳尔与罗马尼亚的沃拉道尼，一场单打花费了8个小时。第11届世界乒乓球锦标赛后，国际乒联对比赛规则进行了修改，球台加宽至152.5厘米，球网降至15.25厘米，比赛用硬球，限制了比赛时间，这些改革皆为攻球创造了有利条件，不仅使攻削结合打法开始发展起来，而且还出现了一些以攻为主的选手，但就这一时期的总体而言，攻球技术还未达到战胜削球的水平。

日本乒乓球联合会在1928年加入了国际乒联，但直到1952年才第一次参加第19届世界乒乓球锦标赛，手握海绵球拍，采用直拍全攻型打法的日本队，虽然只有三男三女参加，却震惊了整个世界乒坛。他们接连击败许多欧洲著名削球名将，一鸣惊人，夺得了男子单打、男子双打、女子团体和女子双打4项冠军，从此，世界乒乓球技术的优势开始由欧洲的削球转到亚洲的攻球，进攻与防守技术成为当时世界乒乓球技术的主要矛盾。

此时期共举行了七届世界乒乓球锦标赛（第19~25届），共有冠军49个，日本独得24个，占全部锦标赛的49%。特别是1954年第21届世界乒乓球锦标赛，日本队获得男女团体冠军；1959年第25届世界乒乓球锦标赛，日本队竟拿了7项冠军中的6项，成为日本队参加世界乒乓球联合会取得的最好成绩。

日本队之所以获得成功的最重要原因，就是勇于创新——手握海绵球拍，采用直拍全攻型打法。

胶皮拍和海绵拍的最根本区别是击球的力量，使用胶皮拍击球的力量不足以攻破稳健的削球，而海绵拍的击球力量却足以打败固若金汤的削球，日本的长抽之所以可以取代统治了世界乒坛四分之一世纪的欧洲削球，首要原因就是球拍的革命。

2. 第二次大变革：中国的快攻打败日本的长抽

20世纪50年代末，正当日本队处于巅峰状态时，中国快攻选手容国团在第25届世界乒乓球锦标赛上，为中国夺得了第一个世界冠军。

60年代共举行了五届世界乒乓球锦标赛，中国队仅参加了第26~28届世界乒乓球锦标赛，共获得21个冠军中的11个，占全部锦标赛的52%。具有"快、准、狠、变"独特风格的中国近台快攻打法，把世界乒乓球运动推向了一个新的发展阶段。

日本的长抽和中国的快攻虽同为直拍进攻型打法，但日本的长抽站位远台，击球速度慢，且只有正手一面进攻，反手的技术极弱；而中国的快攻站位近台，击球速度快，且正反手技术比较平衡。这样，中国的快攻与日本的长抽对阵，就成了两面打一面、近台（快速度）打远台（慢速度）的局面，很显然，中国的快攻型打法优于日本的长抽型打法。

3. 第三次大变革：弧圈球与快攻融为一体

左手直握球拍的日本大学生中西义治创造了一种新技术——弧圈球。由于这项新技术当时还处于初级阶段，虽然旋转强烈，但弧线高，速度慢，所以未能显示出应有的威力。然而，它对之后世界乒乓球技术的发展起到了极大的促进作用。

进入70年代，世界乒乓球技术的发展突飞猛进，欧洲选手经过了近二十年的努力，终于创造出了一条新路,他们兼取中国快攻和日本弧圈球打法的特点,创造了弧圈球结合快攻和快攻结合弧圈球的两种新打法,从而走上复兴之路。第31届世界乒乓球锦标赛,19岁的瑞典选手本格森连续战胜了中国队和日本队的强手,一举夺得男子单打冠军;第32届男单决赛是在两名欧洲选手约尼尔和斯蒂潘契奇之间展开的。第35届男团冠军,由失去此金杯达27年之久的匈牙利队所获。70年代共举行了五届世界乒乓球锦标赛,中国队获16.5个,匈牙利和日本各获4个,瑞典队获3个,朝鲜队获2.5个。

1981年第36届世界乒乓球锦标赛,中国队获全部冠军和5个单项亚军,开创了世界乒乓球历史的新纪录,此后的三届世界乒乓球锦标赛,中国队均取得6项冠军。80年代末至90年代中期,中国男队走入困境,女队遭遇困扰,标志着乒乓球技术最高水平的男团和男单冠军,连续三届为欧洲选手所获,中国女队第41届团体冠军,第42届女单比赛只有高军一人进入半决赛,这是中国女队14年来第一次在单打比赛中未能进入决赛。1995年第43届世界乒乓球锦标赛,中国队第二次获全部7项冠军,第44届中国队又获6项冠军,第45届中国队包揽了5个单项冠军,仅男团惜败对手瑞典队。

在2001年第46届世界乒乓球锦标赛上,中国队第三次实现大包揽,而且在第26届、第27届奥运会上,中国队又连续两次获得大满贯。

欧洲队之所以能复兴并成为中国队竞争的劲旅,关键是弧圈球结合快攻的打法,他们把60年代速度与旋转的绝对对抗,演变成速度与旋转的对立统一,从技术动作到打法类型,无不体现了这一新理念,他们的进攻范围更广,具备了全方位进攻的实力。中国队之所以能形成与世界诸队相对抗的局面,关键是中国队能适应乒乓球运动的发展规律,锐意创新,不断弥补自己进攻的"死角",不断扩大自己的进攻范围。

从20世纪末开始,国际乒联对乒乓球运动进行了一系列改革。2000年10月,乒乓球直径由38厘米、重量2.5克改为40厘米、2.7克;2001年9月,乒乓球比赛由每局21分改为11分制;2002年9月,乒乓球比赛执行发球无遮挡的规定,这些改革的目的有以下3个。

(1)增加击球板数,提高乒乓球运动的观赏性。

国际乒联曾做过调查,比赛中击球板数达到7板,观众席上传来掌声;击球板数超过10板,掌声雷动。有关研究人士做过测试,大球与小球相比,速度降低13%,旋转减弱21%。从理论上讲,这有利于增加击球的板数。

(2)比赛胜负的偶然性加大。

改革增加了比赛胜负的偶然性,缩小强弱对手之间的差距,打破由少数国家或地区的运动员包揽金牌的局面。

五、中国乒乓球运动

1. 乒乓球运动传入中国

1904年,上海四马路一家文具店的经理王道平,从日本买来10套乒乓球器材摆设在店中(包括球台、球网、球及带洞眼的球拍)。为了推销这些器材,王道平不仅介绍了在日本看到的打乒乓球的情况,而且还亲自表演,从此,中国才开始有了乒乓球运动。1916年,上海基督教青年会童子部设置了乒乓球房并配备了球台,在一些学生中开展这项运动,随后,这项运动就逐渐在北京、天津、青岛、上海、广州等地开展起来。当时,参加者仅限少数洋行中的一些成员、地位较高的职员和家庭比较富裕的一些人。

2. 旧中国的乒乓球运动

中华人民共和国成立前,有不少乒乓球运动的积极倡导者想借助政府的力量,使中国的乒乓球运动得到发展和提高,但希望皆成泡影,虽然各地行政当局也举行运动会,但乒乓球运动皆被排弃在外。

3. 中华人民共和国乒乓球运动

1949年10月1日,中华人民共和国成立,党和政府对体育工作的重视,为中国乒乓球运动的发展创造了条件,1952年10月,在北京举行了中华人民共和国的第一次全国乒乓球比赛大会,有6个行政区和铁路系统的62名男女运动员参加比赛,首任国际乒联主席蒙塔古先生应邀来京访问,并对全体运动员发表了热情友好的讲话,预言中国队将会以世界强队的姿态出现在世界乒坛。同年,中华全国体育总会乒乓球部加入了国际乒联。1953年开始,中国乒乓球队正式进入世界乒坛,参加了第20届世界乒乓球锦标赛。1956年起定期每年举行一次全国比赛。

4. 中国乒乓球队世界比赛历程

现在,世人一谈起中国乒乓球队,往往就和世界冠军联系起来,似乎中国乒乓球队是命中注定的世界冠军一样。其实,中国乒乓球队最初水平是不高的,和其他项目相比并不先进,我们可以从4个阶段来看中国乒乓球队。

(1)起步阶段(1953—1957年)。

1953年中国队第一次参加了世界乒乓球锦标赛,结果男队被评为一级第十名,女队被评为二级第二名。

中国乒乓球队虽然当时的技术水平不高,但他们并没有盲目地跟在外国人后面跑,而是以中国选手的习惯和特点为基础,认真研究乒乓球运动的客观规律,注意吸收外国队的长处,不断提高和丰富自己。

1956年,中国队参加了第23届世界乒乓球锦标赛,赛后男队被评为一级第六名,女队被评为一级第十一名。这届比赛,使当时的中国队认识到,必须在原来快与狠的基础上,加强基本功的训练,提高击球的准确性。

1957年,中国队参加了第24届世界乒乓球锦标赛,男、女队都取得了决赛权,赛后,男队被评为一级第四名,女队被评为一级第三名,王传耀和孙梅英还分别被评为世界男、女第七名优秀选手。

1953—1957年短短的4年间,中国乒乓球队的进步是很快的。

(2)腾飞阶段(1959—1965年)。

1959年,容国团以"人生能有几回搏"的英雄气概,在第25届世界乒乓球锦标赛中为祖国夺得了第一个世界冠军,周恩来总理高度评价了容国团的胜利,他说:"我国乒乓球队荣获男子单打冠军,全世界都震动了。"一家外国报纸评价:"中国运动员在世界上以优秀选手出现,这件事比容国团个人的成就重要很多。"这一届中国队,在男女团体、女子单打、双打和混合双打5个项目上都获得了第三名,男子单打有4人进入了前8名。

乒乓球队回国后，毛泽东等中央领导亲切接见了容国团和乒乓球队，并观看了他们的表演。容国团成功的实践，打破了世界冠军高不可攀的迷信，拨开了笼罩在乒乓王冠上的神秘烟雾，鼓舞着运动员解放思想，勇攀世界高峰。

第26届世界乒乓球锦标赛是由中国第一次举办的世界锦标赛，全国上下十分重视。在临近世界乒乓球锦标赛开幕的几个月时间里，传来日本选手发明了秘密武器——弧圈球的消息。据说，匈牙利和南斯拉夫联队访问日本时，面对这种新技术竟然未打出一个像样的球来。为了对付弧圈球，全队群策群力，寻资料摸情况，派人赴香港观摩比赛，老队员主动要求模仿日本的弧圈球打法，帮助主力队员训练，这种集体主义精神鼓舞着主力队员向世界乒坛顶峰奋力攀登。

第26届世界乒乓球锦标赛获得圆满成功，中国队获得3项冠军、4项亚军和8个第三名。这一胜利，极大地鼓舞了全国人民，也极大地推动了我国乒乓球运动的发展，在国内掀起了"乒乓球热"。

60年代初，中国的直拍近台快攻成为世界上最先进的打法，它代表了当时世界乒乓球技术的新潮流。

1963年第27届世界乒乓球锦标赛中，中国队获得了3项冠军、2项亚军和7个第三名。男团决赛时，中国队上场的除了两名直拍快攻选手外，还有一名被称为"魔术师"的直拍削球手张燮林。由于参赛主力队员打法的多样化，与上届相比，中国男队显示了更大的优势。

中国男队两次捧走斯韦思林杯，对女队震动很大，特别是第27届世界乒乓球锦标赛上，凡沾女字边的项目，冠军就没有中国队的份。为了帮助女队丢掉包袱，徐寅生运用辩证法讲了自己打球的体会，毛泽东主席看到这篇讲话后，亲自做了重要批示，女队认真学习了毛泽东主席的批示和徐寅生的讲话，思想上的提高带动了技术上的进步，在第28届世界乒乓球锦标赛上打了一个漂亮的翻身仗。

中国队在第28届世界乒乓球锦标赛中，共获得5项冠军、4项亚军和7项第三名，在世界引起了震动。国际舆论普遍认为，中国是"世界头号乒乓球国家"。许多外国朋友把乒乓球称为中国的"国球"。

这段时间，是我国乒乓球运动的第一次高峰，无论是直拍近台快攻，还是防守型削球打法都取得了好成绩，各种打法百花齐放，互相促进，推动我国乒乓球运动的发展。

（3）拼搏阶段（1971—1987年）。

1970年年底，中国队参加了在瑞典举行的斯堪的纳维亚公开赛，接受了欧洲选手的挑战。欧洲选手在打法上和技术上有了飞跃的进步，他们成功地创造了弧圈球结合快攻的新打法。

1973年第32届世界乒乓球锦标赛，瑞典队从中国男队手中夺走了团体冠军，中国女队在第31届、第32届世界赛中，团体冠军两次旁落，1979年第35届世界乒乓球锦标赛上，中国女队获得了女子项目全部冠军和混双冠军。

但是中国乒乓球队能够胜而不骄，败而不馁，在80年代的第一次世界乒乓球锦标赛中，女队又一次全胜，男队打了个漂亮的翻身仗，创造了世界乒乓球锦标赛史上由一个国家取得全部7个冠军和5个单项亚军的新纪录。在以后的3次世界乒乓球锦标赛中，中国队每次均获 6 项冠军。4 届比赛共有锦标 28 个，中国队夺得 25 个，占冠军总数的 89.29%。尽管每个冠军都得来不易，但中国队在世界乒坛上的地位已显而易见。此间，堪称中国乒乓球运动的第二次高峰。

中国队在这一阶段取得好成绩的主要原因是大胆起用新人、运用新的球艺。第 36 届世界乒乓球锦标赛与匈牙利争夺男团冠军时，3 名上场队员的平均年龄只有 20 岁，其中蔡振华、谢赛克均为第一次参加比赛，为中国队再次获得斯韦思林杯立下汗马功劳。女队一老带二新，曹艳华率耿丽娟、倪夏莲，使中国队获团体冠军。第 38 届比赛时，男队又出现了新人，陈新华能攻善守，灵活多变；陈龙灿直拍正胶快攻，速度快、球路刁。二陈与江嘉良合作，在团体决赛中竟以 5:0 大胜瑞典队。女队由横拍两面拉弧圈球的新人何智丽与老将童玲、戴丽丽和耿丽娟组成，在团体赛中 27 盘皆胜。第 39 届世界乒乓球锦标赛，中国男队由新老结合的腾义、江嘉良、陈龙灿与瑞典队的卡尔松、林德、佩尔森争夺冠军，中国队再次以 5:0 大胜；女队由新老结合的李惠芬、焦志敏、戴丽丽组成，以 3:0 打败了由梁英子和玄静和组成的韩国队。中国男女队再次双获团体冠军。

在第 31～39 届世界乒乓球锦标赛中，共有锦标 63 个，中国队获得 41.5 个，占冠军总数 65.87%。其中 7 次夺得男团冠军、女团冠军和混双冠军，5 次男单冠军，3 次男双冠军，5.5 次女双冠军（第 34 届世锦赛由中朝运动员获女双冠军，所以中国队仅算 0.5 个）。

（4）新历程阶段（1988 年至今）。

在 1988 年第 24 届奥运会上，乒乓球第一次被列为正式比赛项目，中国选手在全部 4 个项目的比赛中获得了男双金牌和女单金牌，《义勇军进行曲》在汉城（今首尔）赛场高奏。

在第 40～42 届世界乒乓球锦标赛中，共有 21 个锦标，中国队夺得 10 个；占冠军总数的 48%。其中在纯女子项目中共有 9 个锦标，中国队夺得 7 个，而男队除第 42 届夺得 1 次冠军外，未拿到一个冠军，特别是第 41 届，男团跌至第 7 名，是二十多年来的成绩最低点。

尽管在 1992 年第 25 届奥运会上，中国乒乓球队摘取了 4 个比赛项目的 3 个金牌，但男队连续三届在世界乒乓球锦标赛中与团体和单打冠军无缘，享有双保险之称的邓亚萍和乔红在 1993 年第 42 届世界乒乓球锦标赛的单打中均被淘汰，唯一进入前四名的高军也在半决赛中败北，致使整个女队无人进入单打决赛，这是中国女队 14 年来第一次在世界乒乓球锦标赛的单打比赛中未能进入决赛，引起了中国乒乓球界的极大重视。1993 年年末到 1994 年年初，中国乒乓球协会分别举办了全国乒乓球奥运重点省市男队主教练和业余体校教练员研讨班，中国乒乓球协会主席徐寅生、副主席李富荣亲自到会并做了重要讲话，指出了当时我国乒乓球运动中一些待解决的重大问题。这次讲话，对中国乒乓球运动的发展起到了极其重要的作用。

1995 年第 43 届世界乒乓球锦标赛在天津举行，这是第二次在我国举办的世界乒乓球锦标赛，中国乒乓球队以全部 7 项冠军的成绩回报了祖国人民对他们的关心与期望，孔令辉成为男单新科状元，邓亚萍重获女单冠军，男子双打由王涛、吕林称雄，女双由邓亚萍、乔红夺得，混双由王涛、刘伟折桂。

中国乒乓球男队终于走出了困境，而中国乒乓球女队亦摆脱了困扰，由此迎来中国乒乓球运动的第三次高峰。

在1996年第26届奥运会乒乓球比赛中，4枚金牌全部由中国队夺得，男女单打分别由刘国梁和邓亚萍获得，男、女双打分别由孔令辉、刘国梁和邓亚萍、乔红所获，第44届、第45届世界乒乓球锦标赛中国队取得了6项冠军的好成绩。

中国队在第45届世界乒乓球锦标赛5个单项的比赛中，不仅获得了男单、男双、女单和女双的冠亚军，而且囊括了混双的前8名。在单项比赛中未获一项冠亚军的瑞典队，并未放弃在团体赛上的争夺，赛前人们普遍认为中国队整体实力优于瑞典队，男团冠军非中国队莫属，但结果是瑞典队夺冠。这场比赛给我们的教训是深刻的，在一定意义上失败更能激发人的斗志。

在第27届奥运会上，中国队第二次获得了4枚金牌；第46届世界乒乓球锦标赛，中国队第三次获得了7项冠军。

一部乒乓球运动的历史，既是各种打法技术的演变发展史，又是一代代运动员的拼搏奋斗史。一个国家或地区若想在世界乒坛长盛不衰，则必须重视技术打法的创新和对运动员后备力量的培养。

六、球拍的种类与性能

乒乓球拍是打球的主要工具。乒乓球技术的不断发展促进了球拍的革新，而球拍的革新又推动了乒乓球技术的发展。

下面介绍几种常见的球拍。

1. 普通胶皮拍

它是由普通颗粒胶直接与底板黏合而成的。胶皮颗粒长度一般在0.8~1毫米。这种球拍的最大特点是击球稳健，控制球的能力强，容易掌握，因其弹性较小，摩擦力也不太大，故用它打球速度较慢，旋转力也不很强。

2. 长胶球拍

这种球拍的胶皮颗粒长，一般在1.6毫米以上，长胶一般不易主动制造强烈旋转，在回击对方的轻拉球或不转的搓球时，多为不转球；接对方的加转弧圈球或突击球，回球呈强烈下旋，接对方的下旋发球或搓球时，回球是上旋；对方来球旋转越强，力量越大，回球的反向旋转亦越强烈；发球一般为不转球，但若能快速集中用力摩擦球，也可发出旋转球；在中远台接突击球，采用上臂发力将球送回的方法，可削出不转球。这种球拍的控球能力不如普通胶皮。

长胶球拍主要为两面不同性能球拍打法的运动员采用。为了有利于发挥长胶的特殊性能和进攻能力，一般在其下面黏合厚度在0.8~1毫米的薄海绵。也有少数削球运动员在使用长胶时，干脆就不用海绵，将长胶胶皮直接粘贴在底板上，使长胶性能更纯。

3. 正贴海绵胶拍

用它击球容易发挥海绵、胶皮和底板的作用，不仅具有较好的稳定性，而且速度快。但正贴胶皮缺乏黏性，摩擦系数不如反贴胶皮大，用它攻抵弧圈球和强烈下旋球时，不如反胶拉冲易于制造合理的弧线，因此技术难度大。使用正贴海绵胶拍的运动员，不仅应擅长攻打，而且还必须具有胆大、果断的品质，正胶攻过去的球向下沉，对方不易适应。

用正贴海绵胶拍打快攻的运动员，若反手以推挡为主，应选用次硬型海绵，若反手以攻为主者，应选用较软型海绵，海绵软，反弹力小，易于控制球。所以，使用两面攻打法并善于自身发力的运动员多喜欢选用这种球拍。若用正贴打削球，宜选用稍薄略软的海绵，配以802号或563号胶皮为好。

4. 反贴海绵胶拍

反贴黏性大，能制造强烈的旋转。但相对而言，反弹力稍小，能"吃"住球，击球速度不如正胶快，回击对方的旋转球时较易"吃转"。

反胶进攻型打法的运动员，无论是以打快为主，还是以拉冲或拉打结合为主，均以选用厚度在2~2.2毫米的稍软点的硬型海绵为宜，因为这种海绵反弹力大、出手快。在速度与旋转相结合的现代乒坛，选用此种海绵与反贴胶相配的选手较多。

用反胶打削球的运动员，应采用稍软略薄的海绵，以在增加旋转变化的同时，还能提高削球的稳定性。反贴胶皮有短齿和长齿两种。若用短齿反贴皮和略带硬性的海绵黏合在一起，利于增加削球的旋转强度，加大转与不转的变化，但削接弧圈球的控制力稍差。为弥补此不足，可选用稍硬薄型的海绵。手感好且又擅长削球旋转变化的选手，宜选用短齿型的反贴胶皮；若削球者不擅旋转变化，可采用长齿反贴胶皮与较薄略软的海绵相配，使用这种球拍稳健，对付弧圈球较好，但削球的旋转变化不如短齿胶皮大。

5. 生胶海绵拍

生胶胶皮在规格上和正胶极其相似，长度在0.8~1毫米，仅是含胶量比正胶大，颗粒较软，弹性较大，击球速度快。在对推、对攻或接弧圈球时，回球落台后有迅速下沉现象，在发力打时，控制球的能力较好，并有利于消减弧圈球的强烈上旋。但在轻打时，稳定性不如正胶，接弧圈球容易打滑，一般不宜制造强烈的旋转，如爆发力好，摩擦球力集中，亦可产生一定的旋转。站位近台、手感较好，擅长发力的进攻型运动员，可使用生胶海绵拍。采用生胶胶皮时，最好选用薄型硬海绵相配，这种海绵的反弹力小，击球时，要求运动员必须主动发力，以利于发挥生胶的特点和作用。亦可选用1.7~1.9毫米的次硬型海绵相配。

6. 防弧海绵拍

防弧海绵拍在弹性很小的软型海绵上粘了一块防弧胶皮。防弧胶皮的胶齿较短，底皮厚而硬、无黏性，弹力和摩擦力都很小，其性能大体与长胶海绵拍相近，有利于消减弧圈球的强烈上旋,增强控制球的能力。但防弧海绵拍可以加转,回球的速度慢,前进力小,甚至在自己用力加转的情况下,回球还会出现停滞不前的现象,用其挡球或攻球时,球亦不大往前走。采用防弧海绵球拍者一般为两面不同性能球拍的运动员,以削球为主的运动员应选用2毫米厚的较软型海绵相配。

选用底板时,以吃球而又不震手为好,进攻型打法的运动员,能选到弹性大而又吃球的底板最好,也有个别自身主动发力较好的进攻型选手,喜欢用弹性稍小的底板;削球运动员则宜选用弹性较小的板。此外,进攻型打法的运动员,宜选用重量轻的板,否则影响攻球时手臂的摆速。打大球比打小球时的底板稍大。

第二节　乒乓球基本技术

一、握拍法

1. 直拍握法

直拍握法的特点是正反手都用球拍的同一面击球,不需要两面换,出手较快,便于从速度、球路和力量上取得主动;手腕动作灵活,发球可作较多变化。但防守时照顾面较小。

(1) 近台快攻型握拍法。

拍前,以食指第二指关节和拇指第一指关节扣拍;拍后,三指弯曲贴于拍的1/3上端。这种握拍法,简称"中钳式",如图10-1所示。

图10-1　近台快攻型握拍法

(2) 弧圈球型握拍法

拍前,拇指紧贴在拍柄的左侧,食指扣住拍柄,形成一个小环状,紧握拍柄;拍后,三指自然弯曲顶住球拍的中部,如图10-2所示。

图10-2　弧圈球型握拍法

(3) 削球握拍法。

大拇指弯曲,紧贴拍柄的左侧,用力下压,其余四指自然分开托住拍的后面。正手削球时,尽量使球拍后仰,减少来球的冲力;反手削球时,拍后四指灵活地将球拍兜起,使拍柄向下,如图10-3所示。

图 10－3 削球握拍法

2. 横拍握法

横拍握法的特点是照顾的面积比直拍大,攻球和削球时握拍的手法变化不大;反手攻球不受身体阻碍,便于发力;削球有力、方便,易于发挥手臂的力量和掌握旋转变化。但在还击左右两面来球时,需要转动拍面,动作大,影响摆臂速度;攻直线球时,动作明显易被对方识破,台内正手攻球也较难掌握。

横拍的基本握法是:虎口贴拍,食指在拍前,拇指在拍后。这种握法又称八字式,如图 10－4 所示。正手攻球时,食指稍向上移动,反手攻球时,拇指稍向上移动。

图 10－4 横拍握法

二、站位

乒乓球的站位有如下几种:
（1）左推右攻型打法基本站位:近台中间偏左。
（2）两面攻打法基本站位:近台中间。
（3）弧圈球为主打法基本站位:中台偏左。
（4）横拍攻削结合打法基本站位:中台附近。
（5）以削为主打法基本站位:中远台附近。

三、发球与接发球

1. 发球的技术动作

（1）平击发球。

平击发球一般不带旋转。

动作要点:

① 将球置于掌心上,手掌伸平,然后将球抛起。

② 向前挥拍时,拍形稍前倾,击球中上部。

③ 击球后的第一落点应在球台的中区。

（2）反手发急球。

这种发球方式球速快,弧线低,前冲力大。

动作要点:
① 抛球后,球降至约与网同高时击球。
② 击球时,拍形稍前倾击球中上部,同时手臂向前迅速挥拍(发急球时,拍形稍后仰,击球中下部)。
③ 发球的第一落点要靠近端线。

(3) 反手发侧上(下)旋球。
这种发球方式向右侧上(下)旋转力强,对方挡球后,其向左侧上(下)反弹。
动作要点:
① 击球前,拍形稍向右倾斜,前臂和手腕由左向右方挥动。
② 击球时,拍从球的正中部向右侧下摩擦击出的球是右侧下旋球。拍从球的正中部向右侧上摩擦击出的球是右侧上旋球。

(4) 正手发奔球。
特点是球速急、落点长、冲力大、球的飞行弧线向左偏斜。
动作要点:
① 击球前,拍形向左偏斜,前臂放松。
② 击球时,前臂和手腕由右侧向左前上挥动,拍从球的右侧向右上摩擦。
③ 发球的第一落点要靠近端线。

(5) 正手发左侧上(下)旋球。
这种发球方式球速一般不很快,左侧上(下)旋转力较强,对方挡球后,向其右侧上(下)反弹。
动作要点:
① 击球前,拍形稍向左偏斜,前臂和手腕由右向左挥动。
② 击球时,拍从球的正中部向左上摩擦击出的球为左侧上旋球(发左侧下旋球,拍稍后仰从球的中下部向左侧下摩擦)。

(6) 正(反)手发转与不转球。
这种发球方式球速较慢,前冲力小,主要是发球手法接近,以旋转变化来迷惑对方,使其回接困难。
动作要点:
① 抛球不宜过高,发球前手腕和前臂放松;击球时向前下方摩擦用力。
② 发转球时,拍形稍后仰,从中下部向底部摩擦。发不转球时,拍形缩小后角并稍加前推的力量。

(7) 发短球。
这种发球方式击球动作小、出手快,球落于对方球台后的第二落点不出台。发短球可以牵制对方。
动作要点:
① 抛球不要太高,等球下降时击球。
② 击球时,手腕和前臂要敢于摩擦发力。手腕的力量要多于前臂的力量。

2. 接发球

（1）接发球的站位和判断。

① 站位的选择：接好发球的基础是选择好站位。要根据对方发球的位置来决定自己的站位。如果对方用正手在球台右方发球则站位应偏右一些，如果对方用反手或侧身在球台左方发球则站位应偏左一些。通常为了便于照顾长球又能接短球，站位不宜离台太近或太远。

② 判断旋转和落点的方法：一般从以下三方面进行判断，这三个方面是相互联系的。

从对方出手的动作来判断：可从对方击球时的拍形角度来判断发球的方向；从对方击球时力量的轻重来判断球的落点；从对方发球时的挥拍动作和拍触球后移动的方向来判断球的旋转性能。

从对方的动态来判断：如果对方以发短球为主，就应主动站得近一些，但也要警惕对方发长球。

从来球的弧线来判断：如果球的最高点在对方台面上空或接近球网，通常为短球，反之则为长球。如果第一跳落台短、弧线长，则过来的球是长急球。

（2）接发球方法。

① 接急球：当对方用反手发过来左角急球时，一般用推挡回接。如回斜线球应尽可能角度大些，注意手腕外旋，用拍触球的左侧面，使对方难以侧身抢攻或快速变为直线。有时也可回中路靠右或以直线反袭空当。

接急下旋球时，如用推挡回接，必须使拍面稍后仰，用拍触球的左侧下部，同时手腕外旋将球推过去。还可以用推下旋方法推回，等球跳到最高点时，拍形稍后仰，手腕固定往前下方推出去。

侧身回击急下旋球时，既要适当加大提拉的力量，又要注意加快前臂内旋的速度，这样才易将球回得准确。如用反手攻接球，同样要适当加大提拉的力量，并注意加快前臂外旋的速度。

横板两面攻选手，可用反手拉弧圈球的方法回接。首先要稍后退，拍形稍前倾，在球的下降期接击球的中部或中下部，将球拉过去。

② 接短球：当对方发来近网的短球时，可以把球也回到对方的近网处，使其不易发力进攻。当球跳到高点时，使拍形稍竖起，靠手腕和前臂的力量迅速发力回击。回接下旋球时要注意适当加大提拉的力量。

用快蹭的方法回接时，要在球跳到高点时，使拍形竖起，靠手腕和前臂的力量迅速发力回击。利用速度和落点控制对方。

在对方发下旋短球时，可用搓球回接。搓球时，除了拍面要略后仰外，还要稍用力向前送球。如来球下旋力强，则向前用力要相对加大，使回球的弧线增高，以免下网。

③ 接左侧上（下）旋球：对于发来的左上旋球，可用推挡回接，推接时将球拍略向左偏斜，并迅速使球拍稍前倾，然后用力将球推压过去。如要把球回到对方的右角，则拍形正对对方右角，并用力将球推到靠近边线的地方。如要把球回到对方的左角，则拍面应对着对方球台的中央，尽量利用拍面的偏斜角度来抵消来球的左侧旋力。也可用侧身攻球或反手攻球来回接。在拍触球的刹那间，除控制好拍面外，还要注意击球的拍形要下压一

些，主要靠手腕和前臂发力回击。

如用削球回接，除使拍面稍向左偏斜外，也要注意拍应略竖直一些，手臂加大向前下方摩擦的力量，以免将球回高。

当对方发来左下旋球时，可用搓球或削球回接。接球时，拍面略向左偏斜，拍形稍后仰，前臂向前下方用力切球。如来球旋转力强，则向前用的力要相对加大，但搓球与削球回接时击球时间有所不同：削球回接时必须稍迟些，或在下降期击球；搓球在下降前期击球。

以抽球回接左侧下旋球时，最好用拉抽的方法。接球时，拍面略向左偏斜，并适当加大提拉的力量，这样才易提高准确性。

④ 接右侧上（下）旋球：当对方发来右上旋球时，可用推挡回接。接球时，先将球拍略向右偏斜，并迅速使拍面稍前倾，然后将球用力推压过去。如果把球回到对方的左角，则拍面正对对方左角，并用力将球推到靠近线的地方；如把球回到右角，则球拍应对着对方球台中央，尽量用拍面的偏斜角度来抵消球的右侧旋力。还可以用侧身攻、反手攻球或削球来回接右侧上旋球。

当对方发来右侧下旋球时，可用搓球或削球去接。接球时，拍面应向右偏斜。

以抽球回接右侧下旋球时，最好用拉抽的方法。接球时，拍面略向右偏斜，并适当加大提拉的力量，以利于提高准确性。

四、挡球和推挡球

1. 挡球

挡球球速慢、力量轻、动作简单、容易掌握，它是初学者入门的技术。反复练习挡球可以熟悉球性，提高控制球的能力。

动作方法（以下均以右手为例）：两脚平行或左脚稍前，身体离球台约50厘米。击球前，前臂与台面平行伸向来球。拍触球时，前臂和手腕稍向前移动，主要借助来球反弹力将球挡回。在来球的上升期击球的中部，拍形与台面接近垂直。击球后迅速收回球拍，还原成击球前准备姿势。

2. 减力挡

减力挡可用来减弱回球的力量，一般在对方来球力量较重时使用。

动作方法：在拍触球的刹那，手臂前移的动作骤然停止，甚至根据来球情况把球拍轻轻后移，用以减弱来球的反弹力。

3. 快推

持球手臂和肘内收，前臂略外旋。击球时，前臂向前推出，同时手腕外旋，食指压拍，拇指放松，使拍形前倾。在来球上升期击球的中部，将球快推过去。击球后，手臂前送，手腕配合外旋使球拍下压。

4. 加力推

加力推回球力量重，球速快，击球点较高，可充分发挥手臂前推力量，能压制对方攻势，有利于争取主动。

动作方法：加力推的击球时间比快推稍慢一些，在准备推挡时，前臂向后收，使球拍略提高一些，并及时根据来球弹起的高度，调整好拍形角度，在上升后期或高点期击球中上部。

5. 推下旋

可使回球下旋，弧线较低，球下沉快。在推的过程中能减弱对方推压的力量，或使对方回球困难。

动作方法：准备击球时，手腕不要外转，拇指压拍，拍面保持一定后仰，在上升期后段击球中下部。推击时应适当增大向前和稍向下的力量，以压低回球弧线。

6. 快挡

这是横拍技术，动作简单，回球速度快。用它来接突击球，或回击弧圈球和对方发来的急球都有很好的效果。

反手快挡动作：球拍置于身前，前臂自然弯曲，准备击球时，拍稍后移。如挡直线，当球从后面弹起时，前臂向前迎球，拍形稍前倾使拍面对着对方右上角，在上升期击球中上部。正手快挡动作：准备击球时，前臂稍向右移动。如挡直线，当球从台面弹起时，前臂向前迎球，手腕略向外展，拍稍微竖起，拍面对着对方左角，在球上升期击球的中上部，拍形稍前倾。

五、正手攻球的技术动作

1. 正手快抽

正手快抽站位近、动作小、球速快，借球的反弹力还击，能缩短对方准备回击的时间，争取主动。

动作方法：左脚稍前，身体离球台约 40 厘米。击球前，持拍手臂要向前伸迎球，前臂自然放松，球拍呈半横状。当球从台面弹起时，前臂和手腕向前上方挥动，并配合向内旋转手腕的动作，使拍形前倾，在球上升期击球的中上部。触球时，拇指压拍，同时加快手腕内旋的速度，使拍面沿球体作弧形挥动。击球后，挥拍至头部高度。

横拍击球时，手臂要自然弯曲，手腕与前臂近乎成直线并约与地面平行。前臂和手腕稍向前上方用力，击球时间、部位和拍形与直拍基本相同。

2. 正手远抽

这种击球方式站位远、动作大、力量重，要主动发力击球，并在来球前进力减弱时击球。对攻中，力量配合落点变化能争取主动或直接得分。被动防守时也可用这种方法进行反击。

动作方法：左脚稍前，身体离球台 1 米以外。击球前，持拍手臂向左后方引拍，球拍呈半横状，拍形稍后仰。击球时，手臂由后向前挥动。触球前，前臂在上臂带动下向前上方用力，手腕边挥边转拍形逐渐前倾，在球下降期前段击球的中部或中下部。拍触球时，前臂加速用力向前向上方抽去，击球后，手臂随势向前上方挥动，前臂和手腕向上将球拍挥至头部高度，同时上体左转，重心移至左脚。

横拍正手抽球时，手臂向后引拍，手腕稍下沉，球拍成横状，然后手臂向前上方用力。击球时间、部位和拍形与直拍基本相同。

3. 正手扣球

正手扣球动作大、力量重、球速快、攻击性强，在还击半高球时，能充分发挥击球力量，是得分的一种重要手段。

动作方法：左脚在前站立，击球前持拍手臂向右后方引拍，稍高于台面，球拍呈半横状。当球弹起至高点时，上臂带动前臂由后向前挥，将触球时，前臂加速用力向左前挥击，手腕跟着移动，在高点期击球中上部，拍形稍前倾。拍触球时，整个手臂的力量应发挥到最大限度，同时腰部配合向左转动，触球点一般在脑前50厘米左右。击球后重心由后脚移至前脚。

4. 正手抽拉

正手抽拉站位较远，动作较慢，由下向上挥击，球速不很快，靠主动发力击球，它是还击下旋球的有效方法。

动作方法：左脚在前站立，身体离台约60厘米，球拍呈半横状略下垂，拍形稍后仰。触球前，前臂加速用力向左上提拉，同时配合手腕动作向上摩擦球，在球下降期击球中下部。遇来球低或下旋较强时，腰部应配合向上用力。击球后要随势将球拍挥至额前，重心移至左脚。

5. 反手快抽

反手快抽站位近、动作小、球速快，借来球反弹力还击，是两面攻的重要技术之一。

动作方法：右脚稍前，身体离球台约40厘米，持拍手臂自然弯曲，将球拍移至腹前偏左的位置，击球时前臂和手腕向右前上方挥动，同时配合外旋转腕动作，使拍形前倾，在球上升期击球中上部，击球后随势将球拍挥至右肩前。

6. 反手拉抽

反手拉抽动作大，主动发力，用力还击左方来的下旋球，对搓球或削球用它可以争取主动或直接得分。

动作方法：右脚稍前，身体离台约60厘米。击球时上臂稍向前，同时配合向外转腕动作，前臂向右前上方迅速挥动，在球下降期击球的中部或中下部。在触球时有一个前上拉的动作，腰部协助用力，击球后随势将拍挥至额前，身体重心移至右脚。

六、搓球

1. 快搓

快搓动作小，回球较快，能借球力回击，它是对付削球和搓球的有效方法。

动作方法：右脚步稍前移，身体靠近球台。来球在身体左侧时，可运用反手搓球。击球时，上臂迅速前伸，前臂跟随向前，拍形稍后仰，利用上臂前送力量，在球上升期击球中下部。在用正手搓右侧球时，身体稍向右转，手臂向前右上引拍，然后前臂和手腕向前下方用力，在上升期击球中下部。

2. 慢搓

慢搓动作幅度较大，回球较慢，旋转变化用得好，可以为进攻创造条件或直接得分。

动作方法：反手慢搓是右脚稍前，身体离台约50厘米，持拍手臂向左上引拍，击球时前臂和手腕向前下方用力，同进配合内旋转腕动作，拍形后仰，在球下降期后段击球的中下部。击球后前臂随势送。横拍搓球，拍形略竖一些，击球后前臂向右下方挥摆。

正手慢搓是左脚稍前，身体稍向右转。击球前手臂向右上方引拍。然后前臂手腕向左前下方用力搓球，在球的下降后期击球的中下部。

七、削球

1. 远削

远削动作大，球速慢，弧线长。回球下旋，可通过旋转和落点的变化伺机反攻。

动作方法：正手远削时，左脚稍前，身体离球台超过1米，上体稍右转，重心在右脚上。击球前手臂自然弯曲，将球拍向右上引至同肩高。击球时手臂向左前下方挥动，在球下降期击球中下部，拍形稍后仰。触球时前臂加速削击，同时手腕向下转动用力，击球后随势前送，重心移到左脚。

反手远削时，右脚稍前，身体左转，手臂弯曲，球拍从上方引至与肩同高，拍柄向下，重心放在左脚上。击球时手臂向右前下方挥动，前臂和手腕加速用力削击来球，在球下降期击球中下部，拍形后仰。击球后上体向右转动，球拍随势挥至身体右侧，重心移到右脚。

2. 近削

近削动作小，球速快，前进力较强。近削逼角能使对手回球困难，从而伺机反攻。

动作方法：正手近削时，左脚稍前，身体离台50厘米左右，上体稍向右转。击球时手臂弯曲，后引至与肩同高，拍形稍后仰。触球时前臂用力向左前下方挥动，手腕配合下压，在球上升后期或高点期，击球的中部或中下部。

反手削球时，右脚稍前，手臂弯曲向左上引拍。击球时前臂向右前下方挥动，手腕配合用力下压，在球上升后期或高点期击球的中部或中下部。

3. 削弧圈球

一般情况下，有两种削球方法可以还击对方拉过来的弧圈球，一种是加转削球，另一种是变化削球角度。

八、弧圈球

弧圈球是一种上旋力非常强的进攻技术。比赛时常运用弧圈球为快攻创造机会，而且被动时可作为过渡，主动时发力拉冲可直接得分。

1. 正手高吊弧圈球

这种弧圈球球速较慢，弧线较高，上旋性特强，着台后向下滑落快，对方回击不当时易出界或击出高球，为扣杀创造机会。一般遇到低而转动的来球时，这种打法比较多。

动作方法：准备击球时，持拍手臂自然下垂，并向后下方引拍，右肩略低于左肩，拇指压拍使拍形略为前倾，呈半横立状，并使拍形固定。当来球从台面弹起时，手臂向前上方挥动，前臂在上臂带动下爆发性用力做快收动作，将要触球时，手腕向前上方加力，并在来球下降期用拍摩擦球的中部或中上部。球拍摩擦球时，要注意配合腰部向左上方转动和右腿蹬地的力量。击球后，重心移至左脚。

2. 正手前冲弧圈球

这种弧圈球弧线低，上旋力强，球速快，着台后前冲力大。

动作方法：球拍自然引至身体与台面同高，拍形前倾与水平面成 $35°\sim40°$ 夹角。当球从台面弹起还未达到高点时，腰部向左转动，手臂向前上方挥动，上臂带动下臂加速内收，手腕略微转动，在高点期用拍摩擦球的中上部，使之成为较低的弧线落至对方的台面上，击球后重心移至左脚上。

3. 正手侧旋弧圈球

这种弧圈球带有强烈上旋力及侧旋力，着台后下落快，还会出现拐弯现象，能增加对方回击的难度。

动作方法：拍面呈半横状，并略向右侧，上臂带动前臂和手腕，结合腰部向左转动的力量，在下降期用拍摩擦球的右中部或中上右部，使球有强烈的右旋力，击球后重心移到左脚。

4. 反手弧圈球

这种打法多为横拍选手所用。击球前将拍引至下腹部，拍形前倾。当球弹起时，以肘为轴，前臂迅速向上挥动，结合手腕向上转动的力量，在下降期摩擦球的中部或中上部，在击球过程中，两腿向上蹬伸。

第三节　快攻型打法的基本战术

制定战术的原则为："以己之长，攻彼之短。"这就要求尽可能地了解对手的技术、战术特点以及心理因素等方面的情况。有的放矢地采取相应有效的战术。战术运用的原则为："以我为主，积极主动，灵活多变。"

近台快攻的特点是站位近台，以速度为主，打在前面，先发制人。快速，准确，凶狠，多变。可用"快、准、狠、变、转"概括。

一、发球抢攻战术

（1）反手发右侧上（下）旋球，发至对方靠中路近网处，伺机攻对方左角。

（2）发追身长球（球速要快），使对方不易发挥攻球的威力。伺机攻对方中路或两角。这种战术对两面攻选手较为有效。

（3）发下旋长球（球速要快）至对方左角，配合以近网短球，然后侧身抢攻。第一板应针对对方弱点攻击。这种战术对付弧圈球和快攻选手效果突出。

（4）正后发左侧上（下）旋短球至对方左角（角度要大），配合发长球进行抢攻。

二、推挡侧身攻

（1）在对推中，比力量、比速度、比落点，伺机侧身抢攻。

（2）在对推中用推球力量的突然变化，迫使对方回球过高，伺机侧身攻球。

（3）如推球技术好，可压对方反手，伺机侧身抢攻。

（4）用推挡压住对方中路后再侧身攻。这种战术对付两面攻选手较为有效。

三、推挡变线

（1）用推挡连压对方左角取得主动时，突变推直线袭击对方右角空当。

（2）遇连续侧身攻的对手，可用推挡变线加以牵制。

（3）用推挡变线来反击进攻对手之空当。

四、左推右攻

（1）当推挡略占优势时，或侧身抢攻后，对方往往会主动变线到正手，此时应以有力的正手攻球进行回击。

（2）主动推变直线，引诱对手回球到正手（斜线），用正手攻直线反袭对方空当。

（3）可佯作侧身攻，诱使对方变线，给自己创造正手攻球的机会。

第四节 乒乓球竞赛规则简介

一、合法发球

以下属于合法发球：

（1）发球时，球应放在不执拍手的掌上，手掌应静止、张开、伸平、四指并拢，拇指自然分开。

（2）发球时，不执拍手接触球时应始终在比赛台面的水平面以上。

（3）发球员只能用手向上抛球，不得使球旋转，偏离水平面垂直线不得超过45°。击球时不能用身体遮挡击球。

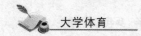

(4) 当球从抛起的最高点降落时,发球员才能击球。并使球首先触及自己的台区,然后直接越过球网或绕过球网再触及接球员的台区。

(5) 在双打中,球发出后应先接触发球员的右半区,然后再触及接球员的右半区。

(6) 在运动员发球时,没有击中处于比赛状态的球即失一分。

(7) 在发球中,击球时必须在发球员台区的端线或其假设延长线之后。

二、合法还击

以下属于合法还击:

(1) 在合法发球或合法还击以后,运动员必须击球,使球直接越过或绕过球网,然后触及对方台区。

(2) 如果球在越过或绕过球网时触网或网柱,应被看作直接越网。

(3) 如果发出或还击的球越过球网返回时,可以对此进行还击,使其直接触及对方台区,此球应看作越过或绕过球网。

三、双打击球次序

在双打中,首先由发球员发合法球,再由接球员合法还击,然后由发球员的同伴合法还击,再由接球员的同伴合法还击。此后运动员按此次序交替合法还击。

四、一分

除非一个回合被判重发球,否则下列情况判失一分:未能发出合法球;未能合法还击;拦挡或阻挡;连续击球两次;用不合乎规定的拍面击球;当球处于比赛状态时,运动员及其任何穿戴物件使台面移动;在球处于比赛状态时,不执拍手触及台面;在球处于比赛状态时,运动员及其穿戴物触及网或网柱;在双打中,运动员未按确定的顺序击球;实行轮换发球时,发球员及其同伴在发球后已连续十二次合法击球,而且每次都被对方合法还击。

五、一场和一局比赛

在一局比赛中,先得11分的单打或双打的运动员为胜方,但打到10平后,先多得2分者为胜方。一场比赛应采用5局3胜制或7局4胜制,比赛应连续进行。

六、交换发球次序

以下情况交换发球次序:

(1) 发球2次后,接发球一方即成为发球方,依此类推。双方10平或开始采用轮换发球法以后,发和接发次序同上,每个运动员只轮发一个球,直到该局结束。

(2) 在双打中,由取得发球权一方选出的同伴发球,由对方选择的同伴接发球;
第二发球员为第一接球员,而第二接球员为第一发球员的同伴;
第三发球员为第一发球员的同伴,而第三接球员为第一接球员的同伴;

第四发球员为第一接球员的同伴,而第四接球员为第一发球员。依此类推。

(3) 一局首先发球的一方,在该场下一局首先接发球。

(4) 在双打比赛中,除第一局外,每一局选出了第一个发球员,首先接发球的应是前一局发给他球的发球员。

在决胜局中,当一方先得 5 分时,接发球一方的运动员应交换发球的次序。

第十一章 羽毛球运动

第一节 认知羽毛球运动

羽毛球运动是一项深受大众喜爱的体育活动，它器材设备简单，技术要求和运动量可自我控制，既充满乐趣又可强身健体，因为它便于开展，男女老少都能参加。羽毛球运动又是一项竞技性很强的竞赛项目，羽毛球比赛紧张激烈，观赏性较强。在比赛中，球飞翔的快慢、轻重、高低、狠巧、飘转等变化，对运动员的身体素质和智力水平要求较高，运动员必须具有较好的力量、速度和耐力，而且步法要灵活，反应要敏捷，技术要全面。

一、羽毛球运动的起源与发展

据有关资料记载，19世纪中叶，印度的浦那城内，有一种类似今日羽毛球活动的游戏十分普及，它是以绒线编织成形，上插羽毛，人们手持木拍，隔网将球在空中来回对击。19世纪60年代一批退役的军官把这种称为"浦那游戏"的活动带回英国，并逐步使它演变成一项竞技运动。

1860年，在英国格拉斯哥郡的伯明顿镇，庄园主鲍费特公爵在他的庄园里举行一次家庭社交活动，恰逢下雨，庄园内四处积水，客人们只好聚在客厅里。当时有位从印度退役的军官，将"浦那游戏"介绍给大家，并在大厅里活动起来，因这项活动极富有趣味性，很快就风行开来。此后，这种室内游戏迅速传遍英国，"伯明顿"（Badminton）即成为羽毛球的英文名字。

羽毛球比赛规则的形成和发展也是颇为有趣的。世界上第一部羽毛球运动规则于1873年草拟于印度的浦那。其后，一些国家也制定了类似的规则，但各国所定的羽毛球比赛规则和场地标准不尽相同。

早期的羽毛球和球拍形状和现在基本相同，只是体积较大，重量较重。早期的羽毛球场地中间较狭窄，1901年修改羽毛球比赛规则时，将场地的形状改成现今的长方形。

1877年英国第一次出版了羽毛球比赛规则。

1887年英国的巴斯羽毛球俱乐部成立时，修改和统一了羽毛球比赛规则，其中不少条文至今仍被采用。

1893年，由英国14个羽毛球俱乐部组成了世界上第一个羽毛球协会，即英国羽毛球协会，并进一步修改了规则。1899年，该协会举办了第一届"全英羽毛球锦标赛"。此后,这个传统的非正式羽毛球锦标赛每年举办一次,一直延续至今。

1934年成立了国际羽毛球联合会,总部设在伦敦。1939年国际羽毛球联合会通过了各会员国共同遵守的《羽毛球竞赛规则》。

从20世纪20年代到40年代,欧美国家的羽毛球运动发展很快,特别是英国和丹麦,历次重大国际比赛的桂冠几乎都被他们所垄断,加拿大和美国也具有相当高的水平。

1948—1949年举办了首届世界男子羽毛球团体赛(汤姆斯杯),马来西亚击败了美国、英国和丹麦等强国,荣登榜首,从此开始了亚洲人称雄国际羽坛的时代。

50年代亚洲羽毛球运动发展较快,首先是马来西亚,涌现出了不少优秀选手,蝉联了1951年、1955年举办的两届汤姆斯杯赛冠军,同时在世界锦标赛中再次获得男子单打、双打的冠军。

50年代末,印度尼西亚羽毛球队在国际羽坛开始崛起,他们在学习欧洲选手技术和打法的基础上有所创新,加快了比赛的速度和对落点的控制,使羽毛球技术水平提高到一个新的阶段,在第四届汤姆斯杯赛中一举击败马来西亚队而夺得冠军。60年代和70年代,印度尼西亚队的技术水平在国际羽坛上(除中国以外)一直处于遥遥领先的地位,从第四届到第十一届的汤姆斯杯赛,除第七届被马来西亚夺冠外,其余冠军全被印度尼西亚所获得,并且几乎垄断了在此期间举行的全英锦标赛的男子单打、双打的冠军。

在女子方面,50年代中期至60年代初期,美国占据优势,连续三届获得女子团体比赛(尤伯杯)的冠军。60年代后期至70年代,世界羽坛的优势转向日本。

1981年5月国际羽联重新恢复了中国在国际羽联的合法席位,从此揭开了国际羽坛历史上新的一页,进入了中国羽毛球选手称雄国际羽坛的辉煌时期。

1988年汉城(今首尔)奥运会上,羽毛球被列为表演项目。1992年巴塞罗那奥运会上,羽毛球被列为正式比赛项目,从此羽毛球运动进入了一个新的发展时期。

二、国际羽毛球赛事

现代羽毛球比赛分为男子单打、女子单打、男子双打、女子双打和混合双打五个单项比赛。目前,由国际羽联主办的重大羽毛球赛事有汤姆斯杯赛,即世界男子羽毛球团体锦标赛;尤伯杯赛,即世界女子羽毛球团体锦标赛;世界羽毛球锦标赛,设有5个单项比赛;苏迪曼杯赛,即世界羽毛球混合团体赛;国际羽毛球系列大奖赛;世界杯羽毛球赛等。

1. 汤姆斯杯赛

汤姆斯杯赛即世界男子羽毛球团体锦标赛,汤姆斯杯为国际羽联第一任主席乔治·汤姆斯捐赠,杯高71厘米。因受第二次世界大战影响,直到1948年才举办第一届比赛,原来每三年举办的一届,现已改为每两年举办一届,并在偶数年举办。汤姆斯杯比赛由3场单打和2场双打所组成。从1948年至今已举办了30届,印度尼西亚13次夺冠,中国10次夺冠,马来西亚5次夺冠,日本1次夺冠,丹麦1次夺冠。

2. 尤伯杯赛

尤伯杯赛即世界女子羽毛球团体锦标赛。尤伯杯由英国著名羽毛球运动员贝蒂·尤伯

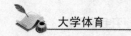

所赠。1956年举办第一届比赛，尤伯杯赛在偶数年举办，比赛方法与汤姆斯杯基本相同。从1956年至今已举办了27届，中国14次夺冠，日本6次夺冠，印度尼西亚3次夺冠，美国3次夺冠，韩国1次夺冠。

3. 世界羽毛球锦标赛

世界羽毛球锦标赛即世界羽毛球单项锦标赛。该赛共设有男、女单打，男、女双打和混合双打5个比赛项目。1977年举办第一届比赛，每三年举办一届，1983年改为每两年举办一届，并在奇数年举办。

1987年中国羽毛球队获得该赛的5个项目冠军，创国际羽坛先河。

4. 苏迪曼杯赛

苏迪曼杯赛即世界羽毛球混合团体比赛。该赛共设有男女单打、男女双打和混合双打5个比赛项目。1989年举办第一届比赛，每两年举办一届，与世界羽毛球锦标赛同年同时在奇数年举办。

5. 国际羽毛球系列大奖赛

由国际羽联参照世界网球大奖赛的办法组织，始于1983年，每年举办一届。该赛把全年的比赛分成若干赛区，由许多比赛组成系列。根据运动员在各次比赛中的成绩积分进行排名，选出前16名运动员进行总决赛。

6. 世界杯羽毛球赛

世界杯羽毛球赛属于邀请性比赛，由国际羽联邀请当年成绩优异的选手参加，创办于1981年。第一届、第二届仅设男、女单打比赛，自1983年起增设了男、女双打和混合双打3个比赛项目。

7. 全英羽毛球锦标赛

全英羽毛球锦标赛由英格兰羽毛球协会于1899年创办，是世界上历史最悠久的羽毛球比赛。初期只是在英国范围内由各地方协会派选手参加，后来扩大到英联邦国家，现已成为全球性的羽毛球大赛。创办时每年3月的最后一周在伦敦附近的温布利体育中心举办，现改为每年的3月份举办。

此外，一些国际性综合运动会也包括羽毛球比赛，该羽毛球比赛服从于运动会的特别规程。这类综合性运动有亚洲运动会、英联邦运动会、东南亚半岛运动会、世界运动会和奥运会。

三、羽毛球场地与器材的基本要求

1. 羽毛球场地

羽毛球场地的长度是13.40米，单打球场宽5.18米，双打球场宽6.10米。

2. 场地线

羽毛球场必须有清楚的界线，所有场地线都是它所确定区域的组成部分。场地线宽均为 40 毫米，场地线的颜色最好是白色、黄色或其他容易辨别的颜色。

3. 场地空间、四周环境

羽毛球场上空 12 米以内，球场四周 2 米以内，不应有任何障碍物（包括相邻的两个球场）。

4. 网柱

网柱高 1.55 米，双打场地网柱应放置在双打边线的中点上，单打场地网柱应放置在单打边线的中点上。

5. 羽毛球

羽毛球重 4.74～5.50 克，应有 16 根羽毛插在半球形的软木托上；羽毛球底部为圆形，球托直径 25～28 毫米；羽毛在顶部围成圆形，直径 58～68 毫米；羽毛应用线或其他适宜材料扎牢。

6. 球拍

羽毛球拍用木料、铝合金或碳素纤维等质地轻而坚实、并富有弹性的材料制成。球拍由拍头、拍弦面、联结喉、拍杆、拍柄组成整个框架。拍框总长度不超过 680 毫米，宽不超过 230 毫米；拍弦面应是平的，用拍弦穿过拍头十字交叉或用其他形式编制而成，编制样式应保持一致；拍弦面长不超过 280 毫米，宽不超过 220 毫米。

第二节 羽毛球运动基本技术

一、握拍法

羽毛球运动最基本的握拍法有正手握拍法和反手握拍法，以右手握拍为例：

1. 正手握拍法

凡从身体右侧来球至头顶运用正手握拍法击球，如图 11-1 所示。正手握拍法击球即虎口对准拍柄上方侧内沿，小指、无名指和中指并握，食指稍分开，大拇指与中指靠近。

2. 反手握拍法

凡从身体左侧的来球，运动员应先转身（背对网），然后用反手握拍法击球，如图 11-2 所示。反手握拍法即在正手握拍的基础上，拇指和食指将拍柄稍外转，拇指顶贴在拍柄内侧的宽面上。

图 11-1 正手握拍法

图 11-2 反手握拍法

二、发球与接发球

1. 发球

发球有正手发球和反手发球两种，如图 11-3 所示。按球在空中飞行的弧线又可将发球分为发高远球、发平高球、发平快球、发网前球和发旋转飘转球等。

2. 接发球

如果说发球发得好是走向胜利的开始，那么接发球接得好则是走向胜利的第一步。发球方要利用多变的发球打乱接球方的阵脚，争取主动，而接发球方则是通过多变的接发球破坏对方的企图，如 11-4 所示。

正手发球　　反手发球

图 11-3 发球

图 11-4 接发球

三、击球法

1. 高远球

如图 11-5 所示，高远球可以逼迫对方退离中心位置，到底线去击球，削弱对方进攻威力，消耗对方的体力。高远球的滞空时间长，易于争取时间，摆脱被动局面。

图 11-5　高远球

2. 吊球

如图 11-6 所示，吊球即把对方击来的球从后场轻巧地还击到对方的网前地区。吊球是调动对方、打乱对方阵脚、配合战术的一种击球技术。在后场进攻中，常和高远球、杀球结合运用。如能做到这三种击球的前期动作一致，就能造成对方判断上的失误，以巧取胜。

图 11-6　吊球

3. 杀球

如图 11-7 所示，杀球即把高球在尽量高的击球点上用力扣压下去，这种球力量大、弧线直、下落快，是一种主要进攻技术。杀球技术有正手、反手和绕头顶杀球三种。

图 11-7　杀球

4. 放网前球

如图 11-8 所示，放网前球即将对方的吊球或网前球用球拍轻轻一托，使球一过网顶就朝下坠落。

图 11-8 放网前球

5. 搓球

如图 11-9 所示，搓球是放网前球技术的一种发展，它动作细腻，击球点较高，利用"搓""切""挑"的动作，摩擦球托底部，使球改变在空中的正常运行轨迹，产生沿横轴翻转或纵轴旋转越过网顶，给对方回击造成困难，为自己创造进攻的机会。

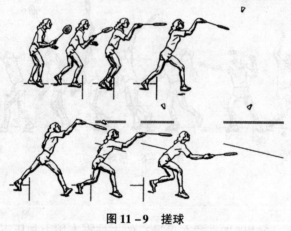

图 11-9 搓球

6. 推球

如图 11-10 所示，与网前的假动作相配合，在引诱对手上网时，突然将球快速推到后场底角。利用这种进攻技术，常能直接得分。

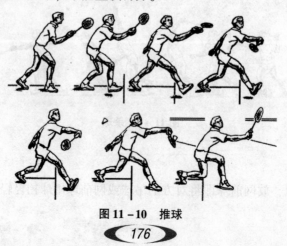

图 11-10 推球

7. 勾球

如图 11-11 所示，勾球即在网前回击对角线球。勾球与搓球、推球结合起来运用，常能达到声东击西的作用。

图 11-11　勾球

8. 扑球

如图 11-12 所示，扑球即当对方发网前球或回击网前球，球越过网顶时，弧度较高，运动员迅速上步在网前举拍扑杀。扑球用力有轻有重，飞行的弧线较短，落地较快，常使对方挽救不及，是双打中常用的一种进攻技术。

图 11-12　扑球

9. 挑高球

如图 11-13 所示，挑高球是把对方击来的吊球或网前球挑高，回击到对方的后场去，这是在比较被动的情况下采取的一种防守技术。

10. 抽球

如图 11-14 所示，抽球是击球平飞过网的一种打法。抽击时，击球点在肩部以下的两侧，是下手击球速度较快的一项进攻技术，在双打中运用最多。

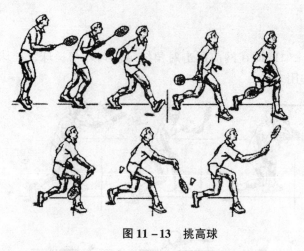

图 11－13　挑高球

图 11－14　抽球

11. 接杀球

如图 11－15 所示，接杀球是转守为攻的打法，分为挡网前球、抽后场球和挑高球。

图 11－15　接杀球

四、步法

羽毛球的步法要快速灵活，才能有效地控制全场。单个步子有蹬步、跨步、垫步、蹬跨步、蹬转步、交叉步、并步、小碎步、腾跳步等。由这些组成上网、后退、两侧移动和起跳腾空等综合步法。从中心位置起动，移动到任何击球位置，一般不宜超过3步。以右手持拍者为例，说明几种综合步法：

1. 上网步法

由中心位置起动，不论正手球或反手球，根据来球的远近，可采用1步、2步或3步上网击球。但最后一步总是要求右脚在前，重心落在右脚上。

2. 后退步法

由中心位置后退，根据来球的远近，可采用1步、2步或3步后退击球。最后一步是右脚在后，重心在右脚上。若反手部位击球，左脚退后一步，上身需向左转体后，右脚再跨出一步。

3. 两侧移动步法

向右侧移动：若来球较近，用左脚掌内侧起蹬，右脚同时向右侧转跨一大步；若来球较远，左脚可向右垫一小步再起蹬，右脚同时向右转侧跨一大步。向左侧移动：若来球较近，用右脚掌内侧起蹬，左脚同时向左侧转跨一大步；若来球较远，左脚可先向左侧移半步，上体向左转身的同时右脚向左（前交叉）跨一大步。

4. 起跳腾空步法

步子到位后，为争取战机和更高的击球点，用单脚或双脚起跳，凌空一击。

第三节 羽毛球战术与打法类型

一、羽毛球打法

根据羽毛球比赛的规则，可以用几种技术组合形成各种不同的打法。由于每个运动员的技术特长、身体素质和心理品质等条件不同，可能会形成各种不同的打法。

1. 单打的几种打法

（1）压后场底线。

通过高远球和进攻性平高球压对方后场底线，迫使对方后退，然后配合大力杀球或吊网前空当，争取得分。

（2）打四方球。

以高远球（或平高球）和吊球准确地攻击对方四个角落，调动对方前后左右奔跑，打乱其阵脚，在对方来不及回中心位置或回球较差时，向其空当部位发动进攻而取胜。

（3）快拉快吊。

以平高球快压对方后场两底角，配合快吊网前两角，引对方上网，当对方被动回击网前球时，即迅速上网控制网前，以网前搓球、勾球结合推后场底角，迫使对方疲于奔命，回击被动，从而创造中后场大力扣杀和网前扑杀的机会。

（4）后场下压。

利用对方打来的高远球在后场扣杀，结合吊球，迫使对方被动拦网前或放网前球，这时主动快速上网搓球或推球，控制前场，迫使对方被动挑高，再后退起跳大力扣杀。

（5）守中反攻。

这种打法是利用拉吊四方球及防守中的球路变化调动对方，伺机反攻（扣杀、吊球和平抽空当）。

2. 双打的几种打法

（1）快攻压网。

从发球、接发球抢攻开始，以左右分边站、平抽平打快速杀球为主，将对方压在前场进行进攻。

（2）前场打点。

通过网前搓球、勾球，推半场或找空隙，打乱对方站位，创造后场进攻机会。

（3）后攻前封。

基本保持前后站位，后场逢高球积极下压，连续大力扣杀，杀球与吊球配合运用，打乱对方防守阵型。当对方还球到前半场或近网时，予以致命的扑杀。

（4）抽压底线。

以快速的平高球和长抽球压住对方底线两角，在对方扣杀时以平抽反击或挑高球到两底角，调动对方，伺机进攻。

二、羽毛球战术

战术是根据对手的技术、打法、体力和意志等因素，从发挥自己的长处、弥补自己的短处出发，为争取比赛胜利而采取的各种策略。

1. 单打战术

（1）发球抢攻。

从发球的第一拍起，争取控制对方，攻杀得分。一般发网前低球结合平快球、平高球，争取第三拍主动进攻。

（2）攻后场。

对后场还击力量较差的对手，可以攻后场底线两角，乘机进攻。

（3）攻前场。

对基本功差的选手，可将其引到网前，争取得分。

（4）打四球。

若对手步法较慢，体力稍差，技术不全面，可以快速准确的落点攻击对方场区的四个角落，伺机向空当进攻。

（5）杀吊上网。

当对手打来后场高球，先以杀球配合吊球把球下压，落点要选择在场区的两条边线附近，使对手被动回球。当对手还击网前球时，迅速上网搓球、勾球或平推球，创造在中后场大力扣杀的机会。

（6）守中反攻。

先以高远球诱使对方进攻，在对手强攻不下、疏于防守时，突击进攻；或在对手体力下降、速度缓慢时，再发动进攻。

2. 双打战术

（1）发球、接发球战术。

双打的发球往往是决定胜负的关键。发球要根据对方情况，选择好站位，注意球路、落点的变化，争取主动。因双打的发球线比单打短76厘米，不利于发高球，往往以发网前球为主。接发球时如判断起动快，有较好的出手手法，常可以扑球使对方被动，或是以搓球、推球获得主动进攻的机会。

（2）攻人（2打1）。

集中攻击对方有明显弱点的队员。当另一队员前来协助时，露出空隙，可攻空隙；若另一名队员放松警惕，可攻其不备。

（3）攻中路。

当对方处于并排防守站位时，可攻对方两人的中间。当对方前后站位时，就可把球下压或轻推在两边线半场处。

（4）攻后场。

遇到后场扣杀能力差的对手，可采用平高球、推平球、接杀挑底线，把对方一人紧逼在底线两角移动。当对手被动还击时，大力扑杀。如另一对手后退支援，即可攻网前空当。

（5）后攻前封。

当本方处于主动进攻且前后站位时，后场队员逢高球必杀，迫使对手接杀挡网前，为本方前场队员创造封网扑杀机会。前场队员要积极封锁前场，迫使对方被动挑高球，若挑高球不到后场，就会为本方创造得分机会。

（6）守中反攻。

在防守中寻找反攻的机会，以摆脱被动局面，转为主动进攻。一旦遇到有利时机就运用反抽或挡网前回击对方的杀球，从守中反攻，争得主动权。

三、羽毛球打法战术的发展

1. 男子单打打法的发展概况

（1）20世纪50年代前的传统打法。

20世纪50年代前的传统打法是讲究技术性，但速度不快，强调控制球的落点稳而准，多运用高球、吊球技术。当时欧洲的代表人物是柯普斯，亚洲则是曾4次在全英锦标赛夺冠的马来西亚选手黄炳顺和庄友明。

（2）杀、吊上网的快速打法。

由于亚洲羽毛球的崛起，国际羽坛出现了欧亚竞争的局面。亚洲选手具有灵活性好的特点，能以快制慢对付身材高大、击球有力的欧洲选手。马来西亚选手黄德福、王宝林以加快移动速度，头顶击球的技术在50年代被称为"全攻"型打法。1959年印度尼西亚选手陈友福以吊、杀上网的快速打法夺得全英锦标赛冠军。

（3）快速打法的全面突破。

中国在20世纪60年代，以"快、狠、准、活"的技术风格，开创了"快攻"的新局面。在技术上创造了平高球、快吊、劈杀、网前搓球，步法上则强调提高移动速度，保持快速移动的能力。当时的代表人物有汤仙虎、侯加昌，都是擅长快拉、快吊结合突击的打法；方凯祥则是杀、吊、劈结合快速控网的打法。

（4）"快速和进攻"打法被各国选手重视。

在中国快速进攻打法的影响下，印度尼西亚先后涌现出一些擅长快攻打法的人，如梁海量用杀、吊上网和劈杀配合，8次夺得冠军；林水镜用后场双脚起跳扣杀上网，两次夺得全英赛冠军。翁振祥用平高球压底线，结合贴网吊球的拉、吊突击打法，使印度尼西亚队从1958年至70年代末共7次夺得汤姆斯杯。先进的快攻打法主宰了国际羽坛。

同时欧洲选手在发展重力扣杀的同时，也加快了进攻速度。如丹麦的考普斯运用网前假动作和拉、吊技术夺冠并保持7年之久。普里和菲明道夫分别在1975年、1977年击败梁海量而获全英赛冠军，可见快速和进攻的打法已被国际羽坛强国选手重视和运用。

（5）20世纪70年代后期以控制对方和后场为主。

如何制服林水镜快速下压控网的全攻型打法，已是人们考虑的主要问题，其办法是加强防守，控制底线，不让他发挥下压上网。当时的代表人物有丹麦的弗罗斯特，印度的普拉卡什，马来西亚的米士本，中国的韩健、栾劲，印度尼西亚的林水镜和苏吉亚托等。弗罗斯特的打法特点是技术全面，控制与反控制的能力很强，他既能应付亚洲的快攻打法，本身又比较快，还能守中反攻，因此运动寿命最长，于1982年夺得了全英赛冠军，成为80年代"四大天王"之一。印度尼西亚的林水镜也改变了单一的杀上网打法，向拉、吊结合突击转化。苏吉亚托的特点是后场反控制能力很强，防守时接杀还反抽底线，于1983年第三届世锦赛中夺冠而成为"四大天王"之一。韩健原是防守型打法，由于加快了移动和劈杀能力，成为防守反攻的实力选手，1982年，在中印对抗赛中战胜了林水镜。总之，当时世界优秀选手主要的打法，都是以压底线为主，并发挥各自的特点。

（6）强调变速突击，注重时机、效果、落点与战术的变化。

这是20世纪80年代中期至90年代的特点，如中国选手杨阳和赵剑华，前者是快速调动，后者是先声夺人，他们的共同特点是变速突击能力很强，表现在后场两侧起跳突击下压和抢网组织进攻，给对手造成极大威胁，都被赋予80年代"四大天王"的荣称。

欧洲选手利用自身的高大、有力，已从控制底线的打法转向强调进攻、突击发球抢攻，以下压控网为主的打法。亚洲选手更重视利用自身灵活的特点而抓技术的全面和突击技术，打法以拉结合变速突击为主。尤其是印度尼西亚选手后场起跳变速突击下压，速度快，落点刁，威胁大。目前，世界男单选手更注意在掌握全面技术的基础上，加强绝招的练习，提高质量和变化，使进攻具有更大的威胁力。

2. 男子双打打法的发展概况

(1) 20世纪50—60年代，欧亚选手采用不同风格的打法。

欧洲的丹麦以科倍罗、汉森为代表，他们手法好，分球质量高，很少起高球，以软打前半场、控制后半场落点为主，迫使对方起高球再大力扣杀。亚洲的双打运动员则用硬对付软，以快对付慢，以吊抽硬打为主。

(2) 20世纪60年代，中国有多对世界水平的选手。

当时我国有两种风格的打法：一种是运用单打手法，通过防守，挑两边底线的调动和对角线的前半场分球来创造进攻机会，属于后发制人的打法，如侯加昌、汤仙虎组合；另一种是以双打的高打、平打、近打、压着打为指导思想，加快节奏，以快速平压争得主动权，尤其前半场和跟位压网及连续封网意识和技术都在当时有着明显的优势。

(3) 20世纪70年代，印度尼西亚双打垄断了国际羽坛。

印度尼西亚有两对选手比较突出，即纪明发、张鑫源和梁春生、瓦迪。他们的主要特点是攻守兼备，而且防守能力特别强，大多采用守中反攻、后场两边调动然后伺机反击的战术。在打法上，两对选手各有特色，纪、张组合中，纪主要在前场，快速封网找位跟进，一般情况下很难突破他的前半场，此外，两人发球和接发球质量很高，被人们称为双打奇才。另一对选手攻守实力强，前场以打落点为主，善于分球，主要打分边轮次的进攻队形。

(4) 20世纪80年代初，突出快攻，打破印度尼西亚垄断局面。

中国选手姚喜明、孙志安组合，以快打、平打为主，运用快和硬压底线，后分边封网战术，采用轮攻的队形，防守用挑两底线拉开战术。在1981年第一届世界运动会中夺冠。在1982年汤杯赛中又战胜印度尼西亚选手，为中国团体取胜夺得了非常宝贵的一分。在1983年第三届世界锦标赛上，丹麦选手费拉特伯格·里勒迪尼战胜印度尼西亚选手夺冠，表明欧洲选手在兼顾技术全面的基础上加快了速度。

(5) 20世纪80年代中后期，韩中马三足鼎立。

当时，高水平的双打主要有两种打法：一种是以韩国朴柱奉、金文秀为代表的平打、快打，以打前半场为主的快攻打法；另一种是以马来西亚的拉昔夫·西迪克、贾拉尼、西迪克和中国的李永波、田秉毅为代表的打攻守实力的打法。

(6) 20世纪90年代，男双格局发生变化，突出了先发制人。

90年代初，世界男双处于新老交替的阶段，新人技术不够全面，但后场的进攻都比较强，因此各对双打都是先发制人，形成对攻局面，发球、接发球及前几拍球和中前场抽挡质量都直接影响成绩，当前男双的打法也朝着"快速、全面、进攻、多变"的方向发展，在坚持快攻的方向中强调技术的全面和双打关键技术的过硬，打法更注重技术、战术的变化特色。总之，男子双打的演变是欧洲选手以软打前半场控制落点为主，亚洲选手以平抽硬打快为主，发展为轮攻的进攻队形，提高防守技术，变成以守中反攻打法为主，同时强调前几拍球的质量、全面和特色，形成多种快攻打法。

3. 女子单打打法的发展概况

(1) 女子单打长期以稳、准、控制底线为主。

20世纪50年代美国运用这种打法从欧洲手中夺过霸主地位。日本从1966年至1981

年 5 次夺得尤伯杯,其单打主要人物汤木技术全面,比赛中心位置掌握好,善于压对方两底线,打法有两个特点,首先是步法灵活跑动快;其次是加强进攻意识,尤其是头顶劈吊对角速度较快,压底线伺机劈两对角是她的主要战术。印度尼西亚身材高大的米娜妮以有力控制底线的打法,1975 年曾为印度尼西亚队夺得尤伯杯;丹麦的科彭技术全面,在稳、准的基础上,加快了步法移动,跑动快,步法调整很好,反控制能力很强,也曾获得 1979 年和 1980 年全英锦标赛女单冠军。女单控制底线的运用直至 20 世纪 90 年代还是相当成功的,主要是在球速上有了变化。如印度尼西亚队的王莲香,步法灵活,着重底线的控制与反控制,而且基础扎实,并配合拦吊,手法有动作,尽管后场以慢拉为主,但前场抢网意识很强,手法又多变,战术运用得很成功,在 1992 年世锦赛上夺冠,成为当时的羽坛"女皇"。

(2) 女单在"快速、进攻"下的吊杀控网打法。

如丹麦选手身材高大,拉尔逊、柏妮莉、娜德加都是善于用下压控网为主的打法。又如 20 世纪 70 年代中国选手梁秋霞、李芳在男子打法的影响下,出现了快速的全攻型吊杀上网打法。这些选手尽管进攻威力很大,但由于技术不够全面,在世界大赛中未能获得很好的名次。

(3) 中国女单在技术上不断创新,发展了快攻打法。

20 世纪 80 年代,在国际羽坛上保持优势地位的中国女单首先抓了步法的改革,强调步法的灵活性和移动速度,同时抓后场技术,主要发展了高平球,采用平高球结合杀球或吊球进攻的打法,进而发展控网技术,增强了抢网意识,并对网前技术动作进行改革,如掌握搓球、推球并与快速勾对角结合,使快攻打法更具有威力。在此基础上,提高控制与反控制能力,加强突击技术,使快攻打法更趋全面。

总之,女单打法主要在于底线的控制与反控制,它的演变是从慢拉、慢吊,提高移动速度和出球速度,提高控网能力,到快速拉吊或拉杀结合突击为主。

4. 女子双打打法的发展概况

(1) 欧美的传统打法,特点是分工很明确,一前一后,通过前半场的软打创造进攻机会。欧美传统打法配对都是一硬一软,主要是打手法,移动速度比较慢,1970 年之前历届全英赛女双冠军几乎全部由欧美选手获得。

(2) 20 世纪六七十年代,亚洲以防守反攻打法战胜欧美选手。

针对欧美女双只有一个在后场负责进攻,而且移动慢,进攻威胁力不大的特点,亚洲选手便采用加强防守能力,发展防守反攻的打法。日本队竹中悦子、相泽町子和德田、米仓都有较强的防守能力,后者的打法主要是运用抽挡技术,印度尼西亚队米娜妮、柯斯特也是守中反攻的打法,中国选手陈玉娘、梁秋霞,则是用单打手法打双打,先守后攻。

(3) 20 世纪 80 年代前半期,女双打法快攻稍占优势。

英国的佩里、伯斯特,克拉克、吉尔吉斯,保持了原欧洲风格的后攻前封打法,由于提高了发球、接发球和前几拍的质量,加强了前半场的控制,封网意识强,迫使对手防守挑高球,给后场队员留有充分时间移动,从而保持连续进攻,她们与中国队较量互有胜负。韩国的黄善爱、姜淑英,金练子、柳沿希,她们的防守能力强,打得很稳,通过打前半场创造进攻机会,曾在 1982 年第九届亚运会上战胜我国选手夺得冠军。中国有三对不同的打法配对，都是通过压底线创造进攻机会，但在手段上有所不同，如张爱玲和刘霞属于用单打打法打双打，采用抽压底线，在进攻队形上是后攻前封，结合两边压封，曾在第一届世界运动会上夺冠。徐蓉和吴建秋是以拉开两底线为主的守中反攻打法。还有一对是林瑛和吴迪西，擅长以快打、平打为主的快攻型打法，具有较全面的攻守能力，而且前半场封网意识强、技术好，在1983年第三届世界锦标赛上夺得冠军。

（4）20世纪80年代后半期，世界女双在技术全面的基础上，快攻技术有所发展。

如英国的克拉克、高尔丝，瑞典的马格努逊、本特森，在具有较强的防守能力基础上，采取了后攻前封与轮攻相结合的打法，与亚洲各队抗衡。亚洲的中国、韩国、印度尼西亚各队都具有较强的攻守能力，在进攻手段上各具特色。印度尼西亚队罗西安娜、埃尔马，维拉瓦蒂、杨蒂，实力相当，前一对前半场冲压意识比较强，后一对是一高一矮的配对，充分发挥维拉瓦蒂的进攻威力。中国队林瑛、关渭贞属于抽压底线、快速封网的进攻型打法；李玲蔚、韩爱萍，封网意识强，韩爱萍有后场进攻能力，控制两底线，用防守反击的打法。最突出是韩国双打黄英、郑素英，配合得又快又硬，黄英是运用对角分球，郑素英是以抽打平球来控制前半场，后场进攻以攻中路为主，配合吊球的战术比较突出，在一段时间里占有很大优势。

5. 混合双打打法的发展概况

（1）欧洲混双前半场以软打为主，球路以对角线为主，队形是女前男后，后来发展为变速和变向的平抽后场与软打前半场相结合的打法。英国和瑞典配对的选手佩里、托马斯就是这种打法，佩里前半场抢、封网意识很强，前半场放、推和扑较凶，托马斯手法好，善于控制拦截和平挡，平抽有力而稳，后场进攻很厉害，防守时女队员与球总是成对角线，佩里有时还采用半蹲或接平球，很少挑高球，他们于1983年在第三届世界锦标赛上夺冠。20世纪90年代，丹麦独领风骚，1993年第八届世界锦标赛上纶德卡、本特森和克里斯腾森、莫根森获冠亚军，在前八名中欧洲选手占5对。分析发现，他们发球、接发球技术比较好，女子封网意识强，男选手进攻凶狠，而且中场手法好，能软硬兼施，很少起高球。

（2）亚洲混双打法首次战胜欧洲混双打法。

中国队在1965年访问北欧时，林建成、梁小牧和方凯祥、陈丽娟凭着快速技术，采用双打的打法获得北欧比赛的冠亚军。之后印度尼西亚队因纪发明发球好，控制球能力强，也胜过欧洲选手，曾在1979年全英赛中夺冠。1985年后，韩国选手朴柱奉、郑明熙成绩突出，朴柱奉手法好，中场能软挡硬抽，不轻易出高球，后场进攻又有变化，能控制场上局面；郑明熙前半场意识强，有接杀球挡网跟位前压的特点，因此成了世界较强的混双选手。中国的王朋仁、史方静在1988年世界杯赛上击败了朴柱奉、郑明熙，主要是王朋仁中场球有停顿手法，后场又有连续的重炮扣杀能力；史方静防守能力强，封网比较紧，加之提高了发球、接发球质量，因而成绩突出。他们主要采用平抽、压底线，来创造进攻机会。

混双打法的演变是以软打前半场为主的打法到硬压底线为主的打法，再到软挡硬抽相结合的打法。要求有很好的发球、接发球技术，女队员需有很强的前半场意识和跟位，尤其强调击球技巧使对方回球向上或质量不高，同时防守能力要好；男队员要善于跑动，中场手法好,控制球能力强,后场进攻要有威力。

第四节 羽毛球比赛规则

一、基本规则

羽毛球比赛分男子团体、女子团体、男子单打、女子单打、男子双打、女子双打和混合双打7个项目。团体赛多采用五盘三胜制,三盘单打两盘双打,单打和双打每场比赛采用三局两胜制,羽毛球比赛以得分定胜负,不受时间的限制。

羽毛球比赛采用每球得分制,每局采用21分制,即双方分数先达21分者胜,3局2胜。每局一方以11分领先时,比赛进行1分钟的技术暂停,供比赛双方擦汗、喝水、休息等。得分者方有发球权,如果本方当前得分为单数,从左边发球;当前得分为双数,从右边发球。在第三局或只进行一局的比赛中,当一方分数首先到达11分时,双方交换场区。

二、计分规则

(1) 21分制,3局2胜制。
(2) 每球得分制。
(3) 每回合中,取胜的一方加1分。
(4) 当双方均为20分时,领先对方2分的一方赢得该局比赛。
(5) 当双方均为29分时,先取得30分的一方赢得该局比赛。
(6) 一局比赛的获胜方在下一局率先发球。

三、接发球规则

比赛前,双方应掷挑边器。赢的一方将选择先发球(或先接发球),选择一个场区或另一个场区。输方在余下的一项中做出选择,下一局开始时由上一局的胜方先发球。

单打比赛中,发球方的分数为零或偶数时,双方都站在右发球区发球或接发球;分数为奇数时,双方都站在左发球区发球或接发球。双打比赛中,每方都有两次发球权,两名队员依次轮流发一次,但每局比赛开始先发球的一方只有一次发球权。当一方获得发球权时,不论得分是奇数还是偶数,都由站在右发球区的队员先发。发球方每得一分,同队两名队员互换左右发球区,由原发球队员继续发球,而接发球方始终保持原站方位,不得互换。当接二次发球输球后,发球权交给对方。双方比赛进行中,除发球和接发球外,可由任一队员进行还击。

发球队员发球时脚不得踩线、移动或离开地面。击球的瞬间,球拍框的任何部位不得高于腰部,球拍框应明显低于发球员手部,违者判罚违例,接球员应站在发球区内,在对方完成发球动作前,不得过早移动,一人不得连续击球两次,否则"连击"违例。比赛中，身体、衣服或球拍不得触及球网或球柱，不得有阻挠或影响对方击球的动作和行为。球落在场警线外即为球出界，球落地时，如球托或羽毛的任何部分压在线上，则属界内球；发球时，球不到前发球线或双打中过了双打后发球线，或发错区域均为"界外球"。

以下情况视为合法发球：
（1）发球时任何一方都不允许延误发球；
（2）发球员和接发球员都必须站在斜对角发球区内发球和接发球，脚不能触及发球区的界线；两脚必须都有一部分与地面接触，不得移动，直至将球发出；
（3）发球员的球拍必须先击中球托，与此同时整个球拍框要低于发球员的腰部；
（4）击球瞬间，球拍杆应指向下方，从而使整个拍头明显低于发球员的握拍手部；
（5）发球开始后，发球员的球拍必须连续向前挥动，直至将球发出；
（6）发出的球必须向上飞行过网，如果不受拦截，应落入接发球员的发球区内；
（7）一旦双方运动员站好位置，发球员的球拍第一次向前挥动即为发球开始；
（8）发球员须在接发球员准备好后才能发球，如果接发球员已试图接发球则被认为已做好准备；
（9）一旦发球开始，球被发球员的球拍触及或落地即为发球结束；
（10）双打比赛，发球员或接发球员的同伴站位不限，但不得阻挡对方发球员或接发球员的视线。

四、交换场区规则

以下情况运动员应交换场区：
（1）第一局结束后；
（2）第三局开始前；
（3）第三局进行中或只进行一局的比赛中，领先的一方得分为11分时。
运动员未按规定交换场区，发现后立即交换，已得分数有效。

五、单打规则

羽毛球单打规则如下：
（1）发球员的分数为0或双数时，双方运动员均应在各自的右发球区发球或接发球；
（2）发球员的分数为单数时，双方运动员均应在各自的左发球区发球或接发球；
（3）如"再赛"，发球员应以该局的总得分，按（1）和（2）的规定站位；
（4）球发出后，由发球员和接发球员交替对击直至违例或死球；
（5）接发球员违例或因球触及接发球员场区内的地面而成死球，发球员得一分；
（6）发球员违例或因球触及发球员场区内的地面而成死球，发球员即失去发球权，接发球员得一分。

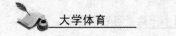

六、双打规则

羽毛球双打规则如下:

(1) 每局开始首先发球的运动员,在该局本方得分为0或双数时,都必须在右发球区发球或接发球;得分为单数时,则应在左发球区发球或接发球;

(2) 只有接发球员才能接发球,如果他的同伴去接球或被球触及,发球方得一分;

(3) 自发球被回击后,由发球方的任何一人击球,然后由接发球方的任何一人击球,如此往返直至死球;

(4) 自发球被回击后,运动员可以从各自一方任何位置击球;

(5) 接发球方违例或因球触及接发球方场区内的地面而成死球,发球方得一分,原发球员继续发球;

(6) 发球方违例或因球触及发球方场区内的地面而成死球,原发球员即失去发球权,接发球方得一分;

(7) 如有"再赛",则以该局本方总得分,按规则的规定站位;

(8) 任何一局的首先发球员失去发球权后,由该局首先接发球员发球,然后由首先接发球员的同伴发球,接着由他们的对手之一发球,再由另一对手发球,如此传递发球权;

(9) 一局胜方中的任一运动员可在下一局先发球,负方中的任一运动员可先接发球。

七、发球区错误

1. 发球区错误

(1) 发球顺序错误;

(2) 从错误的发球区发球;

(3) 在错误的接发球区准备接发球,且球已发出。

2. 发球区错误的处理

(1) 如果错误在下一次发球击出前发现,应重发球;只有一方错误且对方得分,则错误不予纠正;

(2) 如果错误在下一次发球击出前未被发现,则错误不予纠正;

(3) 如果因发球区错误而"重发球",则该回合无效,纠正错误重发球;

(4) 如果发球区错误未被纠正,比赛也应继续进行,并且不改变运动员的新发球区和新发球顺序。

八、违例

以下情况属违例:

(1) 发球不合法;发球时未击中球;发球时,球过网后挂在网上或停在网顶等。

(2) 比赛时，球落在球场界线外；球从网孔或网下穿过；球不过网；球碰上屋顶、天花板或四周墙壁；球触及运动员的身体或衣服；球触及场外其他人或物体；比赛时，球拍与球的最初接触点不在击球者的这一方（击球者击球后，球拍随球过网除外）。

(3) 比赛进行中，运动员球拍、身体或衣服触及网或网的支撑物；运动员的球拍或身体从网上侵入对方场区（不妨碍对方击球的除外）；运动员的球拍或身体从网下侵入对方场区，妨碍对方或使对方分散注意力；妨碍对方，如阻挡对方靠近球网的合法击球；比赛时，运动员故意分散对方注意力的任何举动，如喊叫。

(4) 击球时，球夹在或停滞在拍上，紧接着又被拖带；同一运动员两次挥拍连续击中球两次；同方两名运动员连续各击中球一次；球触及运动员球拍后继续向其后场飞行；运动员严重违犯或多次违犯规则。

九、重发球

以下情况应重发球：

(1) 遇到不能预见或意外的情况；
(2) 除发球外，球过网后挂在网上或停在网顶；
(3) 发球时，发球员和接发球员同时违例；
(4) 发球员在接发球员未做好准备时发球；
(5) 比赛进行中，球托与球的其他部分完全分离；
(6) 司线员未看清，裁判员也不能做出决定时；
(7) "重发球"时，最后一次发球无效，应由原发球员重新发球。

十、死球

以下情况视为死球：

(1) 球撞网并挂在网上，或停在网顶；
(2) 球撞网或网柱后在击球者一方落向地面；
(3) 球触及地面；
(4) "违例"或"重发球"已被宣判。

十一、间歇

(1) 比赛的第二局与第三局之间应允许有不超过 5 分钟的间歇；
(2) 遇到不是运动员所能控制的情况，裁判员可根据需要暂停比赛。如果比赛暂停，已得分数有效，续赛时由该分数算起；
(3) 不允许运动员为恢复体力或喘息，或接受场外指导而中断比赛；
(4) 比赛时不允许运动员接受指导；
(5) 在一场比赛中，运动员未经裁判员同意，不得离开场地；
(6) 只有裁判员能暂停比赛。

十二、警告

以下情况应予警告:
(1) 对已被警告过的一方判违例;
(2) 对严重违例或屡犯者判违例并立即向裁判长报告,裁判长有权取消其比赛资格;
(3) 未设裁判长时,竞赛负责人有权取消违例者的比赛资格。

第十二章 网球运动

第一节 认知网球运动

一、网球运动的起源与发展

网球运动被称为"绅士运动"。最早起源于12—13世纪法国传教士在教堂回廊里用手掌击球的一种游戏,后来成为宫廷里的一种室内消遣娱乐活动。也有人认为网球运动的起源应追溯到"百年战争"(1337—1453年英法两国战争)以前,在法国民间流传的一种名叫海欧·德·巴乌麦的球类游戏。据说这种游戏是两个人进行的,每人各执一个球拍,球场的四周筑有围墙,球撞到墙上后被弹回去,而后过网。

到了14世纪中叶,法国的一位诗人把这种球类游戏介绍到法国宫廷中,作为皇室贵族男女的消遣。当时玩这种游戏的场地是宫廷内的大厅,没有网也没有球拍,球是用布卷成圆形后用绳子绑成的。场地中间架起一条绳子为界,利用两手作为球拍,把球从绳上丢来丢去。不久,木板被用来代替双手作为球拍。16世纪初,这项球类游戏被法国国民发现,出于好奇便开始仿效,并很快地传播到各大城市,同时改良了其用具,将球制造得比较耐用。拍子由木板改为羊皮纸拍,拍面面积扩大,握把的柄也加长了。场地中间的绳子则绑上无数向地面垂下的短绳子,使球从绳子下面经过时可以被明显地发觉。17世纪初,场地中间不再用绳帘,而改用小方格网,网比绳帘的作用更好,拍子改用穿线的网拍,富有弹性而且轻巧方便。

早在1358—1360年间,这种球类游戏就从法国传到了英国。英国国王爱德华三世对该游戏特别感兴趣,下令在宫内建造一处室内球场。从此,网球开始在英国流行,成为英国上层社会的一种娱乐活动,所以有"贵族运动"之雅称。这期间流行的主要是室内网球,直到1793年9月29日,在英国的一份《体育运动》杂志上,才有了"场地网球"的叫法。

现代网球运动的历史一般认为是从1873年开始的。那年,英国人沃尔特·克洛普顿·温菲尔德将早期的网球打法加以改进,使之成为夏天在草坪上进行的一种体育活动,并取名为"草地网球"。同年还出版了一本以《草地网球》为题的小册子,对这种活动进行宣传和推广。所以温菲尔德被称为"近代网球的创始人"。1875年全英网球运动俱乐部成立,这个俱乐部建造了世界上第一个网球场,并于1877年举办了全英草地网球男子单打锦标赛,即后来闻名于世的温布尔登网球锦标赛。网球运动广泛开展,比赛活动日益频繁,没有统一的规则当然不行。于是 1876 年,由一些地区的著名网球运动俱乐部派出代表,一起开会研究和制订全英统一的网球规则。经过多次协商,各方代表终于在网球运动的场地、设备、打法和比赛等方面达成了一致的意见,并形成了一个统一的规则。大约在 1878 年以后,英国大多数网球俱乐部逐渐按照新的打法开展活动,进行训练和比赛。

1874 年,在百慕大度假的美国女士玛丽·奥特布里奇观看了英国军官的网球比赛后,对这项体育运动颇感兴趣,于是将网球规则、网拍和网球带回纽约。在美国,网球运动最初是在东部各学校中开展的,不久便传到了中部、西部,进而在全美得到普及。此时网球运动已经可以在沙土地、水泥地、柏油地上开展,于是"网球"的名称就慢慢替代了"草地网球"的名称,这是今天网球(Tennis)名称的由来。

1878 年,第一次男子单打锦标赛在英格兰举行。1879 年,第一次女子单打和混合双打比赛在爱尔兰举行。1884 年,温布尔登网球锦标赛增加了女子单打和男子双打比赛。1881 年美国草地网球协会成立,该协会于当年 8 月 31 日至 9 月 3 日,在罗得岛纽波特港举行了第一届美国草地网球男子单打和男子双打锦标赛,采用了温布尔登网球锦标赛的比赛规则,有 26 名运动员参加了比赛。

1887 年,美国草地网球女子单打锦标赛开始举行;女子双打锦标赛和混合双打比赛分别始于 1890 年和 1892 年。

1891 年,法国首次举行男子单打和男子双打锦标赛,女子单打始于 1897 年。

1900 年,21 岁的美国网球运动员德怀特·戴维斯,为了推动现代网球运动的发展而捐赠了一只黄金衬里的纯银奖杯,名为戴维斯杯。它后来成为国际网坛声望最高的男子团体锦标赛的永久性流动奖杯。

1913 年 3 月 1 日,澳大利亚等 12 个国家的网球协会代表,在巴黎成立了国际网球联合会,协调国际网球活动,安排全年比赛日程表,修订网球规则并监督它的执行。1919 年,抽签采用"种子"制度。1927 年,英国首创无缝网球,使球速加快。1963 年开始举办女子团体赛——联合会杯赛,1968 年温布尔登网球锦标赛首先实行不区分业余选手和职业选手的参赛制度。1972 年,国际男子职业网球选手协会成立。1973 年,国际女子网球协会成立。1896 年在雅典举行的第一届现代奥运会上,网球的男子单打与双打被列为正式比赛项目。后来,由于国际奥委会和国际网球联合会在"业余运动员"问题上有分歧,已经进行了连续七届的奥运会网球比赛项目被取消。直到 1984 年的洛杉矶奥运会上,网球才被列为表演项目。在 1988 年汉城(今首尔)奥运会上,网球重新被列为正式比赛项目。

二、世界网球运动的发展与现状

1. 世界体坛的热门

自 1877 年温布尔登网球锦标赛拉开现代网球运动的帷幕以来,网球运动一直以它特有的魅力吸引着越来越多的人参加。尽管这项运动对场地器材条件要求较多,但迄今网球已经成为一项世界性的热门运动。人们普遍认为,网球在世界各项球类运动中的地位仅次于足球,这种看法毫不夸张,尤其是在欧美地区,网球运动的普及,几乎是其他任何项目所无法比拟的。人们对网球的热情与日俱增,美国经常打网球的人有4 000多万,意大利有3 000多个网球俱乐部,仅俱乐部的会员就有150万人。美国加利福尼亚州的32所大学就有452个网球场地。人口只有600多万的瑞士,1971年网球俱乐部有1 384个,到1980年增加到2 589个。

2. 比赛频繁活跃

在世界体坛所有项目的比赛中,网球比赛也最为活跃。虽然自1920年以后它长期被置于奥运会比赛之外,但是这未能阻挡网球运动的发展和网球比赛的日渐增多。特别是从1968年规定职业和业余网球运动员均可参加同一比赛以后,网球比赛的次数和名目更多,有锦标赛、大奖赛、挑战赛、巡回赛等。在世界范围内,几乎每周都有大型的国际网球赛。如1980年男子职业网球沃尔沃大奖赛就在30多个国家的80多个城市分期进行了90多次比赛。

目前,世界上每年举行的国际网球赛,男子为100多次,女子也有近百次。

在国际性的网球大赛中,影响较大、水平较高的重大比赛有:温布尔登网球锦标赛、美国网球公开赛、法国网球公开赛、澳大利亚网球公开赛、戴维斯杯网球锦标赛和联合会杯网球赛。这6个著名比赛,前4个是单项比赛,号称世界"四大网球赛",并均为"大满贯"比赛项目,各设男、女单打,男、女双打和混合双打5个冠军。比赛采用淘汰制,如果有一名或两名运动员能在同一年内连获"四大网球赛"的单打或双打冠军即为"大满贯"得主,它被视为国际网坛的最高荣誉。戴维斯杯和联合会杯分别是男女团体比赛,规定为4场单打和1场双打,先胜3场为胜。这两个比赛被公认为最大的国际团体锦标赛。上述6个比赛都得到了国际网联的正式承认,每年举行一次。"四大网球赛"以个人名义参加,设高额奖金;戴维斯杯和联合会杯以国家或地区为单位参加。为确保这两场比赛最后决赛阶段的队伍是世界最高水平的队伍,比赛之前,各赛区都要进行相应的选拔赛,如亚洲的加法尔杯网球赛、欧洲的男子团体杯赛等。

3. 奖金数额惊人

网球之所以成为当今世界热门项目,除了网球运动本身特有的魅力之外,另一个重要因素是,国际网球比赛大都设有高额的奖金。特别是允许职业网球选手参加各种比赛以来,奖金数额更是逐年升级。如第一届美国网球公开赛奖金总额仅为10万美元,1982年增加到150万美元,1983年又增加了60万美元,到1985年已有300多万美元;再如温布尔登网球锦标赛,奖金增长更是惊人,1988年奖金总额已超过260万英镑,男单冠军可获16.5万英镑,女单冠军可获14.85万英镑。1989年奖金再次增加,至1999年其奖金总额已达387万英镑,女单冠军上升到20.7万英镑,男双冠军可获9.42万英镑,女双冠军可获8.15万英镑,混双冠军可获4万英镑。这种数额惊人的奖金,自然会吸引更多人的关注,这项运动也必然在世界产生巨大影响。

4. 美国霸主地位动摇

著名的戴维斯杯网球锦标赛是世界最高级别的男子团体网球比赛,联合会杯网球赛则是女子最高水平的团体网球比赛，它们是衡量一个国家和地区网球运动整体实力的重要标志。从历届成绩看，美国夺冠次数居首。可以说是第一网球强国，但德国1988年和1989年两次夺冠，瑞典队1981年后5次夺冠，在1988年和1989年均获亚军，也就是说20世纪80年代后，美国男子网球的霸主地位开始动摇。网球界普遍认为，当今世界男子团体实力德国和瑞典已略高一筹。在联合会杯上，德国女子队异军突起，于1987年首次夺冠。20世纪80年代后期的世界女子网坛上，美国女队也出现了和男队相同的危机，尽管在1990年美国队又重新夺回两个杯赛冠军，但他们面临的挑战是严峻的，无论男队还是女队的卫冕之役变得十分艰难。

5. 网球技术朝综合战术进攻型的打法发展

网球运动自有了比赛以来，各种打法经过多年的演变，使网球技术发生了很大的变化并得到了迅速发展。这些年来，技术发展的一个突出特点就是从防守转变为进攻。过去是正手进攻、反手防守，现在正手都采用上旋击球，球落地后前冲使对方回击困难。另外，各种打法都越来越注重速度和力量，从而增强了进攻的威力。

由于进攻型网球技术的发展，网球比赛变得更加激烈。目前，比赛双方的攻守技术又提高到了一个新的水平，各种打法趋向技术全面，突出特长；发球讲究力量大，速度快，落点刁，并旋转多变；正反手技术日趋平衡，加力上旋抽杀被普遍采用，网前进攻和底线破网技术讲究力量。每个优秀选手都能灵活运用几套攻守战术。网球技术正朝着综合战术进攻型打法发展。

三、现代网球运动的特点

1. 比赛的商业化、职业化刺激网球运动高速发展

过去网球运动的重大比赛一直不允许职业球员参加。1968年国际网联取消了这一禁令，世界各大赛事便充满了商业色彩，当今四大比赛，不同级别的大奖赛、巡回赛和独资赞助的大赛奖金都大得惊人。在高额奖金刺激下，优秀网球选手的职业化、早期专项训练、早期参赛等，加快了网球技术的变革和水平的提高。

2. 比赛场地的多样化促使运动员的技术更加全面

沥青混凝土涂塑硬场地，球速快，适合进攻型打法，它广泛使用于各大赛。英国温布尔登是草地，球速和弹跳规律不同，跑动步法和调整方式也不同，要求运动员具有广泛的适应能力，促使运动员的技术更加全面。

3. 各项攻防技、战术不断创新和发展

在技术上，双手握拍大大加强了反拍的攻击力，攻击性上旋高球现已发展为反拍攻击性上旋高球，提高了防反能力。鱼跃截击球技术、双打中的抢网技术、用快速起跳高压来对付攻击性上旋高球等高难度技术不断出现。发球上网技术在快速场地上的运用，推动着接发球破网技术、战术的发展。双打接发球方的抢网战术不仅在男双也在女双和混双中使用，这使各项攻防技术、战术达到空前的高水平。

四、中国网球运动

网球运动是在19世纪后期随着西方近代体育的传播而进入我国的。在1959年9月13日中国举行的第一届全运会上，男子网球被列为正式比赛项目。从第三届全运会开始，又增加了女子网球比赛项目。中国的网球界和国际网坛的交往是从20世纪初开始的，男子网球队参加了1915年的第三届至1934年的第十届远东运动会，女子队则参加了第六届至第十届的远东运动会网球表演赛。1924—1946年，中国选手有林宝华、邱飞海、许承基等人。其中邱飞海是第一个参加温布尔登网球赛区的中国运动员，1924年曾进入第二轮比赛。随后许承基也参加了温布尔登网球赛，他的最好成绩是打进第四轮比赛，并于1938年被列为世界网球第8号种子选手。许承基曾蝉联1938年和1939年英国硬地网球锦标赛的单打冠军，林宝华和邱飞海则登上第八届远东运动会的冠军领奖台。

中华人民共和国成立以后，网球运动得到了进一步的发展。1953年成立了中国网球协会，并在天津市举办了中华人民共和国的首次全国网球表演赛。此后，几乎每年都要举办不同形式的全国网球比赛。在历年的全国比赛中，涌现出了不少著名选手。

网球运动的国际交往是从1956年开始的，第一个访问我国的是印度尼西亚队，我国第一次派队出访是1957年去斯里兰卡。以后，中国网球运动员曾先后同30多个国家和地区交往，参加过不少大型的国际比赛，并取得了较好成绩。如1959年中华人民共和国的第一代网球选手朱振华和梅福基在波兰索波特国际网球赛中首次赢得男子双打冠军；1965年又有戚凤娣和徐润珍分别获得索波特国际网球赛的女子单打冠军和亚军。1980年中国网球协会被国际网联接纳为正式会员。此后，我国的网球运动员又获得了一些令人鼓舞的成绩：1980年10月余丽桥在东京女子网球公开赛上获单打冠军；1981年1月，李心意和胡娜获美国白宫杯少年网球锦标赛女子双打冠军；1983年中国男子网球队在吉隆坡摘取了亚洲最高水平的男子团体的桂冠——加法尔杯赛冠军；1986年中国女子网球队又在第十届亚洲运动会的团体赛中夺冠，从此结束了中国在亚运会上无网球金牌的历史。1990年和1994年，潘兵蝉联两届亚运会男单冠军；1995年1月李芳则闯进了世界排名的前50名大关。

21世纪以来，中国网球运动取得突破性的发展，在一些国际大赛中取得了非常优秀的成绩，2006年澳大利亚网球公开赛女双决赛，郑洁、晏紫以2:1的成绩击败头号种子雷蒙德、斯托瑟获得冠军，这也是中国网球选手在"四大网球赛"成年组双打比赛中的首个冠军，创造了中国女子网球的最好纪录。2006年温网，郑洁、晏紫打进女双决赛，以2:1的成绩击败了苏亚雷兹和帕斯奎尔的跨国组合，首次捧起温布尔登女双冠军，这是二人继澳网之后夺得的第二个"四大网球赛"女双冠军。2008年澳网，孙甜甜、泽蒙季奇这对跨国组合问鼎混双冠军，这也是中国选手第一次获得"四大网球赛"混双冠军。至此，孙甜甜也是目前为止唯一一个手握"四大网球赛"冠军、奥运会金牌、巡回赛单双打冠军头衔的选手。2011年6月4日，法网女单决赛，李娜以2:0击败上届冠军斯齐亚沃尼夺冠，创造历史成为第一个捧起网球大满贯赛单打冠军的亚洲选手，书写中国网球的辉煌时刻。2014年1月25日，澳网女单决赛，李娜以2:0战胜斯洛伐克选手齐布尔科娃，三进决赛之后终于首夺澳网冠军，这是李娜职业生涯的第二个大满贯冠军，也是亚洲人首夺澳网单打冠军。李娜世界排名升至第二，创造了亚洲选手的最高单打排名纪录。此外，还有彭帅、谢淑薇（中国台湾）获2013温网女双冠军、2013年终总决赛女双冠军、2014法网女双冠军。张帅、郑赛赛等球手都获得过国际女子职业网联（WTA）系列比赛的冠军。

五、国际网球大赛介绍

1. 温布尔登网球锦标赛

温布尔登网球锦标赛也称"全英草地网球锦标赛"，创办于1877年7月，每年6月底至7月初举行比赛，除在两次世界大战中停办了10届外，至2003年已举办过117届。这项网球赛初创时只有男子单打一项，1879年增设男子双打，1884年有了女子单打，以后又增加了女子双打，到1913年又设了男女混合双打。温布尔登网球锦标赛初始只限英国人参加，1901年起允许英联邦各国派代表参加比赛，从1905年开始扩大为国际性的球赛。

温布尔登是英国的一个城市，全市拥有18个草地、9个硬地和两个室内网球场，其中最大的中央球场可容纳15 000名观众，是世界上最漂亮的草地网球场。在这里，每年有300多名选手角逐5个项目的冠军，随着商业化进程的发展，温布尔登网球赛所设奖金也逐年增高。

2. 美国网球公开赛

美国网球公开赛的历史仅次于温布尔登网球锦标赛，该赛创始于1881年，每年的8月底至9月初在美国纽约举行。美国网球公开赛在"四大网球赛"中，以奖金最高而闻名。据世界网球杂志统计，1989年美国公开赛涉及的金钱总额达1亿美元，在球员奖金方面，男、女单打冠军均可得到35万美元的奖励。

在美国举行的公开赛，虽然美国人曾一度垄断过这项赛事，但近一二十年他们的男选手曾走过一段下坡路，直到1990年的男单决赛，再次由两个美国人争夺冠军，加利福尼亚网球手桑普拉斯，以纯正及充满个人风格的技术，直落三盘，力克老将阿加西，成为公开赛上又一较年轻的男单选手。

世界第一纳达尔在2017年美网男单决赛中状态出色，头号种子直落三盘，以6:3、6:3、6:4的比分轻松战胜首次打进大满贯男单决赛的南非大炮安德森。纳达尔将自己和安德森的交战纪录改写成5:0，第3次在纽约封王，这也是纳达尔在职业生涯里拿到的第16个大满贯冠军。

3. 法国网球公开赛

法国网球公开赛始创于1891年，比温布尔登锦标赛晚14年，通常在每年的5月至6月举行。法国公开赛除了两次世界大战被迫停赛11年外，其余均为每年一届。开始只限本国人参加，1925年以后对外开放，成为公开赛。

法国公开赛的场地设在巴黎西部一座叫罗兰·加洛斯的大型体育场内。这座体育场建于1927年，以在第一次世界大战中为国捐躯的空中英雄罗兰·加洛斯命名。同时也是法国网球黄金时期的象征。因为它是为庆祝被称为"四骑士"的四名法国人首次捧回戴维斯杯，准备翌年的卫冕战而特意修建的。它的建筑古典优雅，别具一格，在一丛丛栗树枝叶掩映下，令人心旷神怡。获得这个公开赛冠军的选手与温布尔登赛冠军一样名震世界。

法国公开赛规定每场比赛采用5盘3胜淘汰制，而罗兰·加洛斯球场属慢速红土球场，利于底线对抗，所以一场比赛打上4个小时是常见的。因此在这样的球场要获胜是不易的，球员要有超人的技术和惊人的毅力。

在法国网球公开赛史上特别值得一提的是，1989年，17岁的美籍华裔选手张德培曾先后挫败伦德尔和埃德伯格等名将，成为这个公开赛最年轻的男单冠军，也是第一位获此殊荣的拥有亚洲血统的选手。

2017年，纳达尔经过3年的等待，终于第10次在法网捧起冠军奖杯，这也是他第15个大满贯头衔。

4. 澳大利亚网球公开赛

澳大利亚网球公开赛始创于1905年，是四大公开赛中最迟创建的赛事，但是每年最早开赛，于1月底至2月初在墨尔本举行。1968年国际网球职业化后它被列为四大公开赛之一。澳大利亚网球赛在创办后很长一段时间里，由于欧美大陆选手参加不积极，冠军均为本地人获得。而进入80年代后，却没有一名本地选手有幸获此殊荣，形成了强烈的反差。

在赛会历史上，桑普拉斯与费德勒均七次夺冠。这个奖杯从1887年开始沿用至今，杯上刻着"全英草地俱乐部单打冠军"。"女金刚"纳芙拉蒂诺娃九度封后，格拉芙也曾七次笑傲群芳，威廉姆斯姐妹共获得十一次冠军。

5. 戴维斯杯网球锦标赛

这是世界男子团体赛中的重要比赛，也是除奥林匹克网球赛外，历史最长的网球赛事，始办于1900年，戴维斯杯网球锦标赛是美国青年德威特·菲利·戴维斯始创的。当时他是美国哈佛大学的学生，第一次参加美国网球比赛的激动心情，引发他创办国际男子团体赛的欲望，在朋友们的支持下，他请人精心制作了一个当时价值为1 000英镑的镀金银杯。在杯的内缘刻有"国际草地网球挑战赛，主席德威特·菲利·戴维斯，1900年"的字样，戴维斯随后写信给当时英国草地网球协会名誉秘书长G. R. 梅博恩，建议举行英国和美国之间的对抗赛。此建议被采纳后，便于1900年在美国的波士顿进行了首届戴维斯杯比赛，1904年开始，其他国家的草地网球协会也参加了比赛。其中最引人注目的是争夺与上年度冠军队进行挑战的资格赛——挑战预备赛。这种赛制一直保持到1972年，之后赛制被取消，上一年度的冠军队也得参加全部比赛。

戴维斯杯是国际网球最具声望的男子团体流动奖杯，每届的冠军队和其队员的名字都刻在杯上，在两次世界大战期间曾停办10年，在1901年和1910年也曾停办过，至2003年共举办了92届，每年有60多个网球协会派队参加。四个赛区第一名的队伍，参加次年世界组的比赛。非洲区虽然也有比赛，但不作为一个单独赛区，只有获非洲前两名的队伍分别参加欧洲A、B区的比赛。

无论哪一级的团体赛，比赛时间都是3天。第一天两场单打，第二天一场双打，第三天又是两场单打，胜3场以上为胜方。

6. 联合会杯网球赛

联合会杯网球赛是国际女子网球团体赛，始于1963年。第一届联合会杯赛是在伦敦的女子俱乐部进行的，共有16支代表队参加。联合会杯赛每年举行一次，到2017年已举行了55届。

联合会杯网球赛效仿戴维斯杯赛的比赛办法，实行"联合会杯新赛制"，由上年联合会杯赛四分之一决赛的8个队组成世界组，其余8个队成为A组。这两组的比赛采用一次主场和一次客场的比赛方法。在世界组中，第一轮获胜的4个队进行半决赛，第一轮失败的4个队与A组中获胜的4个队进行比赛，比赛中获胜的队进入下年的世界组。A组中第一轮失败的队同各区中获胜的队进行比赛，然后由4支获胜的队进入下年度A组比赛。4支失败的队则参加下年度的区级比赛。

世界组和A组的比赛采用5场3胜制，第一天进行两场单打，第二天进行两场单打和一场双打，其双打放在最后进行。

第二节 网球的基本技术

一、网球的弹跳与旋转

绝对不旋转的平击球实际上是不存在的。一般在发球上网或扣杀时把全身力量击在球上。网球在空中的飞行轨迹为抛物线，由于挥拍方式不同，可以打出上旋球、下旋球或侧旋球。不同旋转的球飞行速度、弹跳高度均有不同。

1. 上旋球

上旋球是比赛中运用最多的一种击球方法。其安全系数高，可以在各种情况下运用。上旋球落地后的速度比触地前的速度更快，一般用上旋球进攻。

2. 下旋球

下旋球在上网截击和削球时运用较多，下旋球又慢又飘，球的弹跳高度较低。球与地面产生的摩擦力与球运动的方向相反。

3. 侧旋球

侧旋球是在水平面上旋转，侧旋球主要在发球时出现。

二、打好网球的基本要求

1. 球感

击球的位置,并不是我们看见球在哪里,而是意识到球会飞到哪里。当我们了解了球的旋转与弹跳的性质后,就可以预测球在何处落地,落地后向何处弹跳,以及以什么样的方式弹跳,这就是所谓的球感。

2. 站位

站位的选择要视情况而定,比如,对方在右区向右区发球时,在右场区端线附近距边线3米左右的地方就是合适的站位;每击完一次球,必须跑回(特殊情况例外)中点附近,这就是合适的站位。

3. 移动

学会跑动,要跑得快,停得住,要掌握如何在适当的位置上击球。离球太远或太近都难以完成击球的动作。

4. 手腕

手腕在击球的瞬间保持不动是至关重要的。

三、击球的动作结构

击球动作结构由引拍、向前挥拍、球拍触球和随势挥拍四个部分组成。

1. 引拍

引拍是一切击球技术的开始,是获得击球力量的保证。

2. 向前挥拍

挥拍要及时,挥拍的方向、速度不仅决定着击球的命中率,更决定着击球的速度、深度、角度。各种技术的挥拍方法各不相同,但追求的击球效果却是一致的,因此要掌握好向前挥拍这个重要环节。

3. 球拍触球

触球是击球动作的关键环节。触球的时间、触球的部位、触球时球拍挥动的角度方向和手臂、手腕的用力感觉等复杂动作都集中在这关键的一瞬间,这一瞬间决定着击球的最后效果。

4. 随挥动作

随挥动作有利于增大击球的力量,有利于整个击球动作的协调、连贯,并能给人以优美、舒服的感觉。

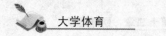

四、握拍法

握拍是学打网球的第一步,根据个人的情况确定自己的握拍方式对打好网球是非常重要的。传统的握拍方式有三种:东方式、大陆式和西方式。

1. 东方式握拍法

由拇指与食指形成的"V"字形虎口放在球拍把手的上平面上,手掌根部贴住拍把手的右上斜面,与拍底平面对开。东方式反手握拍法是在正手握拍法的基础上,手沿逆时针方向旋转一个平面。采用这种握拍法时应注意,在击低的地面球时,拇指垫要压在左下斜面,以免拍头低垂。

2. 大陆式握拍法

大陆式握拍法是介于东方式正手与反手握拍法之间的握拍法。要点是:由拇指与食指形成的"V"字形虎口放在拍把手的上平面与左上斜面的交界上,手掌根部贴住上平面,与拍底平面对齐,食指下关节紧贴在右上斜面上。

3. 西方式握拍法

这种握拍法由于较复杂,只有极少数人采用。西方式握拍法最形象的说法是"一把抓"。其要点:拇指与食指几乎成直角,拇指直伸压住拍上平面,食指下关节握住右上斜面,手掌根贴住右下斜面,与拍底平面对齐。

无论采用哪一种握拍法,都应注意拇指与食指必须将拍钳紧,手掌根部贴紧把手,由食指下关节与手掌根部控制球拍。另外,要注意使你的手臂与拍形成"L"形,拍顶始终比拍底稍高些。

五、正手击落地球

落地球是指回击对方,在己方场区内落地弹起时的球。落点一般在底线附近。

1. 握拍与准备动作(以右手为例)

运动员准备击球前,应该身体面向网,膝弯曲,重心前倾,以前脚掌着地。击球的手握拍在身体前方(采用东方式正拍或西方式握拍法),另一只手的拇指与食指、中指轻轻夹住球拍的拍柄。

当球飞来时,运动员应迅速起动奔跑,不能迎着球的落地点直线跑。适当的位置是球的飞行轨迹在自己的右前方,当身体重心从后脚移至前脚时,球正好接近。

2. 身体重心的变化

当球迎面而来时,运动员应迅速后退一步或侧让,使身体与球的落点轨迹保持一定距离,然后再重新跨步上前击球。击球前运动员是侧身站立,面朝边线,甚至背朝着网的方向,在击球过程中,脸与身体方向一致朝着边线。完成动作时脸和身体才转向网的方向。

3. 击球前的拉拍

进行击球前，手臂就应做好后摆球拍的动作。球拍要拉得早，当你确定来球将奔向你的正手或反手时，就应当开始拉拍。收拍弧度及动作不宜太大。拍应拉在来球的线路上，根据来球的弹跳高度来确定拉拍的高度。拉拍到击球的整个过程，球拍的挥动轨迹是以手臂带动的，而不是靠手腕的转动。

4. 挥拍的节奏

击球时，手臂带动球拍在转动中进入击球空间，拍在回拉准备击球时动作较慢，进入击球轨道时突然加快，整个动作过程是连续的、协调的。一旦完成击球动作，球拍要向前送一段，不要立刻收起。

5. 击球

击球必须"迎上去"，即提前挥拍，沿着来球的轨迹挥上去，使拍与球在身体前方相碰。这是完成击球动作的关键。通过手柄可以控制击球部位。

在击球中，手臂应作两种运动：一是向前运动，即整个手臂沿着来球方向挥去；二是手臂在向前运动的同时，通过以肘为轴心的转动，调整拍头的位置，使其在球的下方击球。这两种运动形式应结合起来。

6. 跟进

它可以提供击球的力量，控制球的飞行方向。好的击球并不是球与拍的"碰撞"与"猛击"，而是用球拍把球"推送"出去。较小的收拍动作及较长的跟进将使击出的球方向更准确，力量更强劲。

易犯错误：击球点太靠后，造成击球困难；击球后球拍随挥不够，有弹击球的感觉。

改进方法：反复强化正确的击球位置；在正确的击球位置自抛或由专人抛球，反复练习击球动作；反复模仿随挥动作；在每一次击球后，球拍运动到左肩结束。

六、反手击落地球

当判断对方的回球打到自己的反手方向时，应立即转换握拍法，即由正拍握拍法转换成反拍握拍法。同时要立即向左转体、转肩，右脚同时向左前方跨步，左手扶住拍柄帮助右手将拍拉向身体左后方，似乎是将拍抱在胸前。重心移向左脚，左膝微屈。右膝的弯曲程度从击球前踏开始就大于左膝，前挥时仍保持弯曲，直到随挥结束时才伸直。手腕紧扣，用转体和转肩的力量使重心前移，再加上之前挥拍时小臂外展所产生的力同时作用在击球点上，于是产生了反手击球的爆发力。反手击球掌指关节对正的方向就是球飞进的方向。击球时右臂呈外展动作，网拍和手臂都要充分伸展，使网拍的打势结束在身体的右前上方。

易犯错误：击球过晚或击球点太靠后，造成击球困难；拉拍时转体不够；拉拍过程中，球拍离身体过远。

改进方法：练习时，在击球瞬间停住检查出球点；击球引拍要积极；反复练习引拍转体动作；由教师击球到练习者左侧，迫使其转身去追击来球；在拉拍结束时，拍柄要触及

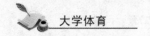

身体；拉拍时，持拍手的异侧手拉拍迫使其靠近身体。

七、发球技术

发球的技术结构包括：握拍持球、发球站位、抛球、挥拍击球及跟进动作。

1. 握拍持球

一般采用大陆式握拍法或东方式反手握拍法。正确的握拍法便于在头顶上方各个位置有力击球，给手腕更大的自由去控制拍面与球的接触角度。

2. 发球站位

在单打比赛中，运动员发球一般站立在端线后离中点 1 米以内的地段，中点向后假定延长线与边线假定延长线之间的区域内，越出这个区域就是脚误犯规。发球时在拍与球接触前，后脚不能提前进入场区。

发球的基本类型有三种：侧旋球、平击球、强烈旋转球（上旋球、下旋球），其中最常用的是侧旋球。

3. 抛球

抛球时，抛球的左手用食指、拇指和中指指尖把球夹住。发球时，随着右手的收拍，左手向上抛球，当抬至高于头顶时，三个手指自然松开，让球垂直上升。抛球应抛入固定的空间点，抛入挥拍的轨迹中。

4. 挥拍击球

持球的左手抬高的同时，握拍的右手向右运动，身体及腰部向右后扭转，两膝自然弯曲，如同压紧的弹簧。

当抛出的球快进入击球点时，右臂迅速向前上方挥动，上体随之向上运动，腰伸直，两腿绷直，三关节充分伸展开。拍头运动成圆弧状，在达到最高点击球。拍头划的圆弧越大，挥拍的动作完成得越好，则击球越有力。

易犯错误：抛球点不准确，抛球不稳定；击球时身体前倾过度，球拍下压太多，球下网；击球时身体后仰弧度过大，球拍拍面下压不够，球下网。

改进方法：反复进行抛球练习；用手向上推送球，而不要扔球；调整抛球，将球抛后些，在合适的击球点击球；注意手腕向前；将球向前抛些，在合适的击球点击球；注意手腕下压。

八、上网截击技术

截击是指在对方来球未着地之前就加以回击。

1. 击球时手腕固定

因为来球快、力量大，手腕固定才能控制好拍面击球角度，控制回球方向。击球时右肩要对着网，拍头与地面约 45°角，拍面与地面垂直，固定手腕，利用手臂和身体的力量使拍挡住来球的冲击。

2. "碰"与"推"的成分多于"击"

上网截击不同于底线击球，主要是借助于来球的回弹。收拍的动作小，线路也短，碰击后跟进动作也小，身体重心低。对慢的来球只要稍稍用力碰击即可，对快的来球，则需使拍面稍向上，作托盘运动，以减慢回球的速度，让对方赶不上击球。

上网截击需要判断准确，动作敏捷，注意力必须高度集中，身体重心低，保持前倾，前脚掌着地，使眼睛、网、来球和拍头保持在同一水平上，这对判断来球的方向及高度有利。

易犯错误：向后拉拍过大；网前站立腿过直。

改进方法：建立正确的截击球引拍技术概念；背靠墙、挡网反复练习截击球技术的模仿动作；膝关节弯曲，反复练习左右、前后移动；网前站立，提踵，双脚不停地移动。

九、反弹球技术

反弹球是在来球落地后刚刚弹起上升的瞬间，立刻击球。击球点有时离地面仅仅15厘米。这种击球法是网球所有击球法中最困难的一种。

1. 反弹球的动作

与正反手击落地球是一样的，但身体重心要更低些，膝关节弯曲，后摆收拍动作要小，挥拍时拍柄与地面基本平行，由身体的下蹲程度来确定击球点的高度。

2. 击球时手腕要固定

拍面由下而上垂直提起，当来球速度很快、力量很大时，可以采用推击反弹球——拍面稍微向下倾斜，球拍顺着回球轨迹推挡，利用反弹力把球击向对方空场区域。

3. 跑动中的反弹球技术

在跑动中击反弹球时，拍头要低于手腕。击球时不要让拍面向上"铲球"，击后不要突然使球拍挥得太高。

第三节 网球基本战术

战术是指在比赛中经常运用的手段，是对战略思想的具体实施办法。在临场比赛时，根据对手的情况灵活运用一定的战术，会取得一定成效。这里仅就一般情况对战术的运用加以介绍。

一、发球战术

1. 右区发球

站在右区发球时，第一发球一般采用平击大力发球。站对方靠近中点，发向对方右发球区中线附近,迫使对方用反手接发球。第一发球若失误,则第二发球一般采用侧旋球,发向对方发球区边线附近。利用侧旋球迫使对方离开场区接球,自己则可以占据场中有利位置等待回击。

2. 左区发球

站在左区发球时,第一发球有90%的概率可以发到对方边线附近,即对方的反手边。左区发球的第二个目标是将球发至对方场区的中心线附近。这种发球的机会在比赛中大概占10%,当对方为了接反手球而离中点较远时,可以突然采用平击大力发球,使对方不得不跑回场区中间用正手接球。这种发球具有突然性,往往可以直接得分。

二、接发球战术

1. 右区接发球

当对方在右区发球后仍留端线附近时,则回球可以把球击向对方端线的两角之一。应把球击向安全范围内,不要企图一下子把对方置于死地。

2. 左区接发球

当对方在左区发球后仍留在端线附近,回球时则与接右发球的办法一样,把球击到对方两底角之一。一般是击向对方场区左底角。

三、"对角线"战术

为了最大限度地调动对方,消耗其体力,应该设法让对手作对角线跑动,使其在来回跑动中很难进行有力的反击。跑动次数多,身后的场区就容易露出空当,就会有争取得分的机会。

四、集中攻击对方反手战术

这种战术针对反手较弱的对手,采用这种战术时集中力量攻击对方反手,迫使对方逐步离开场区的位置。在攻击反手时,击球落点要深,力量及旋转性要适当加大,不能冒险把球击向离边线60厘米以内的地段。

五、调动对手战术

在实际比赛中,双方在许多时候都处于相持阶段,都在底线击球寻找进攻机会。这时往往可使用大角度调动对手的战术,即轮流改变击球的方向,使对手左右跑动。有时在对方已经上网的情况下,为了最大限度地调动对方,应加强球的上旋,把球击向前场的两条边线附近。

六、击向相反方向

在比赛中可利用对手的判断错误或在对手正处于跑动中时,把球击向对手跑动的相反方向。

第四节　网球比赛的方法及规则简介

一、网球比赛的方法

网球比赛有单打和双打两种形式，正式比赛项目分为7项：男子团体、女子团体、男子单打、女子单打、男子双打、女子双打和男女混合双打。每场比赛男子一般采用五盘三胜制，女子采用三盘二胜制。戴维斯杯和"四大网球公开赛"的男子比赛均采用五盘三胜制。

网球比赛用一种特殊的记分方法记录每场比赛的胜负。记录的最小单位是分，然后是局，最后是盘。每一局采用0、15、30、40、平分和Game的记分方法。比赛时先得1分呼报15，再得1分呼报30，得第3分呼报40，第4分呼报Game，即本局结果。如果比分为40:40时，叫平分，一方必须再连得2分才算胜得此局。比赛双方，先胜6局者为胜一盘。如果各胜5局，一方必须再连胜2局才能结束这一盘，这就是长盘制。为了控制比赛时间，近十几年普遍采用平局决胜制，即当局数为6:6时，只再打一局来决胜负。在这一局中，先赢得7分者为胜这一盘，如果在此局打成5:5平分，一方仍须连得2分才算胜此局，即胜此盘。

网球比赛时，运动员各占半个场区，发球一方先在端线中点的右区发球，球发到对方另一侧的发球区方为有效。每1分有两次发球机会。第一次发球出界或下网叫一次失误，第二次发球再失误叫双误，失1分。第2分换在左区发球，第3分再回到右区，如此轮换，直到本局结束。下一局改由对方发球。每1、3、5、7、9，等单数局交换场地。每次发球为有效球后，双方来回击球，可在空中还击，也可落地一次后还击。

二、网球比赛的基本规则

1. 发球前

发球员应站在端线后，中点和边线的假定延长线之间的区域，用手将球向空中抛起，在球接触地面前用拍击球。

2. 发球时

发球员在整个动作中不得通过走或跑改变原站的位置；两脚只准站在规定的位置内，不得触及其他区域。发出的球应从网上越过，落在对角的对方发球区内或其周围的线上。

3. 发球员的位置

每局开始先从右区端线后发球，得或失1分后，应换到左区发球。

4. 发球失误

发球失误是指：未击中球；发出的球在落地前触及固定物（球网、中心带和网边白布除外）；违反上述发球站位的规定。发球员第一次发球失误后，应在原发球位置进行第二次发球。

5. 发球无效

发球无效包括：发球触网后仍然落到对方发球区内；接球员未做好接球准备。发球无效均应重发球。

6. 交换发球

第一局比赛结束，接球员换为发球员，发球员成为接球员。以后每局终了，均依次交换，直至比赛结束。

7. 交换场地

双方应在每盘的第一、三、五等单数局结束后，以及每盘结束后双方局数之和为单数时，或决胜局比分相加为6和6的倍数时，交换场地。

8. 失分

发生下列任何一种情况均判失分：在球第二次着地前未能还击过网；还击的球触及对方场区界线以外的地面、固定物或其他物件；还击空中球失败；故意用球拍触球超过一次。运动员的身体、球拍，在发球时触及球网；过网击球；抛拍击球。

9. 压线球

落在线上的球都算界内球。

10. 双打发球次序

每盘第一局开始时，由发球方决定由何人首先发球，对方则同样在第二局开始时决定由何人首先发球。第三局由第一局发球方的另一球员发球。第四局由第二局发球方的另一球员发球。以后各局均按此顺序发球。

11. 双打接球次序

先接球的一方，应在第一局开始时，决定由何人先接发球，并在这盘双数局继续先接发球。他的同伴应在每局轮流接发球。

12. 双打还击

接发球后，双方应轮流由其中任何一名队员还击。如运动员在其同伴击球后，再以球拍触球，则判对方得分。

第十三章 武术运动

第一节 认知武术运动

中华武术是以传统哲学为理论基础,以徒手或器械的技击动作为练习内容,以套路和格斗为运动形式,注重内外兼修的传统体育项目。中华武术源远流长,有着悠久的历史和广泛的群众基础,是中华民族在长期生活与斗争实践中逐步积累和发展起来的一项宝贵的文化遗产。武术的内容丰富多彩,形式多样,风格独特。它具有强身健体、防身自卫、锻炼意志、陶冶性情、竞技比赛、娱乐观赏、交流技艺、增进友谊的功能,是一项具有广泛社会价值和民族文化特色的中国传统体育项目。

武术是注重内外兼修的中国传统体育项目,在其漫长的发展历史中,一直深受我国传统文化的影响。它的形成、内容和方法,都体现着中国古典哲学理念、美学思想、兵法思想、伦理道德等丰富的传统文化。

一、武术的起源与发展

1. 武术的起源

武术起源于我们远古祖先的生产劳动。原始社会的生产力很低,人类以狩猎等原始生产活动为主,从中学会了徒手或使用木棒、石头等器具击打野兽的方法,这些方法多是本能的、自发的、随意的身体动作,人们还不能有意识地把捕杀技能作为一种专门技能来练习,但这些击打技能却是武术的源头之一。

人类进入旧石器时代晚期,打制石器等生产工具水平有了较大的提高。进入新石器时代,人们已经较广泛地运用弓箭来狩猎了,由于生产、狩猎工具的不断创新,人们在劈、砍、击等技术上初步积累了经验,这时以创造锋利工具的能动性、使用工具方法的主动性、运用格斗的自觉性为标志,武术进入了萌芽状态。但武术技能在本质上还是属于生产活动范畴。

到了氏族公社时期,部落战争促进了格斗技能的形成和发展,人们把战争中比较成功的搏击方法加以总结,反复模仿习练,并传授给下一代,这些技术方法开始成为军事训练的重要内容。

2. 历代武术的发展概况

在生产、生存活动中，由徒手搏击到持械格斗并演变成近代的体育运动，这种发展形式在世界各地域的人类活动中都曾出现，如击剑、泰国拳等，但从原始格斗发展成击舞一体、内外兼修的武术形式，则是中华民族特有的文化土壤孕育而成的。

军事战争是促使武术形成与发展的重要原因。商周时期，军事训练的主要形式是"田猎"和"武舞"。田猎的目的是训练各种武器的使用方法及驭马等驾驶技术，是集身体、技术、战术训练为一体的综合性训练。武舞是将用于实战的格杀经验按一定程式来训练，是古代武术由感性认识向理性认识的升华，是由支离破碎向系统化演进的象征，也是武术套路的雏形。春秋战国时期，诸侯纷争，战事频繁，练兵习武更是得到了空前的重视和发展，如齐桓公每年春秋两季都要举行比武较力的"角试"，以选拔人才。而随着奴隶制的崩溃，奴隶主、贵族在军队和教育方面垄断武术的局面被打破，"士"阶层及"游侠"的出现标志着武术开始走向民间。当时民间就有不少高超的技击家，如越女、袁公、鲁石公等，《吴越春秋》所记载的越女剑法深奥，论述精辟，至今仍不失光彩。

秦、汉、三国处于中国封建社会上升时期，政治、经济、文化的发展为武术逐步由单纯军事技能向竞技方向的发展创造了条件，角抵、手搏、击剑等竞技项目都很兴盛。用于攻防格斗的武术与适于表演的套路并行发展。

两晋南北朝时期，武术在与文化的交融中逐渐与养生相结合，然而由于当时玄学盛行，人们通过炼丹追求长生不老，其消极影响在一定程度上阻碍了武术的发展。

唐代长安二年（公元702年），开始实行武举制，这种用考试选拔武勇人才的办法对武术的发展起到了促进作用。刀术成了唐代阵战的重要武器，剑术逐渐脱离军事而在民间得到发展，诗人李白、杜甫青年时都曾习过剑术。裴旻的剑术独冠一时，与李白的诗歌、张旭的草书并称唐代三绝，可见武术作为一种文化形式，在当时已具有相当大的影响力。

宋元时期，以民间结社组织为主体的民间练武活动蓬勃兴起，如"英略社""弓箭社""相扑社"等。"社"的形成为民间武术传授、交流、发展创造了有利条件。宋代城市发达，在一些专门性的群众游艺场，如"瓦舍""勾栏"中出现了大量以习武卖艺为职业的民间艺人，他们的表演不仅有单练，还有对练，极大地促进了武艺向表演化方向发展。

明清是武术的大发展时期，其繁荣的重要标志是流派林立，不同风格的拳种和器械得到了空前发展，武术作为军事技术、健身手段及表演技艺的多种价值为人们所认识和利用。自明代以来，以戚继光、程宗猷、茅元仪为代表，通过对宋代以来武艺的技法、战术和教学训练方面的研究，总结出了较为系统的基本理论，如戚继光的《纪效新书》、何良臣的《阵记》等，都总结出拳术是学习器械的基础，并且明确地提出了武术的强身健体功效。在清代，一大批文人加入到习拳练武的行列中来，他们自觉运用中国的古典哲学理论来指导练武实践，使武术理论不断丰富，并创立了许多新的拳种，如太极拳、形意拳、八卦拳等。

近代以后，由于武术具有健身、防身、自卫的功效，所以能适应时代的变化，逐步成为中国近代体育的有机组成部分，并在此基础上进一步吸收传统文化养料，丰富锻炼形式，升华技法理论，在不失攻防内涵的前提下，沿着体育方向不断发展。

中华民国时期，民间出现了许多拳社。1910年在上海成立的"精武体育会"是持续时间最长、影响最大的团体。半殖民地半封建社会的中国由于政治、经济、文化、教育的落后，在一定程度上阻碍了武术的发展，然而在"振兴武术、国术救国"的思想指导下，武术仍呈发展趋势。

3. 中华人民共和国武术运动的发展

（1）武术在国内的普及与提高。

中华人民共和国成立后，武术运动发展非常迅速。1950年中华全国体育总会召开了武术工作座谈会，倡导发展武术运动。1953年在天津举行了以武术为主要内容的全国民族形式体育表演竞赛大会。1956年中国武术协会在北京成立。1957年原国家体委将武术列为体育竞赛项目，并组织人力整理出版了"简化太极拳"和一大批长拳类、器械套路。这些套路成了在群众和学校中普及武术的基本教材，起到了促进技术规则统一的作用。1958年原国家体委制定了第一部《武术竞赛规则》，编定了拳、刀、枪、棍等竞赛规定套路。一些省市相继组织了武术优秀运动队，使武术开始步入竞技体育运动行列。竞赛、表演及群众性武术活动的开展，促进了武术运动技术水平的提高。1979年国家体委《关于发掘和整理武术遗产的通知》下发后，各地为抢救武术遗产，对武术进行了调查和挖掘整理工作。经过几年努力，许多濒临失传的拳技和资料得以挽救和整理，为武术的继承和发展做出了重要贡献，1982年12月在北京召开了第一次全国武术工作会议，总结了三十多年来武术工作的经验，提出了武术发展的方针、任务和措施，为武术工作提出了方向。1985年国家体委颁布和实施了武术运动员技术等级标准，将运动员分为武英、一级武士、二级武士、三级武士、武意5个等级。通过10年的表演和试验，1989年，武术散手擂台赛被列为正式竞赛项目，改变了单一武术竞赛制度，丰富了武术竞赛的内容。为适应全民健身活动的需要，酝酿已久的中国武术段位制于1988年正式在全国范围内全面启动。

武术作为民族传统体育，是中国各级学校体育教育必修的内容之一，1992年在武汉举行的第四届全国大学生运动会上，首次将武术列为正式比赛项目，体育院系还设置了武术专业。1987年首届全国武术学术研讨会在北京召开，令人可喜的是，国务院学位委员会于1996年正式批准上海体育学院设立武术专业博士学位点，这标志着传统武术已步入现代科学文化的学术殿堂，成为培养高层次研究人才的专门学科。作为民族传统体育，武术与体育运动训练专业、体育教育专业、运动人体科学专业及社会体育专业并列成为体育学科的五大专业门类，可以预见，今后武术运动必将在继承传统的基础上向科学化方向发展。

（2）武术在国际上的影响和发展。

把武术推向世界，扩大中华武术在海外的影响力，这对显示中华民族特有的智慧和力量，促进国际间的文化交流，增进世界各国人民之间的友谊都有着深远的意义。

我国曾多次派遣武术团队到国外表演、访问，扩大了武术在国际上的影响，武术交流为中华人民共和国外交工作做出了贡献。武术真正走向国际舞台是1980年以后，1982年底的全国武术工作会议提出了"武术要开展国际交流，积极稳步地向外推广"的指示和号召，加速了武术运动的国际化进程。1985年，国务院批准了原国家体委将武术推向世界的决策。同年8月，在古城西安第一次正式举办了武术国际邀请赛，并成立了国际武联筹委会，自此，国际武术运动走上了有组织的发展阶段。

1987年，在日本横滨举行了第一届亚洲武术锦标赛，武术开始成为正式的国际比赛项目。1988年，亚奥理事会将武术列为亚运会正式比赛项目，从而使武术由单项的国际比赛变成国际综合性运动会的比赛项目。经过几年的研讨与筹备，在世界各洲际武术联合会成立的基础上，1990年10月，国际武术联合会在北京宣布成立，并于1991年在北京举办了第一届世界武术锦标赛，以后每两年举行一次。目前，国际武联已拥有142个成员协会。

在武术向世界推广之际，它所依托的中华传统文化也逐步被越来越多的外国朋友认识和喜爱。在首次世界武术锦标赛论文报告会上，有多位中外代表分别从古典哲学、美学、伦理、养生等方面，对武术的丰富内涵和多种功能进行了科学探讨。源于中国，属于世界的武术已经成为各国人民沟通的桥梁和友谊的纽带，作为优秀的民族文化和良好的运动项目，武术必将为促进东西方文化的交流做出贡献，更好地造福于全世界爱好和平的人民。

二、武术的内容和分类

我国历史悠久、地域辽阔，伴随着这个特点产生和发展的武术运动可谓根深叶茂，内容丰富，如传统分类中以是否"主搏于人"而分为内家与外家；按山川地域分为少林、武当、峨眉等门派；还有南拳北腿、东枪西棍之说。目前有人依习武范围与目的将武术划分为竞技武术、学校武术、民间传统武术和军事武术等。根据一般运动形式可将武术分为以下三大类。

1. 功法运动

功法运动是以单个武术动作作为主体进行练习，以达到健体或增强某方面体能的运动。例如，专习浑元桩可以调心、调身、调息，长时间站马步桩可以增强腿力等。

传统功法运动的内容丰富多彩，按其形式与内容可分为内功（内养功）、外功（外壮功）、轻功（弹跳）、硬功（击打和抗击打）四种。其中前人根据实践经验总结出来的有些功法一直延续至今，如"拍打功""沙包功"等仍是提高武术专项技能的有效训练方法和手段。

2. 套路运动

套路运动是指以技击动作为内容，以攻守进退、动静疾缓、刚柔虚实等矛盾运动的变化规律为依据编成的整套练习动作，主要内容有拳术、器械、对练、集体演练。

（1）拳术是指徒手练习的套路动作。拳术的种类很多，如长拳、太极拳、南拳、形意拳、八卦拳、通臂拳、象形拳等。

（2）器械是指手持兵器进行练习的套路运动。器械又可分为长器械、短器械、双器械、软器械。目前最常用的器械是刀、剑、枪、棍，它们也是武术竞赛的主要项目。

（3）对练是指在单练基础上，两人或两人以上在预定条件下进行的假设攻防练习。其中包括徒手对练、器械对练、徒手与器械对练等。

（4）集体表演是指六人以上徒手或手持器械同时进行练习的演练形式。练习时可变换队形，可用音乐伴奏，要求队形整齐，动作协调一致。

3. 搏斗运动

搏斗运动是两人在一定条件下按照一定的规则进行斗智、较力、较技的实战练习形式。目前武术竞赛中正在开展的有散打、推手等。

（1）散打又称散手，古称手搏、白打等，由于比赛是以徒手相搏相较的运动形式进行，又称"打擂台"。现在的散打是两人按照一定的规则使用踢、打快摔等方法制胜的竞技项目。

（2）推手是两人遵照一定的规则，使用捋、挤、按、探、肘、靠等手法，双方粘连黏随，寻机机会借劲发力将对方推出，以此决定胜负的竞技项目。

三、武术的特点和作用

1. 武术的特点

（1）动作具有攻防技击性。

武术动作的攻防技击性是它的本质特性。例如，散打的技术与实用技击术基本是一致的，集中体现了武术攻防格斗的特点，只是从体育的观念出发，竞赛中以不伤害对方为原则，严格规定了禁击部位和保护器具。作为中国武术特有表现形式的套路运动，虽然拳种不同，风格各异，有的还有地方特色，但无论何种套路，其共同特点是以踢、打、摔、拿、击、刺等攻防动作为主要内容。虽然套路中不少动作的技术规格与技击原形不同，或因连接贯穿及演练技巧的需要，穿插了一些不具备攻防意义的动作，但通过一招一式表现，攻与防的内在含义仍然是套路技术的核心。

（2）具有内外合一、形神兼备的运动特色。

既讲究动作形体规范，又要求精气神传意，内外合一的整体运动观是中国武术的一大特色。所谓内，是指人的精神、意识和气息的运行；所谓外，是指人体手眼身步的活动，如太极拳要求"以意识引导动作"；形意拳讲究"内三合、外三合"等。套路演练特别要求把内在的精气神与外部的形体动作紧密结合，做到手到眼到，形断意连，使意识、呼吸、动作协调一致。这一特点充分体现了武术作为一种文化形式在长期的历史演变中备受中国古代哲学、医学、美学等方面的渗透和影响，是一种独具民族风格的运动形式和练功方法。

（3）内容丰富多彩，具有广泛的适应性。

武术的内容和练习形式丰富多样，不同类别的武术项目其练习方法、动作结构、技术要求、运动风格和运动负荷不尽相同，分别适应不同年龄、性别、职业、体质的需要。人们可以根据自己的条件和兴趣爱好加以选择。同时武术运动不受时间、季节的限制，场地器材也可以因陋就简，这种广泛的适应性给开展群众性体育活动创造了有利条件。

2. 武术的作用

（1）壮内强外的健身作用。

中国人民千百年来的习武实践和多年的科学研究，都说明了武术注重内外兼修，对身体有着多方面的良好影响，经常练习有壮内强外的效果。例如长拳类套路，包括屈伸、回环、跳跃、平衡、翻腾、跌、扑等动作，通过内在神情贯注和呼吸的配合，以及人体各个器官的积极参与，尤其是坚持基本训练能加强人体肌肉力量，提高肌肉韧带的伸展性，加大关节运动幅度。而散打对抗中的判断、起动、躲闪格挡或快速还击等，对人体的反应速度、力量、灵敏、耐力都有良好的促进作用。太极拳和许多武术功法练习一样，注重调息运气和意念活动，长期练习对治疗多种慢性疾病和调节人体内环境平衡均有良好的作用。

（2）提高防身自卫能力。

武术以技击动作为主要内容，通过练拳习武，不仅可以增强体质，还可以学习一定的攻防格斗技术，掌握防身自卫的知识和方法，提高人体的灵活性，以及对意外情况的应变自卫能力，若长期坚持系统练习，还可以直接为国防、公安建设服务。

（3）培养道德情操的教育作用。

武术在长期的发展中，继承和发扬了中华民族知礼仪讲道德的优秀传统。"习武以德为先"，说明武术练习历来十分重视武德教育。尚武崇德的精神可以培养青少年尊师重道、讲礼守信、宽以待人、严于律己等高尚的道德情操。同时，武术的练习，特别是在追求技艺提高的过程中，需要有吃苦耐劳、坚持不懈的精神，这不仅能培养坚韧不拔、自强不息的意志品质，也是一种修身养性的重要手段，有益于人的全面发展。

（4）娱乐观赏，丰富文化生活。

武术运动具有很高的观赏价值，如套路运动的节奏美，踢、打、摔、拿、跌巧妙结合的方法美，内外合一、形神兼备的和谐美，引人入胜。搏斗对抗中双方激烈的争夺，精湛的攻防技巧，敢打敢拼的斗志，可以给人一种美的享受和精神上的激励。群众性的武术活动讲究"以武会友"，即通过习武的共同爱好，切磋技艺，扩大交往，交流思想，增进友谊，丰富业余文化生活。随着武术在世界上的广泛传播，在我国人民与世界各国人民的友好交往中发挥的作用越来越大。

第二节 武术基本技术

一、拳术基本动作

1. 手型

（1）拳。

五指卷紧，拇指压于食指、中指第二指节上。

（2）掌。

拇指外展或屈曲，其余四指伸直并拢向后伸张。

（3）勾。

屈腕，五指撮拢，或拇指与食指、中指撮拢成刁勾。

图 13-1 手法

2. 手法（如图 13-1 所示）

（1）冲拳。

拳从腰间旋臂向前快速击出，力达拳面。

（2）劈拳。

拳自上向下快速劈击，臂伸直，力达拳轮。

（3）撩拳。

拳自下向前上方弧形撩击，力达拳眼或拳心。

（4）贯拳。

拳从侧下方向斜上方弧形横击，力达拳面。

（5）推掌。

掌由腰间旋臂向前立掌推击，力达掌外沿。

（6）穿掌。

手心向上，臂沿身体某一部位穿出，力达指尖。

（7）亮掌。

臂微屈，抖腕翻掌，举于体侧或头上。

（8）挑掌。

臂由下向上翘腕立掌上挑，力达四指。

（9）顶肘。

屈肘握拳，肘尖前顶或侧顶，力达肘尖。

（10）格肘。

向内横拨为里格；向外横拨为外格。

3. 步型

如图 13-2 所示。

图 13-2 步型

(1) 弓步。

前脚全脚着地,大腿水平,膝部与脚尖垂直;另一腿挺膝伸直,脚尖里扣,斜向前方。

(2) 马步。

两脚左右开立约为脚长的 3 倍,脚尖正对前方,屈膝半蹲,大腿成水平状。

(3) 虚步。

后脚尖斜向前,屈膝半蹲,全脚着地;前腿微屈,脚面绷紧,脚尖虚点地面。

(4) 仆步。

一腿全蹲,另一腿平铺接近地面,全脚着地。

(5) 歇步。

两腿交叉屈膝全蹲,前脚全脚着地,脚尖外展;后脚脚跟离地。

4. 步法(如图 13-3 所示)

图 13-3 步法

(1) 盖步。

一脚经另一脚前横迈一步,两腿交叉。

(2) 插步。

一脚经另一脚后横迈一步,两腿交叉。

(3) 纵步。

一脚提起,另一脚蹬地前跳落地。

(4) 击步。

后脚击碰前脚,腾空落地。

(5) 弧形步。

两脚迅速连续向侧前方沿弧形行走。

5. 腿法（如图 13-4 所示）

图 13-4　腿法

（1）正踢腿。

支撑腿伸直，全脚着地；另一腿膝部挺直，脚尖勾起前踢，接近前额。

（2）侧踢腿。

脚尖勾起，经体侧踢向脑后，其他同正踢腿。

（3）里合腿。

支撑腿伸直，全脚着地，另一腿从体侧踢起，经面前向里做扇面摆落。

（4）外摆腿。

同里合腿，只是摆动方向相反。

（5）单拍脚。

支撑腿伸直，另一腿脚面绷平向上踢摆；同侧手在额前迎拍脚面。

（6）弹腿。

一腿由屈到伸向前弹出，高不过腰，膝部挺直，脚面绷平。

（7）蹬腿。

支撑腿伸直，另一腿由屈到伸，脚尖勾起，用脚跟猛力蹬出，高不过胸，低不过腰。

（8）踹腿。

支撑腿伸直，另一腿由屈到伸，脚尖勾起内扣或外摆，用脚底猛力踹出，高踹与腰平。低踹与膝平，侧踹时上身斜倾，脚高过腰部。

（9）后扫腿。

上身前俯，两手扶地。支撑腿全蹲做轴，扫转腿伸直，脚尖内扣，脚掌擦地，迅速后扫一周。

6. 平衡（如图 13-5 所示）

（1）提膝平衡。

支撑腿直立站稳，另一腿在体前屈膝高提近胸，小腿斜垂里扣，脚面绷平内收。

　　　提膝平衡　　　腿平衡　　　燕式平衡　　　望月平衡

图 13－5　平衡

（2）腿平衡。

半蹲，另一腿脚尖勾起并紧扣于支撑腿的膝后。

（3）燕式平衡。

挺胸展腹，后举腿伸直高于水平，脚面绷平。

（4）望月平衡。

上体侧倾拧腰，向支撑腿同侧方上翻，挺胸塌腰。另一腿在身后向支撑腿的同侧方上举，小腿屈收，脚面绷平。

7．跳跃翻腾（如图 13－6 所示）

腾空飞脚(1)　腾空飞脚(2)　旋风脚(1)　旋风脚(2)　腾空摆莲(1)　腾空摆莲(2)

侧空翻(1)　侧空翻(2)　侧空翻(3)　　　旋子(1)　　　旋子(2)

图 13－6　跳跃翻腾

（1）腾空飞脚。

摆动腿高提，起跳腿上摆伸直，脚面绷平，脚高过肩，击手和拍脚连续快速，准确响亮。

（2）旋风脚。

摆动腿直摆或屈膝，起跳腿伸直，向内腾空转体 270°，异侧手击拍脚掌，脚高过肩，击拍响亮，转体 360°落地。

（3）腾空摆莲。

摆动腿要高，起跳腿伸直，向外腾空转体180°，脚面绷平，脚高过肩；两手依次击拍脚面。

（4）侧空翻。

一脚蹬地，另一腿向上摆起，体前屈，在空中做侧翻动作。腾空要高，翻转要快，两腿要直。

（5）旋子。

一腿摆起，另一腿起跳腾空；两腿伸直后上举在空中平旋，脚面绷平，挺胸、塌腰、抬头，旋转360°后落地。

二、刀术基本方法

如图13-7所示。

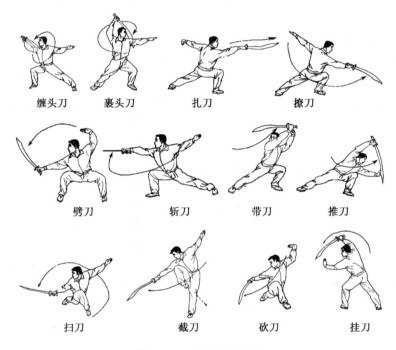

图13-7　刀术基本方法

1. 缠头刀

刀尖下垂，刀背沿左肩贴背绕过右肩，头部正直。

2. 裹头刀

刀尖下垂，刀背沿右肩贴背绕过左肩，头部正直。

3. 扎刀

刀刃朝下、朝上或朝左，刀尖向前直刺为扎，力达刀尖，臂与刀成一直线。

4. 撩刀

刀刃由下向前上为撩,力达刀刃前部。

5. 劈刀

刀由上向下为劈,力达刀刃,臂与刀成一线。抡劈刀沿身体右侧或左侧抡一立圆,后抡劈要求与转体协调一致。

6. 斩刀

刀刃朝左(右),向左(右)横砍,高度在头与肩之间,力达刀刃,臂伸直。

7. 带刀

刀尖朝前,由前向侧后抽回为带刀。

8. 推刀

刀尖朝下,刀刃朝前,左手附于刀背前部向前推出为立推刀,刀尖朝左为平推刀。

9. 扫刀

刀刃朝左(右),向左(右)横砍,与踝关节同高为扫,力达刀刃。旋转扫刀要求旋转一周或一周以上。

10. 截刀

刀刃斜向上或向下为截,力达刀刃前部。

11. 砍刀

刀向右下方或左下方斜劈为砍。

12. 挂刀

刀尖由前向上、向后或向下、向右为挂,力达刀背部。上挂向上、向后贴身挂出;下挂向下、向后贴身挂出;轮挂则贴身立圆挂一周。

三、剑术基本方法

1. 刺剑

立剑或平剑向前直出为刺,力达剑尖,臂与剑成一直线。

2. 劈剑

立剑由上向下为劈,力达剑身,臂与剑成一直线。

3. 挂剑

立剑,剑尖由前向上、向后或向下、向后为挂,力达剑身前部。

4. 撩剑

立剑,由下向前上方为撩,力达剑身前部。正撩剑前臂外旋,手心朝上,贴身弧形撩出;反撩剑前臂内旋,其余同正撩。

5. 云剑

平剑,在头顶或头前上方平圆绕环为云。上云剑在头顶由前向左后绕环;左云剑或右云剑在头前上方,向左后或右后绕环。

6. 绞剑

平剑,剑尖向左或右小立圆绕环为绞,力达剑前部。

7. 点剑

立剑,提腕使剑尖猛向前下为点,力达剑尖。

8. 崩剑

立剑,沉腕使剑尖猛向前上为崩,力达剑尖。

9. 截剑

剑身斜向上或斜向下为截,力达剑身前部。

10. 斩剑

平剑,向左或右横出,高度在头与肩之间为斩,力达剑身。

11. 剪腕花

以腕为轴,立剑在臂两侧向前上贴身立圆绕环,力达剑尖。

第三节 一段长拳

一、第一段

1. 起势

两手握拳,屈肘抱于两腰侧,拳心朝上;脸向左转,眼向左侧方平视,如图13-8所示。
要点:挺胸,直腰,两肩后张,两拳紧贴腰侧,拳面与腰壁相齐。

2. 马步双劈拳

左脚向左开步，两拳同时从腰侧向腹前错臂交叉，左拳在里，拳背均朝外；然后两腿成马步，两拳同时向外抡臂侧劈（平举），拳眼朝上；眼看左拳，如图13－9所示。

要点：开步、抡劈和半蹲必须同时进行，定势要挺胸、塌腰、两臂松沉，两拳与肩平行。

图13－8　起势　　　　　　　　　图13－9　马步双劈拳

3. 拗弓步冲拳

先将右拳屈肘抱于右腰侧，拳心朝上；以左脚跟和右脚掌为轴，上体左转，成左弓步；左臂外旋，使拳心朝上，接着屈肘收抱于左腰侧；右拳成直拳前冲，拳眼朝上，如图13－10所示。

要点：动作要连贯，冲拳必须用力。冲拳后右肩前顺、左臂后牵、右拳略高于肩，左脚不要拔跟，右脚不要外侧掀起。

4. 蹬腿冲拳

左脚不动，右脚屈膝提起，向前平伸蹬出，脚尖翘起；右拳同时外旋，使拳心朝上，接着屈肘收抱于右腰侧；左拳随之成直拳向前冲出，拳眼朝上；眼看左拳，如图13－11所示。

要点：收拳、冲拳、蹬腿必须同时进行，右腿必须以脚跟着力向前平蹬，左腿必须稳固；上体仍须挺胸，可略向前倾，防止后仰。两肩要松沉，左肩前顺，右肩后牵。

5. 马步冲拳

右脚向前落步，脚尖里扣；左脚同时以脚掌为轴，使脚跟里转，上身随之左转成马步；同时左拳和左臂外旋，使拳心朝上，屈肘收抱于左腰侧；右拳随即向右侧方成直立拳平伸侧冲，拳眼朝上；眼看右拳，如图13－12所示。

要点：落步、转身、屈膝半蹲必须和收拳、冲拳协调一致，同时完成；扎马步时两肩稍向后张，左肘向后牵引，右拳略高于肩。

6. 马步双劈拳

两脚不动，两腿直起；左拳从左腰侧向腹前下伸，拳背朝外；同时右拳和右臂内旋，使拳眼朝下，从右侧方向下、向腹前内收；收至腹前时，在左拳外面与左拳错臂交叉，拳背朝外；眼向右平视，如图 13 – 13 所示。接着两腿屈膝成马步，两拳同时向外抡臂侧劈、平举，拳眼朝上，眼看右拳，如图 13 – 14 所示。

图 13 – 10　拗弓步冲拳

图 13 – 11　蹬腿冲拳

图 13 – 12　马步冲拳

13 – 13　马步双劈拳（1）

7. 拗弓步冲拳

先将左拳屈肘收抱于左腰侧，拳心朝上；右脚跟和左脚掌同时碾地，使上身右转，成右弓步；右拳和右臂外旋，使拳心朝上，接着屈肘收抱于右腰侧；同时左拳成立拳前冲，拳眼朝上，如图 13 – 15 所示。

8. 蹬腿冲拳

右脚不动，左脚屈膝提起，向前平伸蹬出，脚尖翘起；同时左拳和左臂外旋，使拳心朝上，屈肘收抱于左腰侧；右拳随之成直拳向前冲出，拳眼朝上；眼看右拳，如图 13 – 16 所示。

9. 马步冲拳

左脚向前落步，脚尖里扣；右脚同时里转，上身随之右转，两腿屈膝成马步；同时右拳和右臂外旋，使掌心朝上，屈肘收于右腰侧；左拳随即向左侧方成直拳平伸侧冲，拳眼朝上；眼看左拳，如图 13 – 17 所示。

图 13 – 14　马步双劈拳（2）

图 13 – 15　拗弓步冲拳

图 13 – 16　蹬腿冲拳

图 13 – 17　马步冲拳

二、第二段

1. 弓步推掌

左转，右脚随之向前上步，成右弓步；右脚上步的同时，左拳和左臂外旋，使拳心朝上，屈肘抱于左腰侧；右拳随之变成侧立掌向前平伸推出，掌指朝上；眼看右掌，如图 13 – 18 所示。

要点：转身、上步、收拳、推掌的动作要协调一致；推掌时，必须挺胸、塌腰、腕关节向拇指一侧上屈，以小拇指一侧着力向前推出；推出之后，腕关节尽量向上侧屈，肘臂伸直，肩部松沉并向前顺，掌指与眉平。

2. 拗弓步推掌

两脚不动,步型不变,上体右转;右掌变拳,屈肘收抱于右腰侧,拳心朝上;左拳同时变成侧立掌向前平伸推出,掌指朝上;眼看左掌,如图13-19所示。

要点:左肩前顺,右肩后牵,防止两脚拔跟、掀脚。

3. 弓步搂手砍掌

上身向后转,面向左前方,成左弓步;左掌直腕成俯掌,在转身同时从左向后平摆横搂;眼随左掌,如图13-20所示。紧接着,左掌变拳,臂外旋使拳心朝上,屈肘收抱于左腰侧;右拳同时变掌,臂外展,从后由外向身前成仰掌平摆横砍;眼看右掌,如图13-21所示。

要点:转身、搂手、收拳、砍掌的动作必须协调一致,同时不必过快;砍掌时,肘关节和腕关节都须伸直;砍掌之后,掌心略高于肩,两肩松沉。

图13-18 弓步推掌　　图13-19 拗弓步推掌　　图13-20 弓步搂手砍掌(左)　　图13-21 弓步搂手砍掌(右)

4. 弓步穿手推掌

左拳变掌,从左腰侧由右掌上面向前平伸穿出,掌心朝上;同时右掌和右臂内旋,使掌心朝下成俯掌,顺左臂下面屈肘收于胸前,如图13-22(1)所示。上动不停,左掌臂内旋变勾,勾尖朝下;此时上体右转,面向右前方,成右弓步;右掌同时成侧立掌向前平伸推出,掌指朝上;眼看右掌,如图13-22(2)所示。

要点:穿掌与收掌,转向、勾手与推掌的动作,必须同时进行,紧密相接,协调连贯。推掌后,掌腕要尽量向上侧屈,掌指与眉齐;勾腕尽量向下屈,勾顶略高过肩。

(1)　　(2)

图13-22 弓步穿手推掌

5. 弓步推掌

上动稍停,左勾手变为掌,屈肘收抱于左腰侧,掌指朝下;左脚向前上步,成左弓步;右掌同时变拳,臂外旋使拳心朝上,屈肘收抱于右腰侧;左掌随之成侧立掌向前平伸推出，掌指朝上；眼看左掌，如图 13 - 23 所示。

6. 拗弓步推掌

两脚不动，步型不变，上身左转；左掌变拳，屈肘收抱于左腰侧，拳心朝上；右拳同时变为侧立掌向前平伸推出，掌指朝上；眼看右掌，如图 13 - 24 所示。

7. 弓步搂手推掌

上身从右向后转成右弓步；右掌直腕成俯掌，同时从右向后平摆横搂；眼随右掌，如图 13 - 25（1）所示。接着，右掌变拳，臂外旋使拳心朝上，屈肘收抱于右腰侧；右拳变掌，臂外展从后由外向身前成仰掌平摆横砍，眼看左掌，如图 13 - 25（2）所示。

图 13 - 23　弓步推掌　　图 13 - 24　拗弓步推掌　　图 13 - 25　弓步搂手推掌

8. 弓步穿手推掌

右拳变掌，从右腰侧经左掌上面向前平伸穿出，掌心朝上；同时臂内旋，使掌心朝下成俯掌，顺右臂下面屈肘收于胸前，如图 13 - 26（1）所示。上动不停，右掌和臂内旋变勾，勾尖朝下；上身此时左转成左弓步；左掌同时成侧立掌向前平伸推出，掌指朝上；眼看左掌，如图 13 - 26（2）所示。

图 13 - 26　弓步穿手推掌

三、第三段

1. 虚步上架

上动稍停，左脚尖里扣，上身右转，右脚撤回半步，以脚前掌虚点地面，身体重量落于左腿，成右虚步；同时左掌变拳，向上屈肘横举在头顶上方，拳心朝向身前，拳眼朝下；右勾手随之变拳，臂内旋使拳眼朝下，向下屈肘附在右膝上面，拳心朝向身后，拳面朝下；眼向右前方平视，如图 13 - 27 所示。

要点：上架之拳，肘略向身后展张；下栽之拳，肘略向前牵引；必须挺胸、塌腰，虚实分明，身体重量完全落于左腿。

2. 马步下压

左腿伸直立起，右腿屈膝提起，右拳同时从下由里向外抡臂绕环，至右前方时成仰拳平举，左拳下降至背后，如图13-28（1）所示。上体不停，左脚蹬地跃起，上身同时自左向后转；右脚在转身后立即落于左脚原位，左脚随之落于上身左侧，两腿屈膝成马步；右拳于右脚落地同时，屈肘收抱于右腰侧，拳心朝上；左拳向后向上抡臂，在左脚落地形成马步的同时，臂外旋，屈肘以前臂为力点，从上向前下压，大臂垂直，前臂举平，拳心朝上；眼看左拳，如图13-28（2）所示。

要点：纵步时先略屈左膝，然后以脚掌蹬地，伸腿跃起；纵起后，上身即在空中做向后转的动作；转身后，必须使右脚先落地，左脚后落地。右拳外抡必须与提步同时进行；右拳屈肘抱腰必须与右脚落地同时进行；左前臂下压与左脚落步同时进行。

3. 拗弓步冲拳

左脚跟和右脚掌同时碾地使上身左转，成左弓步；左拳同时屈肘收抱于左腰侧，拳心仍朝上；右拳随即从右腰侧成直拳向前平伸冲出，拳眼朝上，眼看右拳，如图13-29所示。

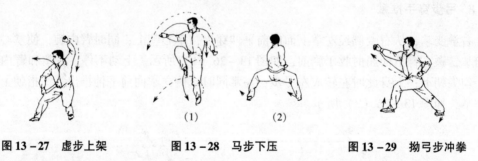

图13-27　虚步上架　　　图13-28　马步下压　　　图13-29　拗弓步冲拳

4. 马步冲拳

左脚尖里扣，右脚跟里转，上身右转，成马步；同时右拳和右臂外旋使拳心朝上，屈肘收抱于右腰侧；左拳随即向左侧方成直拳平伸侧冲，拳眼朝上；眼看左拳，如图13-30所示。

5. 虚步上架

上动稍停，右脚尖里扣，上身左转，左脚撤回半步，以脚前掌虚点地，成左虚步；同时右拳和右臂外展，向上屈肘横举于头顶上方，拳心朝向身前，拳眼朝下；左拳随之内旋，使拳眼朝下，向下屈肘附在左膝上，拳心朝向身后，拳面朝下；眼向左前方平视，如图13-31所示。

6. 马步下压

右腿伸直立起，左腿屈膝提起，左拳同时从下由里向外抡臂绕环，至左前方时成仰拳平举，右拳下降至背后。上动不停，右脚蹬地纵起，上身同时从左向后转；左脚在转身后立即落于右脚原位，右脚随之落于上身右侧，两腿成马步；同时左拳屈肘，收抱于左腰侧，拳心朝上；右拳向后向上抢臂，在成马步的同时，臂外旋，屈肘以前臂为力点，从上向身前下压，大臂垂直，前臂举平，拳心朝上；眼看右拳，如图13-32所示。

7. 拗弓步冲拳

右脚跟与左脚掌同时碾地，使上身右转，成右弓步；右拳同时屈肘收抱于右腰侧，拳心仍朝上；左拳随即从左腰侧成直拳向前平伸冲出，拳眼朝上；眼看左拳，如图13-33所示。

图13-30 马步冲拳　　图13-31 虚步上架　　图13-32 马步下压　　图13-33 拗弓步冲拳

8. 马步冲拳

右脚尖里扣，左脚跟里转，上体左转成马步；同时左拳和左臂外旋使拳心朝上，屈肘收抱于左腰侧；右拳随即向右侧方成直拳平伸侧冲，拳眼朝上；眼看右拳，如图13-34所示。

图13-34 马步冲拳

四、第四段

1. 弓步双摆掌

右脚尖里扣，左脚尖外展，上身左转成左弓步；左拳同时在身前下伸、内收，与右拳一起变掌，从右向上、向左弧形绕环，至左侧方时，两掌均成侧立掌，左掌直臂平举，右掌屈肘，使掌心靠近左肘臂，掌指均朝上；眼看左掌，如图13-35所示。

要点：转身和两臂绕环要同时进行，协调一致。两掌绕环时，肩关节必须放松，不要僵硬；绕环结束时，两腕尽量向上侧屈，左掌指高与眉齐，右掌指高与鼻齐，两肩松沉。

2. 弓步撩掌

左脚跟稍向外展，左腿全蹲，右腿伸直平铺，成仆步；上身右转，向右脚处前探；转身同时左掌和左臂内旋，反臂上举成勾手，勾尖朝上；同时右掌成俯掌，从身前向右脚处横搂；眼随视右掌，如图13-36（1）所示。上动不停，右掌继续向身后搂去，至身后反臂后举成勾手，勾尖朝上；上身同时前移，成右弓步，左勾手变掌，臂外旋使掌心朝下，以掌心为力点，从后向下向前撩起，成仰掌平举；眼看左掌，如图13-36（2）所示。

要点：上述动作必须连贯一致；仆步时左腿全蹲，上体向仆腿的一面探伸；转入弓步时，上身不要立起，要从低处向前探伸移动。撩掌时腕要直、肩要松，高不过肩；反臂勾手，腕关节尽量上屈，臂向上举；挺胸、塌腰。

图 13 – 35　弓步双摆掌　　　　图 13 – 36　弓步撩掌

3. 推掌弹踢

右勾手变拳，屈肘收抱于右腰侧，屈腕使掌指朝下，掌心朝前，左掌开始变拳；屈肘收抱于左腰侧，拳心朝上；同时右掌成侧立掌从腰侧向前平伸推出，掌指朝上；右脚不动，左脚随之向前平伸弹踢，脚面绷平；眼看右掌，如图 13 – 37 所示。

要点：收拳、推掌、弹踢无先后之分，必须协调一致。形成推掌弹踢的姿势后，上身稍向前倾，推掌之肩前顺，收拳之肩后举；立地之腿必须站立稳固。

4. 弓步上架推掌

左脚向前落地，成左弓步；同时右掌和右臂内旋，屈肘横架于头顶上方成横掌；右拳变掌，向前成侧立掌，平伸推出，掌指朝上；眼看左掌，如图 13 – 38 所示。

要点：落地要轻，推掌要快，动作要协调一致。

5. 弓步双摆掌

上动稍停，左脚尖里扣，右脚尖外展，上身随之从右向后转，成右弓步；两掌同时向上、向右弧形绕环，至右侧方时，两掌均成侧立掌，右掌直臂平举，左掌屈肘，使掌心靠近右肘臂，掌指均朝上；眼看右掌，如图 13 – 39 所示。

图 13 – 37　推掌弹踢　　　图 13 – 38　弓步上架推掌　　　图 13 – 39　弓步双摆掌

6. 弓步撩掌

右脚跟稍向外展，右腿全蹲，成左仆步；上身随之左转，向左脚处前探；同时右掌和右臂内旋，反臂上举成勾手，勾尖朝上；左掌成俯掌，从身前向左脚处横搂；眼随视左掌，如图 13 – 40（1）所示。左掌向身后搂去，至身后反臂举成勾手，勾尖朝上；上身同时前移，成左弓步；右勾手于上身前移时变掌，臂外旋使掌心朝下，以掌心为力点，从后向下、向前撩起，成仰掌平举；眼看右掌，如图 13 – 40（2）所示。

7. 推掌弹踢

左勾手变掌抱于腰侧，屈腕使掌指朝下，掌心朝前；右掌开始变拳；上动不停，右掌变拳抱于腰侧，拳心朝上；左掌同时成侧立掌，从腰侧向前平伸推出，掌指朝上；左脚不动，右脚随之向前平伸弹踢，脚面绷平；眼看左掌，如图13－41所示。

(1)　　　　　　　　　(2)

图13－40　弓步撩掌　　　　　　图13－41　推掌弹踢

8. 弓步上架推掌

右脚向前落步，成右弓步；同时左掌和左臂内旋，屈肘横架于头顶上方，成横掌；右拳随即变掌，向前成侧立掌，平伸推出，掌指朝上；眼看右掌，如图13－42所示。

9. 收势

右脚跟稍向外展，右腿伸直立起，上身向左转正，左脚随之向右脚处靠拢并步；并步两掌变拳，屈肘收抱于两腰侧，拳心均朝上；脸向左转，眼向左侧方平视，如图13－43（1）所示。接着，脸转向正前方，两拳变掌，直臂下垂，成立正姿势，如图13－43（2）所示。

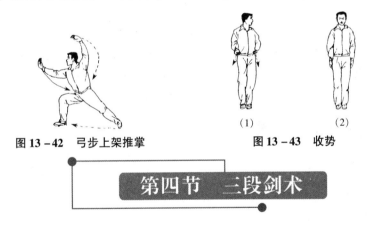

(1)　　　　(2)

图13－42　弓步上架推掌　　　　图13－43　收势

第四节　三段剑术

预备势：两脚并步站立；左手持剑于身体左侧，肘关节微屈，右手成剑指，垂于体右侧；目视前方，如图13－44所示。

要点：两肩松沉，稍收腹，挺胸，两膝伸直。

一、第一段

1. 起势

两臂屈肘微上提，右腕稍内扣；同时向左转头，目视左前

图13－44　预备势

方,如图 13-45(1)所示。身体左转90°;随转体左脚向前上步屈膝成弓步,同时左手持剑向上经右胸前绕至体前,与肩同高,手心斜向下,右剑指向后抬起,与肩同高,手心向下;目视前方,如图 13-45(2)所示。重心前移,右脚向左脚靠拢成并步;同时左手持剑下落于体左侧,右剑指向上经耳侧向前伸出,与肩同高,手心斜向前;目视前方,如图 13-45(3)所示。

图 13-45 起势

要点:两臂屈肘微上提与向左转头要快;并步前指时上体稍前倾。

左脚向后撤步,左腿屈膝;左手持剑向前平举与肩同高,手心斜向下,右剑指向下后摆,与肩同高,手心向右;目视前方,如图 13-46(1)所示。重心后移,右腿屈膝半蹲,左脚稍后撤成虚步;左臂屈肘回收,左手持剑位于胸前,手心向右,右臂屈肘回收,右剑指位于胸前,手心向左,准备接握左手之剑;目视前方,如图 13-46(2)所示。

要点:右手接握左手之剑时要紧贴剑的护手盘。

2. 弓步前刺

重心前移,左脚向前进步,屈膝,右膝伸直成弓步;同时右手接握剑下落于右侧腰部时,再向体前直臂刺出,与肩同高虎口向上,左剑指随右手握剑下落于右侧腰部后再向体后直臂伸出,略低于肩,手心向左;目视剑尖,如图 13-47 所示。

要点:向左拧腰,右臂前倾,左臂后展,两肩松沉。

图 13-46 右手接握左手之剑　　　　图 13-47 弓步前刺

3. 叉步斩剑

重心前移,右脚向前上步,屈膝,脚尖稍外展,左脚跟离地,膝关节伸直成叉步;同时上体右转;右手握剑随转体向后平斩,与肩同高,手心向下,左剑指向下、向前、向上绕至头部左上方;目视剑尖,如图 13-48 所示。

要点:上步、转体与平斩要协调一致,腰要向右拧转,剑、臂成一直线。

4. 弓步劈剑

重心前移，上体稍左转；左脚向前上步，屈膝，右腿膝关节伸直成弓步；同时右手握剑向上、向前下劈，与肩同高，虎口侧剑刃向上，左剑指向下，经右胸前再向左绕至头部上方；目视剑尖，如图 13-49 所示。

要点：左剑指下落，与剑的上举要同时，剑的前劈与剑指要同时到位。

图 13-48 叉步斩剑

图 13-49 弓步劈剑

5. 歇步崩剑

身体左转约 90°；同时右脚随转体向体左侧插步，前脚掌点地，两腿膝关节弯曲；右手握剑扣腕下落于腹前，左剑指附于右手腕处；目视剑尖，如图 13-50（1）所示。身体稍右转；同时两腿屈膝全蹲成歇步；右手握剑向下、向前撩至与腰同高时，随即臂外旋，使虎口侧剑刃向上，扣腕，剑上崩，剑尖略高于头部，左剑指向左、向上绕至头部左上方，目视前方，如图 13-50（2）所示。

要点：成歇步时动作要连贯，转体崩剑时剑尖可触地面。

6. 弓步削剑

身体立起并右转 90°；同时剑尖向下落，与腰同高，手心斜向上，左剑指下落，附于右手腕处，手心斜向下；目视剑尖，如图 13-51（1）所示。继续右转 90°；同时右脚随转体向前进步，屈膝成弓步；右手握剑直臂向体前削出，剑尖略高于头部，手心向上，左剑指后展，与肩同高，手心向下；目视剑尖，如图 13-51（2）所示。

要点：转身削剑要迅速，力达虎口侧剑刃的前端。

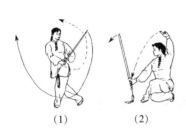

(1)　　　　(2)

图 13-50 歇步崩剑

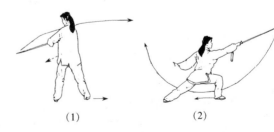

(1)　　　　(2)

图 13-51 弓步削剑

7. 左右挂剑

重心后移，左腿支撑站立，右脚回撤，前脚掌点地；同时上体稍左转，右手握剑臂内旋，使虎口侧剑刃向下，随即扣腕向下、向左挂起，与腰同高，虎口侧剑刃向上，左剑指屈肘回收，附于右手腕处，手心斜向下；目视剑尖，如图 13－52（1）所示。身体右转约 180°；随转体右脚向左进步，屈膝，左脚跟离地，膝伸直成叉步；同时右手握剑向上、向前再向右挂剑，剑尖高于头部，右手握剑与腰同高，虎口向上，左剑指随右手挂剑至体前与腰同高，再向体左伸出，与头部同高，虎口斜向上；目视左前方，如图 13－52（2）所示。

要点：左右挂剑时动作要连贯圆活，剑走立圆。

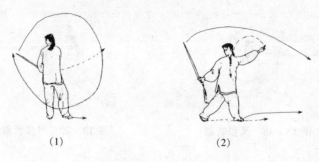

图 13－52　左右挂剑

8. 叉步压剑

左脚向身体左侧上步，随即右脚经左脚后向左插步，脚前掌点地，膝关节伸直，左腿膝关节弯曲成叉步；右手握剑，臂外旋上举，随之向体左侧下压，剑尖略高于肩，右手握剑于左侧腰部，虎口向上，左剑指向上屈肘下落于右手腕处，手心向下；目视剑尖，如图 13－53 所示。

9. 提膝点剑

身体右转约 180°；同时两膝伸直；右手握剑随转体上架，左剑指向下、向左直臂抬起，与腰同高，手心向下；目视右前方，如图 13－54（1）所示。右腿支撑站立，左腿屈膝向前提起；右手握剑，直臂向右下落至与腰同高时，随即提腕下点，虎口侧剑刃向上，右剑指上举于头部左上方；目视剑尖，如图 13－54（2）所示。

图 13－53　叉步压剑

图 13－54　提膝点剑

二、第二段

1. 并步刺剑

身体左转约 90°；左脚随转体向前下落上步；右手握剑臂内旋扣腕，使剑提于胯旁，左剑指下落经右胸前向体前挑起，与肩同高，手心斜向前；目视前方，如图13-55（1）所示。右脚向左脚并步，两腿屈膝半蹲；右手握剑向体前直刺，与肩同高，虎口侧剑刃向上，左剑指回收附于右手腕处，手心斜向下；目视剑尖，如图13-55（2）所示。

要点：并步半蹲时要挺胸立腰，不可凸臀。

2. 弓步挑剑

右脚向前上步，屈膝，左腿膝关节伸直成弓步；右手握剑直臂上挑，剑尖向上，手心向左，左剑指直臂前指，与肩同高，手心斜向前；目视前方，如图13-56所示。

要点：腰微向右拧，左肩前顺，右臂贴近耳侧。

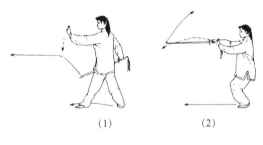

(1)　　　　(2)

图13-55　并步刺剑

图13-56　弓步挑剑

3. 歇步劈剑

重心前移，左脚向前上步，脚尖外展，右脚跟离地，两腿屈膝全蹲成歇步；右手握剑，直臂向体前下劈，剑尖与腰同高，虎口侧剑刃向上，左剑指回收附于右小臂内侧，手心斜向下；目视剑尖，如图13-57所示。

要点：歇步两腿要盘紧，右臂伸直，剑身与地面平行。

4. 上步截腕

身体立起；右脚向前上步，随之左脚再向前上步成虚步；同时右手握剑，以腕为轴，逆时针划弧一周后随上步架起，手心向右；目视前方，如图13-58（1）所示。左脚向前进步，随之右脚再向前上步成虚步；同时右手握剑，以腕为轴，顺时针划弧一周后随上步托起，手心向右，左剑指向下，经右胸前向左、向上绕至头部左上方；目视前方，如图13-58（2）所示。

要点：上步敏捷，身体与剑的配合要协调，截腕剑划的弧不宜太大。

图13-57　歇步劈剑

(1)　　　　(2)

图13-58　上步截腕

5. 跳步撩剑

左脚向前上步，脚尖外展，随之身体左转，右脚随转体向体右侧摆起；右手握剑向上、向左下落，剑尖略高于头部，右手握剑于腹前左侧，虎口向上，左剑指下落，附于右手腕处，手心斜向下；目视左前方，如图13-59（1）所示。左脚蹬地起跳，同时右脚下落支撑站立，左脚向体后撩踢成望月平衡；右手握剑向下、向后直臂撩出，剑尖略高于头部，小指侧剑刃向上，左剑指向下、向左挑起，与头部同高；目视剑尖，如图13-59（2）所示。

要点：右腿落地站立时要五趾抓地，膝关节伸直；望月平衡要上体侧倾，挺胸、塌腰，向左拧转，右小腿屈收，脚底向上。

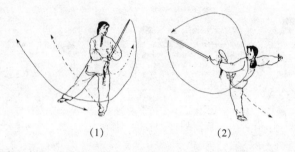

图13-59　跳步撩剑

6. 仆步压剑

身体右转90°，随转体右脚碾转，左脚向身体左侧下落上步，稍屈膝；右手握剑，以腕为轴，立剑在体前向下贴身立圆绕环一周，随之臂外旋，使手心翻转向上；目视剑尖，如图13-60（1）所示。左腿屈膝全蹲，右腿平铺成仆步；同时右手握剑屈肘回带，下压于腹前，剑尖与胸同高，左臂屈肘回收，附于右手腕处，手心向下；目视剑尖，如图13-60（2）所示。

要点：右腿平铺时要挺膝，全脚着地，脚尖内扣；左腿全蹲时，左脚跟不得离地，挺胸立腰。

图13-60　仆步压剑

7. 提膝刺剑

重心右移，身体立起，右腿支撑站立，左腿屈膝体前提起；同时右手握剑向体右侧直臂刺出，与肩同高，手心向上，左剑指向上架起，于头部左上方；目视剑尖，如图13-61所示。

要点：重心右移时脚不可移动，左脚提起时要干净利落。

8. 弓步抹剑

身体左转90°，随之左脚下落上步，屈膝，右腿膝关节伸直成弓步；右手握剑向前平抹，与肩同高，手心向上，左剑指下落，经胸前向左、向上绕至头部左上方，手心向前；目视剑尖，如图13－62所示。

要点：平抹剑时，手腕用力须柔和。

图13－61　提膝刺剑

图13－62　弓步抹剑

9. 收势

身体右转90°；同时重心右移，右腿屈膝，左腿膝关节伸直；右手握剑，右臂屈肘回带于体前，与肩同高，手心向里，左剑指下落附于右手腕处，变拳，准备接握右手之剑；目视剑尖，如图13－63（1）所示。重心左移，右脚向左脚并拢，并步站立；左手接剑下落于身体左侧，手心向后，右手变剑指向下、向右抬起，再屈肘经耳侧直臂下落，手心向左；目视前方，如图13－63（2）所示。

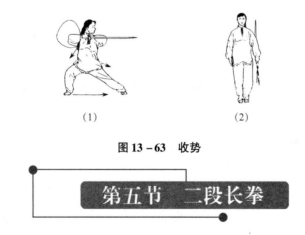

（1）　　　　　　　　　　（2）

图13－63　收势

第五节　二段长拳

1. 起势

两手握拳，屈肘抱于腰两侧，拳心向上；脸向左转，如图13－64所示。

要点：挺胸、直腰、两肩后张；两拳紧贴腰侧，拳面与腹平。

2. 拗弓步搂手冲拳

如图 13-65 所示。

要点：冲拳要快而有力，右肩必须前顺，左肩必须后牵；右拳略高过肩，左拳紧贴腰侧；防止脚跟和脚外侧掀起；挺胸、直背和塌腰。

3. 冲拳弹踢（左）

如图 13-66 所示。

要点：收拳、冲拳、弹踢的动作，必须协调一致，同时进行，不要有先后、快慢之分；弹踢必须有力，立地支撑之腿要站立稳固；挺胸、直背，两肩松沉。

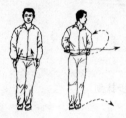
图 13-64 起势

图 13-65 拗弓步搂手冲拳

图 13-66 冲拳弹踢（左）

4. 马步上架冲拳

如图 13-67 所示。

要点：落步、转身、半蹲的动作，必须和上架、侧冲的动作协调一致；马步形成后，两脚尖必须里扣使之正对前方，大腿坐平；两肩稍向后张，左肘屈圆，右拳略高过肩；挺胸、塌腰。

5. 虚步挎肘

如图 13-68 所示。

要点：移步、收拳的动作必须和挎肘里磕的动作同时进行，协调一致；移步之脚，离地不要过高；挎肘里磕，大臂和前臂要屈成直角，或稍大于直角，不要屈成锐角。

6. 拗弓步搂手冲拳

如图 13-69 所示。

要点：与上述第二步动作的拗弓步搂手冲拳相同，唯动作相反。

图 13-67 马步上架冲拳

图 13-68 虚步挎肘

图 13-69 拗弓步搂手冲拳

7. 冲拳弹踢

如图 13-70 所示。

要点：与上述第三步动作的冲拳弹踢相同，唯动作相反。

8. 马步上架冲拳

如图 13-71 所示。

要点：与上述第四步动作的马步上架冲拳相同，唯动作相反。

9. 虚步挎肘

如图 13-72 所示。

要点：与上述第五步动作的虚步挎肘相同，唯动作相反。

图 13-70　冲拳弹踢　　　　图 13-71　马步上架冲拳　　　　图 13-72　虚步挎肘

10. 歇步亮掌

如图 13-73 所示。

要点：歇步下蹲与亮掌动作须协调一致，两肩力求放松。歇步，两腿必须并紧，左大腿盖压在右大腿的上面。

11. 转身弓步顶肘

如图 13-74 所示。

要点：转身要稳，不必过快；转身之后成弓步顶肘时，左肩前顺，右肩后牵；左前臂和大臂必须平行，肘尖正对前方。挺胸、塌腰，略向右拧腰。

图 13-73　歇步亮掌　　　　　　图 13-74　转身弓步顶肘

12. 提膝双扣拳

如图 13-75 所示。

要点：扣拳时要以拳背为力点，从上向下猛然伸肘、甩臂扣拳平举之后，肘微屈。提膝独立要稳固。

13. 弓步双推掌

如图13-76所示。

要点：震脚和按掌的动作、进步和推掌的动作，均须同时进行，协调一致。推掌之后，两肩松沉，两臂伸直，两腕尽量向上侧屈，掌指与眉齐；弓步同前。

图13-75 提膝双扣拳

图13-76 弓步双推掌

14. 歇步亮掌

如图13-77所示。

要点：与上述第十步动作相同，唯动作相反。

15. 转身弓步顶肘

如图13-78所示。与上述第十一步动作相同，唯动作相反。

图13-77 歇步亮掌

图13-78 转身弓步顶肘

16. 提膝双扣拳

如图13-79所示。与上述第十二步动作的提膝双扣拳相同。

17. 弓步双推掌

如图13-80所示。与上述第十三步动作的弓步双推掌相同。

图13-79 提膝双扣拳

图13-80 弓步双推掌

18. 虚步推掌

如图 13-81 所示。

要点：转身、移步、勾手、推掌的动作，必须协调一致，形成虚步推掌之后，右勾手之勾顶要与肩平。两肩松沉，不要耸起；要挺胸、直背、塌腰；两腿虚实必须分明。

19. 歇步抡压

如图 13-82 所示。

要点：此动作是两臂交叉向前抡臂、回环和转身、歇步的结合，必须使向前抡和转身变歇步的动作协调一致。形成歇步之后，上身略向左侧倾俯，右拳在右侧上方斜举，左拳在左侧下方斜举。

图 13-81　虚步推掌

图 13-82　歇步抡压

20. 提膝上穿掌

如图 13-83 所示。

要点：两掌的动作须和两腿直立、提步离地、提膝成独立平衡等动作协调一致。提膝上穿掌之后，两臂要上下伸直，右腿伸直站稳，左腿屈膝尽量上提，上身保持挺胸、直背。

21. 弓步撑掌

如图 13-84 所示。

要点：上述两动作必须连贯，中间不要停顿。撑掌之后，两肩松沉，肘臂伸直，两腕尽量向上侧屈，掌指与眉齐。

图 13-83　提膝上穿掌

图 13-84　弓步撑掌

22. 虚步推掌

如图 13-85 所示。

要点：与上述第十八步动作的虚步推掌相同，唯动作相反。

23. 歇步抡压

如图 13－86 所示。

要点：与上述第十九步动作的歇步抡压相同，唯动作相反。

图 13－85　虚步推掌　　　　　图 13－86　歇步抡压

24. 提膝上穿掌

如图 13－87 所示。

要点：与上述第二十步动作的提膝穿掌相同，唯动作相反。

25. 弓步撑掌

如图 13－88 所示。

要点：与上述第二十一步动作的弓步撑掌相同，唯动作相反。

26. 虚步穿掌

如图 13－89 所示。

要点：收拳、穿掌的动作必须与向后移步同时进行。形成虚步后，重心要落在屈膝的腿上，使左右脚虚实分明。

图 13－87　提膝上穿掌　　图 13－88　弓步撑掌　　图 13－89　虚步穿掌

27. 进步踢腿

如图 13－90 所示。

要点：踢腿时，两腿都必须挺膝伸直；上踢之脚要屈踝使脚尖翘起；上身稍向前倾，以防后仰；踢腿要高，但在最初练习时可以踢得低一些。

28. 纵步飞脚

如图 13-91 所示。

要点：摆腿和蹬地助跳的动作必须前后呼应，相续而行，这样才能使身体悬空。纵起之后，左脚要立即向前踢出，左掌迎击左脚的击拍动作要在右脚落地之前于空中完成，击拍动作必须准确。

图 13-90　进步踢腿　　　　　　图 13-91　纵步飞脚

29. 弓步推掌

如图 13-92 所示。

要点：推掌必须快而有力，抡掌绕环必须使肩部放松；形成弓箭步之后两肩松沉，左肩前送，右肩后牵；掌指与眉齐。

30. 虚步穿掌

如图 13-93 所示。

要点：与上述第二十六动作的虚步穿掌相同，唯动作相反。

31. 进步踢腿

如图 13-94 所示。

要点：与上述第二十七动作的进步踢腿相同，唯动作相反。

图 13-92　弓步推掌　　　图 13-93　虚步穿掌　　　图 13-94　进步踢腿

32. 纵步飞脚

如图 13-95 所示。

要点：与上述第二十八步动作的纵步飞脚相同，唯动作相反。

33. 弓步推掌

如图 13-96 所示。

要点：与上述第二十九步动作的弓步推掌相同，唯动作相反。

34. 收势

如图 13-97 所示。

要点：两拳抱腰的时候，其要点与预备姿势相同。

图 13-95　纵步飞脚

图 13-96　弓步推掌

图 13-97　收势

第六节　三段刀术

1. 起势

如图 13-98 所示。

要点：两臂从体侧向额前上方绕环的动作必须协调一致。

2. 弓步藏刀

如图 13-99 所示。

要点：缠头时，刀背必须贴着脊背绕行。扫刀时，刀身必须平行，迅速有力。

图 13-98　起势

图 13-99　弓步藏刀

3. 虚步藏刀

如图 13-100 所示。

要点：扫刀要平，绕刀要使刀背贴靠脊背。

图 13-100　虚步藏刀

4. 弓步扎刀

如图 13-101 所示。
要点：刀尖和右手、右肩要平行，上身略前探。

5. 弓步抡劈

如图 13-102 所示。
要点：抡劈动作必须连贯、有力，与步法配合紧密。

图 13-101　弓步扎刀　　　　图 13-102　弓步抡劈

6. 提膝格刀

如图 13-103 所示。
要点：转身与格刀动作要一致。

7. 弓步推刀

如图 13-104 所示。
要点：撩刀必须与步法协调一致。

图 13-103　提膝格刀　　　　图 13-104　弓步推刀

8. 马步劈刀

如图 13-105 所示。
要点：转身、劈刀要快。成马步时，两脚尖要向里扣，大腿要坐平。

9. 仆步按刀

如图 13-106 所示。

要点：向右后方撤步要快速有力，右脚向右后方撤一大步，刀同时做外腕花，撤步与外腕花协调配合。做仆步时，左脚尖内扣，两脚外侧和脚跟均不可离地掀起，上身略向左前方探倾。

图 13 – 105　马步劈刀　　　　　图 13 – 106　仆步按刀

10. 蹬腿藏刀

如图 13 – 107 所示。

要点：缠头时必须使刀背绕裹左膝后顺脊背绕行，动作要迅速，蹬腿要快，并与缠头动作连贯一致。

图 13 – 107　蹬腿藏刀

11. 弓步平斩

如图 13 – 108 所示。

要点：缠头时必须使刀背贴靠脊背绕行，缠头、转身要协调一致。斩击时刀要与肩平。

图 13 – 108　弓步平斩

12. 弓步带刀

如图 13 – 109 所示。

要点：翻刀、后带动作必须连贯。仆步时，脚外侧和脚跟均不可离地掀起，上身稍向左侧倾斜。

图 13 – 109　弓步带刀

13. 歇步下砍

如图 13 – 110 所示。

要点：下砍时，刀的着力部分是刀身的后段。

14. 弓步扎刀

如图 13–111 所示。

要点：刀与肩要齐平。

图 13–110　歇步下砍　　　　图 13–111　弓步扎刀

15. 叉步反撩

如图 13–112 所示。

要点：上步要连贯，撩刀要走立圆，刀尖不可触地。

图 13–112　叉步反撩

16. 弓步藏刀

如图 13–113 所示。

要点：缠头时必须使刀背贴靠脊背绕行，扫刀要迅速。

17. 虚步抱刀

如图 13–114 所示。

要点：裹脑刀背要沿右肩贴背绕行，虚步要虚实分明。

图 13–113　弓步藏刀　　　　图 13–114　虚步抱刀

18. 收势

如图 13–115 所示。

要点：进步、转头和绕掌的动作要连贯、迅速。

图 13–115　收势

第十四章 二十四式太极拳

第一节 认知太极拳

随着历史的发展,武术逐渐从战场搏杀转为体育健身,太极拳正是如此。一百多年前,太极拳家在《十三势行功歌》中就有"详推用意终何在,益寿延年不老春"的提法。太极拳经过长期流传,演变出许多流派,其中流传较广或特点较显著的即陈式太极拳、杨式太极拳、吴式太极拳、武式太极拳、简化太极拳五派。据说明末清初,河南温县陈家沟的老拳师陈王庭初创太极拳,世代相传。河北永年人杨露禅从学于陈家沟陈长兴,并与其子杨健侯、其孙杨澄甫等人在陈式太极拳的基础上,创编发展了"杨式太极拳"。清末河北永年人武禹襄在杨露禅从陈家沟返乡后,深爱其术,学习陈式太极拳,后又师从陈清平,学赵堡太极拳,经过修改,创造了"武式太极拳"。河北望都县人孙禄堂,从师李魁垣学形意拳,继而从师李魁垣的师父郭云深,又从师程廷华学八卦掌,后又从师郝为真学太极拳,之后参合八卦、形意、太极三家拳术的精义,融合一体而创"孙式太极拳",所谓"太极腰、八卦步、形意劲"即源于此。

二十四式太极拳,即简化太极拳,是由国家体委(今国家体育总局)于1956年组织太极拳专家以杨式太极拳为蓝本编创的。相比于传统的太极拳,二十四式太极拳既能充分体现传统太极拳的运动特点,又因其动作少而精练、更加规范,具有易学性、易练性,深受大众欢迎。

这套拳包括"起势""收势"共二十四个姿势动作。

第二节 二十四个姿势动作

一、起势(如图14-1所示)

两脚开立;两臂前举;屈腿按掌。

图14-1 起势

二、野马分鬃（如图 14-2 所示）

图 14-2 野马分鬃

（1）左野马分鬃：抱手收脚；转体上步；弓步分手。
（2）右野马分鬃：转体撇脚；抱手收脚；转体上步；弓步分手。

三、白鹤亮翅（如图 14-3 所示）

图 14-3 白鹤亮翅

跟步抱手；后坐转体；虚步分手。

四、搂膝拗步（如图 14-4 所示）

图 14-4 搂膝拗步

（1）左搂膝拗步：转体摆臂；摆臂收脚；上步屈肘；弓步搂推。
（2）右搂膝拗步：转体撇脚；摆臂收脚；上步屈肘；弓步搂推。

五、收挥琵琶（如图 14-5 所示）

图 14-5 收挥琵琶

跟步展臂；后坐引手；虚手合手。

六、倒卷肱（如图 14-6 所示）

图 14-6 倒卷肱

（1）右倒卷肱：转体撒手；退步卷肱；虚步推掌。
（2）左倒卷肱：转体撒手；退步卷肱；虚步推掌。

七、左揽雀尾（如图 14-7 所示）

图 14-7 左揽雀尾

转体撒手；抱手收脚；转体上步；弓步绷臂；转体摆臂；转体后捋；转体搭手；弓步前挤；后坐引手；弓步前按。

八、右揽雀尾

转体搭手；抱手收脚；转体上步；弓步绷臂；转体摆臂；转体后捋；转体搭手；弓步前挤；后坐引手；弓步前按。

九、单鞭（如图 14-8 所示）

图 14-8 单鞭

转体运臂；勾手收脚；转体上步；弓步推掌。

十、左云手（如图 14-9 所示）

图 14-9 左云手

转体松勾；云手收步；云手开步；云手收步；云手开步；云手收步。

十一、单鞭（如图 14-10 所示）

图 14-10 单鞭

转体勾手；转体上步；弓步推掌。

十二、高探马（如图 14-11 所示）

图 14-11 高探马

后脚跟步；后坐翻手；虚步推掌。

十三、右蹬脚（如图 14-12 所示）

图 14-12 右蹬脚

穿手提脚；上步翻手；分手弓步；抱手收脚；翻手提脚；分手蹬脚。

十四、双峰贯耳（如图14-13所示）

图14-13 双峰贯耳

屈膝并手；上步落手；弓步贯拳。

十五、转身左蹬脚

转体分手；收脚合抱；提膝翻手；分手蹬脚。

十六、左下势独立（如图14-14所示）

图14-14 左下势独立

收脚勾手；屈蹲开步；仆步穿掌；弓腿起身；独立挑掌。

十七、右下势独立（如图14-15所示）

图14-15 右下势独立

落脚勾手；屈蹲开步；仆步穿掌；弓腿起身；独立挑掌。

十八、左右穿梭（如图14-16所示）

图14-16 左右穿梭

（1）右穿梭：落脚转体；抱手收脚；上步错手；弓步架推。
（2）左穿梭：转体撇脚；抱手收脚；上步错手；弓步架推。

十九、海底针（如图 14–17 所示）

图 14–17　海底针

后脚跟步；后坐提手；虚步插掌。

二十、闪通臂（如图 14–18 所示）

图 14–18　闪通臂

提手收脚；上步分手；弓步推掌。

二十一、转身搬拦捶（如图 14–19 所示）

图 14–19　转身搬拦捶

转身扣脚；转体握拳；垫步搬拳；转体收拳；上步拦掌；弓步打拳。

二十二、如封似闭（如图 14-20 所示）

图 14-20 如封似闭

穿手翻掌；后坐引收；弓步按掌。

二十三、十字手（如图 14-21 所示）

图 14-21 十字手

转体扣脚；弓腿分手；转体落手；收脚合抱。

二十四、收势（如图 14-22 所示）

图 14-22 收势

翻掌分手；垂臂落手；并脚还原。

参 考 文 献

［1］张雅云．体育与健康理论教程［M］．北京：高等教育出版社，2001．
［2］许晓明．实用大学体育教程［M］．沈阳：辽宁人民出版社，2001．
［3］刘建营，刘晓明．青年心理健康教程［M］．北京：北京工业大学出版社，2002．
［4］王少华．体育基础理论与实践教程［M］．北京：北京体育大学出版社，2000．
［5］马展伟．体育心理学［M］．北京：高等教育出版社，1996．
［6］姚雷．体育隐蔽课程的基本理论与实践［M］．北京：人民体育出版社，2002．
［7］肖威．大学体育健康理论与实践［M］．北京：北京体育大学出版社，2002．
［8］孙玉坤．女子健美操［M］．北京：人民体育出版社，1987．
［9］高言成，等．体育锻炼保健知识［M］．北京：人民体育出版社，1993．
［10］孙长林．体育理论教程［M］．沈阳：辽宁教育出版社，1993．
［11］龙佩林．大学体育与健康教育［M］．北京：民族出版社，2001．
［12］黄茂武．实用体育保健与康复大全［M］．北京：科学出版社，2000．
［13］纪列维．体育理论教程［M］．哈尔滨：黑龙江教育出版社，1999．